微商来了！

微店这样开才赚钱

田国志　马福平◎编著

電子工業出版社
Publishing House of Electronics Industry
北京•BEIJING

内 容 简 介

继阿里巴巴、淘宝之后，微商已成为移动互联网时代最先进的电子商务模式之一。从2013年的诞生，2014年的快速发展，到2015年的创业大爆发，目前，微商已成为很多普通创业者的创业与致富之路。

本书共分10章，详细讲解了什么是微商、微商的形态与商业模式、微商创业的平台、开微店的相关准备与产品定位、微店的开通方法、微店的运营与推广策略、微店引流技巧及赚钱窍门等内容。

本书不仅适合广大在校大学生、初创业者、兼职寻求者、自由职业者学习，也适合有产品、有门店、想扩大销售规模的商家与个体经营者学习，还可作为大中专及职业院校相关专业的教学参考用书。

图书在版编目（CIP）数据

微商来了！微店这样开才赚钱 / 田国志，马福平编著 .—北京：电子工业出版社，2016.4
ISBN 978-7-121-28451-9

Ⅰ. ①微… Ⅱ. ①田… ②马… Ⅲ. ①网络营销 Ⅳ. ① F713.36

中国版本图书馆 CIP 数据核字（2016）第 059775 号

策划编辑：牛　勇
责任编辑：潘　昕
印　　刷：北京天宇星印刷厂
装　　订：北京天宇星印刷厂
出版发行：电子工业出版社
　　　　　北京市海淀区万寿路 173 信箱　邮编：100036
开　　本：720 × 1000　1/16　印张：15.25　字数：322 千字
版　　次：2016 年 4 月第 1 版
印　　次：2016 年 4 月第 1 次印刷
定　　价：59.80 元

凡所购买电子工业出版社图书有缺损问题，请向购买书店调换。若书店售缺，请与本社发行部联系，联系及邮购电话：（010）88254888。

质量投诉请发邮件至 zlts@phei.com.cn，盗版侵权举报请发邮件至 dbqq@phei.com.cn。

服务热线：（010）88258888。

前 言

10 年前，你错过了淘宝的创业浪潮，不要紧！

7 年前，你错过了微博的最佳创业期，也不要紧！

今天，微商来了。几乎零成本、零费用、零门槛的创业——难道你还要与微店擦肩而过吗？微店虽小，但潜力无穷。

从电脑到手机，从淘宝开店到微电商——时代在变，商业模式也在变，用户购买商品将不用坐在电脑前，而是用手机随时随地购买。从 2013 年的诞生，2014 年的快速发展，到 2015 年的创业大爆发，当下，微商已成为很多普通创业者的创业与致富之路。

互联网从来不缺乏新生事物，也从来不缺乏创业与致富的机会。我们有时缺乏的是一双善于发现商机的慧眼，以及敢于承担风险、敢于创业的激情。

目前超过 6 亿智能手机用户的广阔市场，为微商创业者提供了巨大的商业发展空间。与传统网店创业相比，做微商、开微店具有以下优势。

（1）开店成本低：传统电商开店保证金需要数千元甚至上万元，年服务费也要上万元;而开微店，无须电脑，只要一台智能手机，就可以随时随地谈业务、做生意。

（2）商业模式独特先进：微店的爆发式增长得益于其独特的商业模式。微店把传统电商从烦琐的网络推广中解放出来，个人网民也省去了寻找货源之苦。微商是当下移动互联网最有发展前景的商业模式。

（3）管理简单，数据分析结果可靠：微店提供了强大的商品管理功能，卖家可以随时随地对商品进行分类、下架、置顶等操作。此外，微店还提供详细的粉丝数据和店铺流量数据，专家可以对相关数据进行研究、分析，有针对性地做好店铺营销管理。

（4）机遇大，选择多："85 后"小伙开微店卖土特产月入 6 万元，"90 后"大学生毕业回家开微店卖水果月入 10 万元……我们的心不知被一个个微店创业的真人真事拨动了多少次。只要有好产品，只要有创业的激情和坚定的毅力，就有创业成功的可能性。

当下是移动互联时代，人们享受着越来越便捷的服务。做微商、开微店是一个梦想的舞台，也是一个“制富”的平台，现实中从来不缺乏成功的例子。

本书系统讲解了什么是微商、微商的形态与商业模式、微商创业的平台、开微店的相关准备与产品定位、微店的开通方法、微店的运营与推广策略、微店的引流技巧及赚钱窍门等。希望本书的内容能够帮助新人朋友快速开微店，运营好自己的微店，并通过微店赚钱。

参与本书编写工作的有田国志、马福平、陈光华、蒋婷、谢金兰、高波、刘洪云、孙勇、杨成明、张杰、周伟、余万军、陈意、蒲雪兵、林强。由于水平有限，疏漏之处在所难免，欢迎大家提出宝贵建议，指出不足。

目 录

第1章

微商，What

本章导读

什么是微商？很多人将微商判定为朋友圈卖货、代购。如果从狭义和广义来讲的话，朋友圈卖货、代购及微商直销可定义为狭义上的微商；将微商看成一种新型的商业形态，并认为微商就是未来的移动社交电商，这种观点就是广义上的微商。虽然微商目前尚无统一的认知定义，但是通俗一点说，微商就是在移动端进行商品售卖的商家。

知识要点

通过本章的学习，读者能够了解什么是微商、微商有哪些优势、微商的分类及微商的3个阶段等，需要掌握的相关技能和知识如下。

- 微商到底应该怎么做
- 目前微商的4大形态
- 微商发展的4种模式
- 微商设定的3种“打假”方式

1.1 微商是什么

在过去的几十年里，我们经历了一次又一次购物体验的转变。先是百货商场，紧接着是各种超市、专卖店，而现在，随着社会生活节奏的加快，电子商务日趋发达，网络购物已经成了人们日常生活中必不可少的环节。随着时代的变迁，移动互联网蓬勃发展，各种微店就如雨后春笋般随处可见。这是一种新时代的商机。但是，微商是什么呢？

微商是基于微信平台的电子商务，类似于在淘宝上开店。微商是手机端的电子商务平台，它方便、简洁，也更实用。微商区别于传统 PC 平台的电子商务，只需要用手指轻轻一点，消费者就可以随时随地关注商品动态，商家更可以在第一时间与顾客进行贴心的沟通，了解他们的需求。

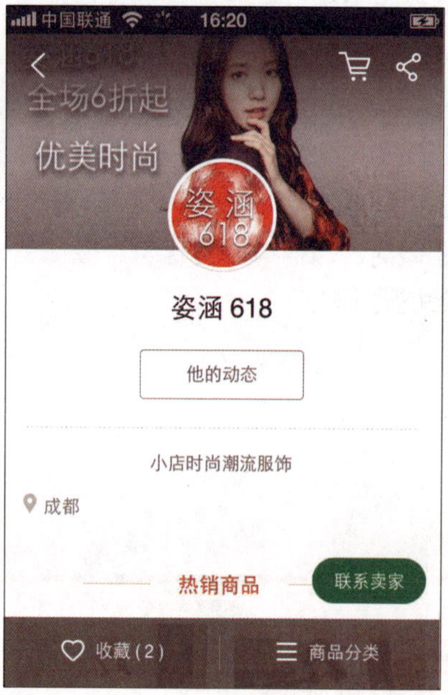

微商是全球第一个云销售电子商务平台，是零成本开设的巨型商城，是计算机云技术和传统电子商务相结合的创新模式，也是新生事物，潜力巨大。

1.1.1 微商的概念

微商最早源于微博。在淘宝电商火热的时候，很多人通过微博进行宣传，然后跳转到淘宝成交，拥有大量粉丝的微博主认为给别人发广告不如自己直接宣传，于是开始在微博上卖产品，但由于微博不便沟通，便留下自己的微信号，有需要的消费者可以加好友进行沟通。好友的数量增多了，人们便开始直接在微信朋友圈发布产品信息，有需要的直接沟通，这就形成了最原始的微商。

微博和微信是目前比较普及的新兴社交移动应用，也正是因为这两样东西的异常火爆形成了微商。

微商的“微”字来源于微博和微信，而我们要理解的“微”，更多的是基于移动互联网的生态环境。不管是用社交工具，还是用商业模式，它更多地代表着移动互联网时代。而“商”字呢？顾名思义，“商”，“我们可以理解成商人，或者是生意，往大了理解是商业模式，再往大了理解是商业文明。”而不同的定义，代表着不同的方向。但是，我们这里要讲解的微商，更多的是构建基于移动互联网的商业模式或者说是创业家。

这里需要强调一点，微商是创业家，而不是普通的创业者，也不是个体户。大部分微商刚开始的时候的确非常微小，可能是一个人从第一个客户开始做起来的。而现在的微商已形成一种潮流，一种趋势，如果仅仅是把微信的朋友圈变成一个零成本的店面，里面充斥着各种各样的商品信息，每天利用朋友圈的交情进行无节制的“刷屏”并以此赚钱，这肯定不是我们所要成为的微商——虽然目前 90% 的“微商”都是利用这种模式在做。

今天，微商潮流是“大势所趋，迎势而上”，正如下图中的分析所示。要开启移动互联网新时代，肯定不仅是把过去个体户或者路边摊的方式搬到微信上来，这不是我们想要的微商。我们对微商的定义是，构建基于移动互联网商业模式的创业家、思想家、社交家。

“大势所趋”
互联在线
李克强在总理政府工作报告
提出“互联网+”战略：“制定‘互联网+’行动计划，推动移动互联网、云计算、大数据、物联网等与现代制造业结合，促进电子商务、工业互联网和互联网金融健康发展，引导互联网企业拓展国际市场。

“迎势而上”
互联在线
互联在线相关报道
搜狐新闻
news.sohu.com
互联在线：将“互联网+”做到“互联网x”

今天阿里巴巴之所以如此鼎盛，是因为它在 10 年前甚至 15 年前就站在了时代的尖端，而移动互联网时代和过去的 PC 互联网又有很大的不同。

1.1.2 微店有哪些优势

当我们打开互联网搜索引擎，输入关键词“微店”进行查找，与“微”字有关的商业平台不胜枚举。

微店营销已经成为一种新兴的商品经营模式，微店是未来发展的重要途径。那么微店具体有哪些优势呢？

1．开店成本低

传统电商开店保证金需要数千元甚至上万元，年服务费也需要 1 万多元。目前微店网的入驻费用远远低于传统电商。

2．独特先进的商业模式

微店网独特的商业模式，引发了大批网民的参与。微店的爆发式增长得益于其独特的商业模式。微店把传统电商从烦琐的网络推广中解放出来，个人网民也省去了找货源之苦，是互联网分工进一步细化的体现。

3．数据统计尽在掌握

微店提供详细的粉丝数据和店铺流量数据，让卖家能以数据的方式观察自己店铺的生意，发现店铺的真正潜力或者店铺存在的问题、需要做哪些方面的优化等。

4．有简单易用的商品管理功能

微店提供了强大的商品管理功能，卖家可以随时随地对商品进行分类、下架、置顶等操作，如下图所示。

5. 裂变式传播方式

通过“一键分享到朋友圈”（如左下图所示）功能，只要微店主发布一条消息，他的朋友圈、QQ 空间、微博等所有朋友都能同时接收，其朋友再一键转发到自己的朋友圈（如右下图所示），消息的传播深度和广度远远高于之前任何一种网购平台。

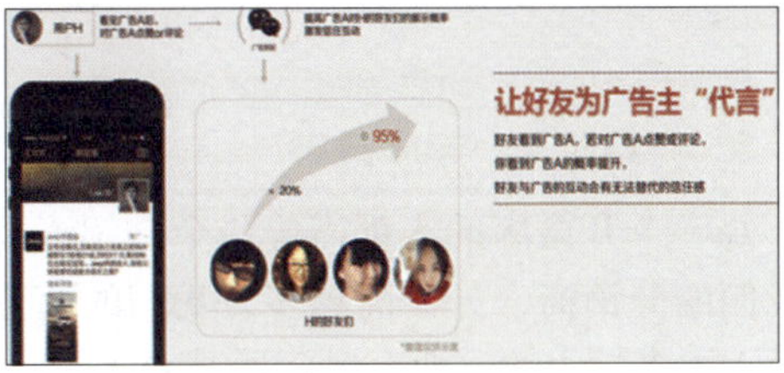

6. 轻松创建活动互动

用户能在微信中轻易地搜索到正在出售的宝贝，卖家可以通过编辑欢迎词和自定义回复与用户开展有趣的互动，以增加与用户的亲密度和信任感（如下左图所示）。有些卖家还设置了许多有趣的有奖问答活动，刺激用户对自己的关注（如下右图所示）。相对于传统的网购平台来说，微店具有双向性，真正实现了网络交易的直接反馈。从这个角度看，微店对于宣传介入、商铺推广有特殊的价值和意义。

此外，微店主还可以通过各类有趣的热门话题吸引顾客，让更多的人知道并了解自己的店铺，更好地推广自己的产品。

7. 机遇大，选择多

我们经常会看到“朋友圈卖面膜的，月收入上万”、“微信卖水果，6 小时卖出 3 吨”、“姐妹花开微店，获得融资 100 万”这样的案例在朋友圈疯狂转载，出于对用户体验的考虑，虽然微信不得不对这些恶意营销者说“不”，但没有真正把这些个体创业者的道路堵死，反而给了更多借助微信创业的人以更多机会。

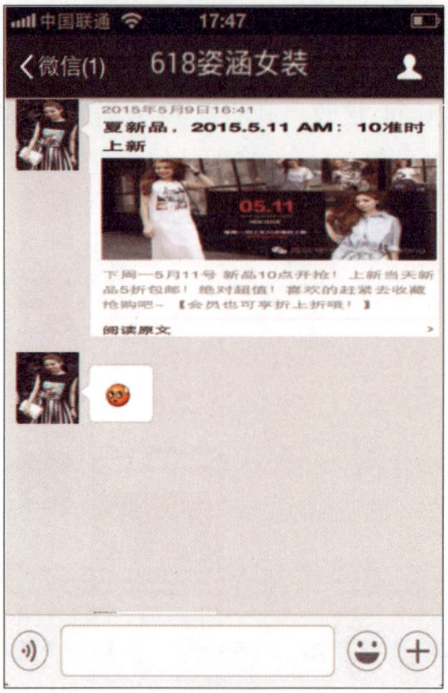
中国联通 17:47
微信(1) 618姿涵女装
2015年5月9日16:41
夏新品，2015.5.11 AM：10准时上新
05.11
下周一5月11号 新品10点开抢！上新当天新品5折包邮！绝对超值！喜欢的赶紧去收藏抢购吧~【会员也可享折上折哦！】
阅读原文

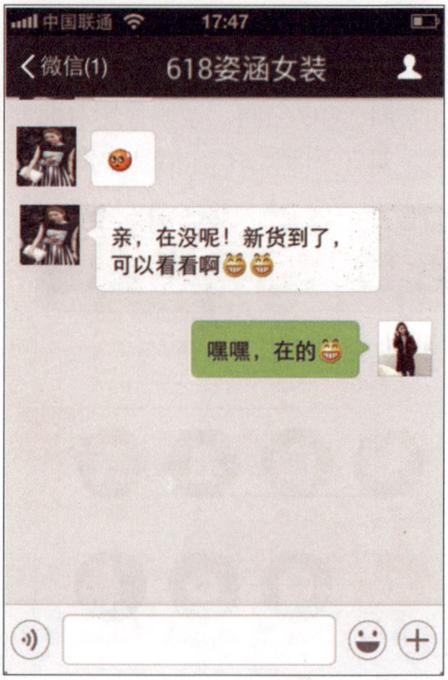
中国联通 17:47
微信(1) 618姿涵女装
亲，在没呢！新货到了，可以看看啊
嘿嘿，在的

8. 介绍朋友一起开微店

每一个开微店的人都需要一个介绍人。介绍身边的亲戚朋友开微店，他们就成了我们的分销商，分销商越多，我们的商业影响力就越大。另外，打理微店是不需要投入太多精力的，业余时间通过 QQ、博客、论坛等将消息发布出去，就有佣金收入了。这相当于帮助身边的人找到了一份清闲的兼职，为他们创造额外的收入。

您知道吗　什么是分销商，分销商多有什么好处？

分销商是指我们介绍来开微店的人，他们注册之后，自动就成为我们的分销商了。每一个直接分销商的微店售出商品后所得到的佣金，作为介绍人的我们可以从中提成 30%。分销商越多，就有越多的人为我们推广和赚取佣金。

1.1.3 微商到底应该怎么做

微商本身也是做生意，首先要定位，其次要换位思考，然后才是营销。如果前两者没有准备好，直接奔向第三个主题，则本末倒置，事倍功半。

需要注意的是，微商不仅要做商品质量的服务者，而且要做品牌商品的传播者。

1. 做质量的服务

想要做大做强，产品却没有好的质量和服务，用户也不会买单。现在微商面临的也是这个问题。所谓“熟人经济”是因为别人相信我们才会去买我们的东西，但难免会担心遇到这个问题，所以，做好质量和服务才是获取别人信任的基础。

2. 做品牌的传播

微信公众平台就是微商踏入正轨的一个突破口，用公众号做品牌传播和产品营销，在消费者心中建立品牌形象。

1.1.4 朋友圈该如何建立信任

无论是 PC 时代还是 App 时代，都在追求流量导入，追求不断拉拢新客户，追求成为入口。但是，在社交购物的微商时代，游戏规则变了，追求的是关系的深度。我们不一定要有很多客户，只要将粉丝、用户的关系做深，维系老客户，提升购买频率，就能形成持续购买。这时，人际的关系是核心，维系老客户是核心，提升购买频率也是核心。

未来，通过微信与手机 QQ 等移动社交工具产生的商业交易必将越来越多，每个微商都将以口碑营销和信誉作为"代言"的产品。那么，要想维护客户关系、产生深度的信任，一定要注意以下几个方面。

1. 分享有"节操"

微信朋友圈中，不少人为了提高自己产品的曝光率，无节制推送产品信息，严重骚扰用户。这样做的后果只有一个，就是被朋友放入"黑名单"！朋友圈营销是"熟人社交经济"，我们要做的是建立信任，在这个基础上达到目的，而不仅仅是修完图到朋友圈发产品，然后等着别人来买我们的产品。

2. 推送有价值的内容

我们不仅要推送产品的图片，也可以分享这个产品背后的故事或者一些有关内容。例如，卖一款化妆品，可以为用户讲解分辨产品真假的技巧，也可以在网上找一些关于这类商品的故事分享给用户。网上这样的文章很多，从中挑选一些内容较好、可靠性较高的稍微修改一下即可。我们应该让用户从侧面了解我们的产品，这在无形中也提升了用户对我们的价值认可和信任。

3. 集赞推广

通过免费或者赠送小礼品等方式吸引好友转发、点赞，这个方法的效果其实挺不错的，不过前提是别人对我们有一定的信任。毕竟，如今朋友圈点赞泛滥，而且大多是商家的噱头。没人想当傻子，信任很重要。

4. 优惠与互动

微店铺进行优惠与互动也是对自身产品的曝光，也能达到推广的目的。随着业务的扩展，朋友圈会不断扩大，买东西的人也会越来越多。我们要通过开展一些优惠活动来吸引新顾客，回报老顾客，带动购买率的提升。还可以设计一些小游戏、小活动与朋友们互动，拉进彼此之间的距离。

中国联通 14:55
微信(1)
618姿涵日韩女装
淘抢购 7月6号19点开抢 买2件优惠5元 紧急提醒！ 抢先收藏啦！
7月6日
淘抢购
淘抢购活动：7月6号19点开抢，限时包邮，先抢先得！买2件优惠5元。仅此一次，不要犹豫！
乃粉家园
后院

中国联通 14:55
返回
618姿涵日韩女装
紧急提醒
15分钟内付款
淘抢购更省钱
限时包邮 先抢先得
【买2件优惠5元】
49元
7月6日19:00开抢 数量有限 抢完为止
仅此一次，不要犹豫！

5. 让消费者评价带动口碑

这种方法和我们常见的淘宝评价方式带动销量是一个道理，有好的评价，自然会吸引更多的人来购买。微信朋友圈还有一个优势是熟人社交可信度更高。鼓励消费者写出体验产品的过程——没有人会喜欢内容无聊空洞的商品介绍，或者一成不变的产品推销软文、博客，顾客只想知道商品能解决什么问题、是不是真的好用，因此，他们更想看到别人的使用反馈和评价。使用淘宝卖家经常使用的手段，在商品介绍中插入一些“买家真实体验，产品值得信赖”的积极评价截图，让那些潜在客户看到后产生一种怦然心动的感觉，用已有的热情来点燃顾客的购买欲望。

您知道吗　做微商，信任是关键

电商是做货的生意，以商品为中心；而微商则是做人的关系，以人为中心。电商时代都在追求“爆品”，只要产品有足够的吸引力，就能够制造“爆品”的“神话”。以微信为代表的移动互联网时代是社交时代，我们和粉丝的关系、人与人的关系才是最核心的东西。通过关系获取信任，通过信任卖出商品，才是关键所在。

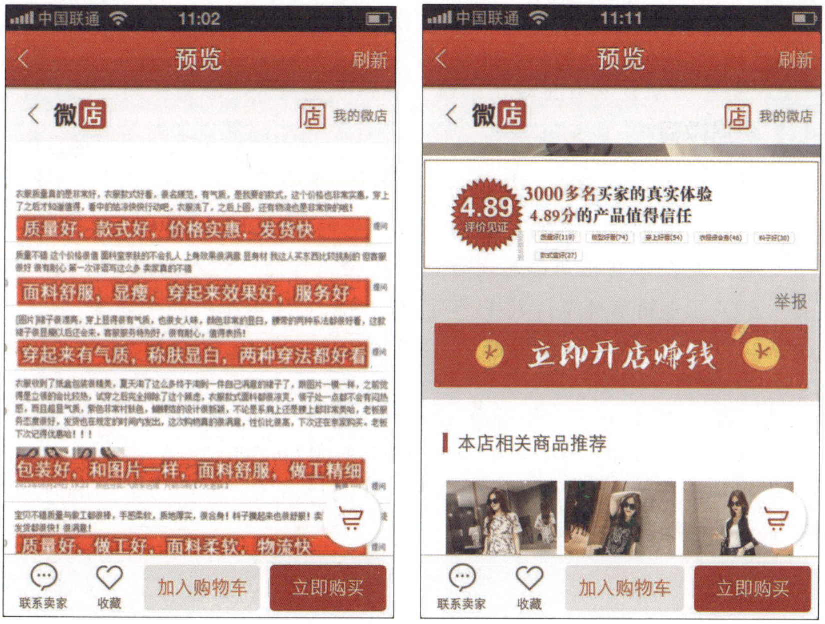

1.2 微商的四大形态

现在，越来越多的企业开始讨论微商。无论是传统产业还是新兴产业，都将目光聚焦在微商这一全新的商业生态上。从朋友圈代购，到微信小店的开放，再到各大微商开店平台的兴起，微商经历了从 C2C 到 B2C 的转换。人们对微商的讨论不再局限于朋友圈卖货、零售终端的渠道拓展，而是将其作为一种新的去中心化移动社交电商的探索。

1.2.1 个人微商

个人微商，即 C2C（Customer/Consumer to Customer/Consumer），实际上是电子商务的专业用语，专指个人（消费者）与个人（消费者）之间的电子商务，我们称之为“1.0 时代”。C2C 相当于线下传统的零售或电商的个人淘宝店。在微商里，个人微商创业者把产品直接销售给消费者，这种模式一般适用于个人微商初创者，对产品、渠道、客户数量都没有太高的要求，起步非常容易，操作简单。

1.2.2 社群微商

社群微商基于圈子、人脉，将有共同爱好的人聚集在一起。社群有两种，一种是明星式的社群，即明星微商，这类领袖往往是“牛人”、“大咖”，能言善辩，激扬文字；另一种是一个小组织，即服务型社群，寻找外部资源来对接内部资源，以分享、互助为目的，我们称之为“2.0 时代”。

您知道吗 **明星微商**

什么是分销商，分销商多有什么好处？分销商是指你介绍来开微店的人，他们注册之后，自动就成为你的分销商了。你的每一个直接分销商，其微店售出商品后所得到的佣金，作为介绍人的你，可以从中提成30%，分销商越多，就等于有越多的人为你做推广和赚佣金。

1.2.3 品牌微商

品牌微商，即 B2C2C（Business To Channel To Customers ），相当于线下的品牌企业、传统企业或电商的天猫、诚信通等，我们称之为“3.0 时代”。品牌微商在微商里有如下两种情况。

1. 品牌企业

随着微商的快速发展，越来越多的品牌开始觊觎微商市场。品牌企业大多采取全渠道战略，所以，在占领传统线下卖场、门店渠道和淘宝、京东、唯品会等电商渠道，以及电商购物等特殊渠道后，一定不会放弃微商这个有着巨大潜力且迅速发展的渠道。品牌企业要进入微商，最直接有效的方式就是迅速建立以微商创业者为支点的微商渠道体系，通过他们把产品迅速输送到消费者手里，具体情况如下图所示。

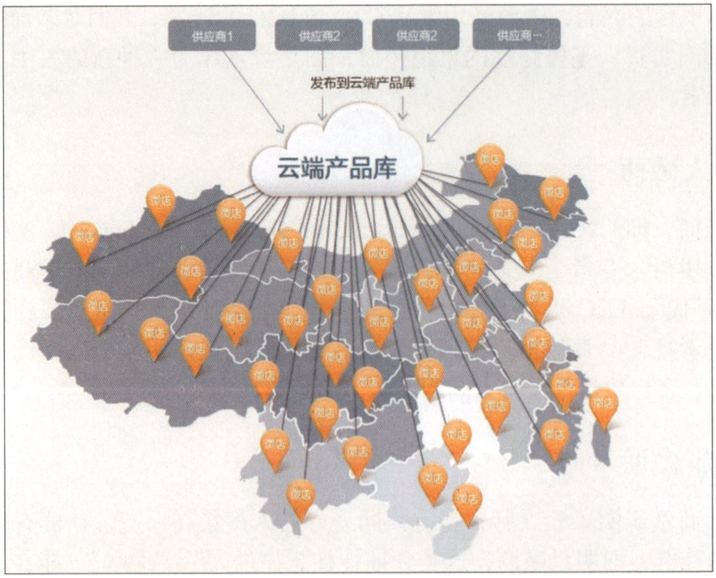

例如，在化妆品类目里，面膜市场在不到一年的时间里迅速成长为一个容量超过 1000 亿元的巨大市场，出现了超过 1000 个新生面膜品牌，月销售回款平均超过 500 万元，少的也可达到 200 万元，有些品牌的月回款甚至超过 5000 万元，如下图所示。

2．分销企业

对于工业企业、大宗商品企业，他们很难把产品直接销售给客户。那么，他们能不能做微商，能不能抓住微商的红利期呢？答案是肯定的，并且需要采用 B2C2C 模式。任何一个传统公司的产品都是通过业务团队销售给客户的，在微商时代，这类企业需要做的就是让业务团队学会使用以微信为代表的社交工具实现微商创业。那么，销售团队和企业将不再是雇用关系，而是合作关系，企业作为产品输出方和服务提供方，销售团队则转化为没有底薪的微商团队。

例如，汽车作为大宗商品，在传统时代必须通过门店、广告宣传和市场活动来集客，再通过销售顾问实现销售，不能像面膜一样直接在线销售。所以，最好的方法就是把经过长期培养的专业销售团队转变成微商。他们可以通过社交工具完成在线集客、自传播、强关系、自裂变的前端，门店作为展示、试驾、交付、服务的后端，如下左图所示。

目前，美容养生也很受人们的关注，特别受 30 ~ 50 岁人群的追捧。可以通过移动社交工具实现美容频道、养生保健、企业黄页、供求信息、养生产品、美容产品、在线预约、在线留言等功能，有利于提升客户满意度和二次消费率，如下右图所示。

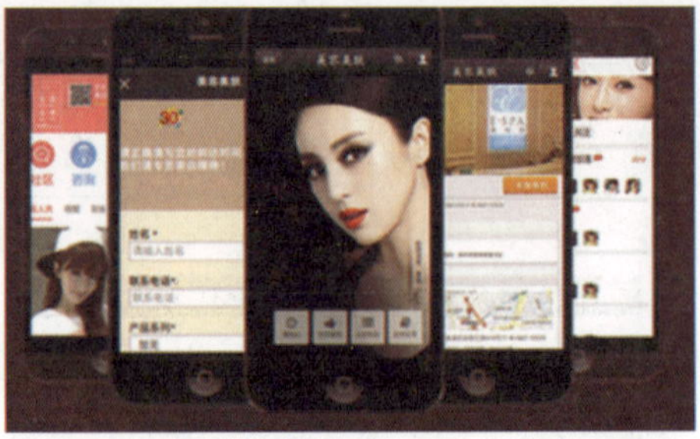

1.2.4 平台微商

微商平台是移动互联网独有的商业生态。移动互联网的特点是去中心化，打破时间、空间的限制，产品可以直接到达世界的任何一个角落，直接到达任何一位消费者手中。微商发展到终极阶段就是建立一个属于自己的平台，拥有属于自己的粉丝，形成有共同价值观的消费社群，通过社交平台和社交网络直接发生关系，实现品牌的人格化，最终实现属于微商创业者自己的平台微商，也将是未来微商的主流，即“4.0 时代”。

平台微商表现在微信小店、微盟 V 店、口袋购物等微商平台开始崛起。相对于个人微商，平台微商有许多独特的优势，如不用囤货，解决了货源、交易机制、信任机制及消费者保障等核心交易问题，商品也更加多元化。平台微商完全是一个去中心化和去流量化的交易平台，有一整套完善的交易机制，从上游的上架选品，到中游的代销分销，再到下游的购买返佣，形成了一个完整的链条。

您知道吗 **平台微商的兴起有什么作用？**

微商的兴起，避免了朋友圈刷屏、假货横行的现象。品牌微商、个人微商及社群微商逐渐向平台微商转移，表明微商正从丛林时代走向规范有序的时代，微商尝试运用平台的信任机制、系统、数据等进行管理和销售。

1.3 分析未来微商发展的 4 种模式

微商是移动互联网时代的新生态。2015 年被称为微商元年，各种品牌、商家、平台涌现，人人都想在这股风潮袭来之际在市场上分得一杯羹。未来微商的发展预计会呈现以下 4 种模式。

1.3.1 微商 + 平台

平台的崛起，一方面使暴力刷屏、加粉及售假等行为被大范围清洗，拥有优质产品及良好粉丝圈的社群微商将长期并存，同时会结合微商平台尝试更多的变现办法；另一方面，微商平台凭借自身的规模实力，在货源、信用体系及消费者保障方面提供全面的解决方案，与品牌商、个人商家形成高黏性，在短时间内积累用户规模。伴随平台微商的发展，微商的品类和份额将会有所平衡，呈多元化发展。

1.3.2 微商 + C2B

微商 + C2B 将成为未来去中心化的商业潮流。商家可以先设计产品，或者把正在生产 / 即将生产的产品放到平台上，寻求用户的意见和想法，为品牌注入个性化、定制化和多元化的特性。以消费为导向的微商社交渠道能快速聚集适合社交渠道的“小而美”的产品。

微商 + C2B 模式的好处是：既可以聚合分散的庞大客户群，形成一个强大的采购集团，扭转以往一对一的劣势出价地位，享受批发商的价格优惠，又可以根据客户个性化定制产品，邀约厂商生产，实现以客户需求为引擎，倒逼企业“柔性化生产”。厂商也可实现以销定产、降低库存，同时减少销售环节，降低流通成本。

1.3.3 微商 + O2O

微商作为移动电商最快速的销售渠道之一，从线上解决了传统零售效率低、购物流程长、复购率低等问题。而微商 + O2O 的移动端快速开店结合 LBS 的使用场景，能有效地将线上线下融为一体。去中心化的流量使商家不必依赖中心化平台的流量，信息实现口碑传播的渠道缩短，社交圈能够直接产生分享和评论。这种形式将使交易流程加快，社交圈的链接能够直接产生销售。

1.3.4 微商 + 农村

农村互联网金融正处在大发展的风口。2014 年 10 月，阿里巴巴宣布启动“千县万村”计划，在 3 至 5 年内投资 100 亿元，建立 1000 个县级运营中心和 10 万个村级服务站。

村民们能够更加方便地在阿里巴巴的购物平台上购买生活用品和农资，同时，农村优质的农产品和特产也将通过阿里巴巴的“村淘”平台输送出去。这就意味着，农村市场已经成为各大电商平台极力开拓的新蓝海。

面对这片诱人的蓝海，不管是苏宁、国美，还是京东、天猫，互联网巨头纷纷争抢市场，积极搭建自己的配送渠道，以便让货物顺利送达。苏宁、国美是自己建设；

京东则是自营、与地方连锁合作及与厂家合作多管齐下；天猫除了与民营快递企业合作外，还与中国邮政达成合作。近期，电商企业还纷纷在区县及农村市场开设服务站，抢夺农村市场的“最后1公里”和“最后100米”。数据显示，自2013年第4季度开始到2014年3月，农村电商呈现暴发增长的趋势。到2013年年底，仅在淘宝和天猫平台上，从县域发出的包裹就达14亿件，淘宝和天猫上注册地在农村（含县）的网店超过200万家。

手机成为64.2%的农村网民最主要的网购终端，他们的购买品类多与微商重合。农村目前亦为传统电商份额争夺之地。受居住环境的影响，农村市场有着良好的本地化社交基础，通过微商平台优质货源的补充，更容易使渠道下沉，微商进军三四线市场是必然趋势。

农村电商的未来不仅被电商巨头看好，政府也积极响应并布局“互联网+”战略。近日，示范区国税部门采取“七条措施”（即“国税七条”）服务电商产业的发展，阿里巴巴和京东争相布局农村电商。相信有一天，农民们不但可以足不出户网购，也可以在家做电商。

未来很有可能产生一个亿万级的电商平台，它不再以流量和销量为中心，而是形成一个完全以人、体验和场景为出发点的移动购物新时代。

1.4 微商打假的3种方式

据中国新闻网报道，为进一步保障消费者的合法权益，微店决定将每月2日定为公司的“打假公布日”，定期向公众和媒体公布微店对侵害消费者合法权益的商家的处理结果。

截至2015年6月1日，根据微店商品管理办法，微店的网络安全团队以主动筛查屏蔽、删除的方式，采取警告、冻结订单、强制退款、删除商品、冻结或关闭店铺等强力处罚措施，共处理了9 998 750件涉嫌假冒伪劣的商品，约占总商品数量的0.9%。

在上线17个月之后，移动电商“微店”首次公开了其打假的3种主要方式。

1.4.1 用关键词屏蔽假货

通过建立相应的舆情及商品监控系统，将收集的有关假货的关键词进行整理汇总，如“高仿”、“A货”、“一比一”等。对包含这些关键词的商品进行屏蔽处理（如下图所示），目前已挖掘并屏蔽涉嫌假货类商品共计2 851 008件。

微店热卖
根据相关法律法规和政策，无法显示"高仿"的相关宝贝

1.4.2 用价格手段屏蔽假货

微店通过持续调研分析，进一步提升假冒商品甄别能力，总结线上品牌产品的合理价格区间，将超出或低于该区间的商品信息标为嫌疑对象，对这类商品给予屏蔽处理，挖掘并屏蔽涉嫌假货类商品共计 7 117 742 件（如下图所示）。

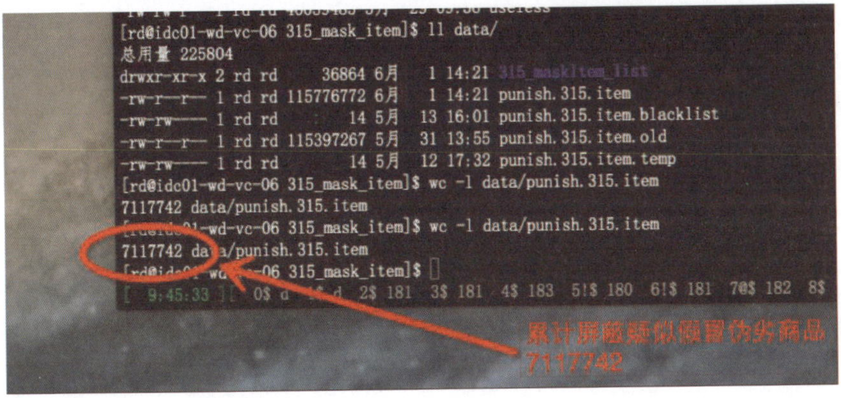
[rd@idc01-wd-vc-06 315_mask_item]$ ll data/
总用量 225804
drwxr-xr-x 2 rd rd 36864 6月 1 14:21 315_maskItem_list
-rw-r--r-- 1 rd rd 115776772 6月 1 14:21 punish.315.item
-rw-rw---- 1 rd rd 14 5月 13 16:01 punish.315.item.blacklist
-rw-r--r-- 1 rd rd 115397267 5月 31 13:55 punish.315.item.old
-rw-rw---- 1 rd rd 14 5月 12 17:32 punish.315.item.temp
[rd@idc01-wd-vc-06 315_mask_item]$ wc -l data/punish.315.item
7117742 data/punish.315.item
7117742
累计屏蔽疑似假冒伪劣商品
7117742

1.4.3 发动用户举报假货并处理

微店根据用户投诉和举报，在掌握相应证据的情况下，实现当天对所出售商品进行处理。截至 2015 年 6 月 1 日，对 30 000 件涉嫌假货的商品进行强制退款、删除商品、冻结或关闭店铺处理，为消费者挽回 300 多万元的经济损失。

微店一直采用严格的监管标准，并持续改进和提升监管技术，上线后很快就推出了担保交易、7 天退货等一系列消费者保障措施，让消费者能够对产品质量及配送时效放心，消除了买卖双方的压力和顾虑，切实保障消费者的权益，为诚信商家创造了良好的生态环境。

在电商巨人林立的互联网世界，微店上线仅 17 个月，就像一个刚学会走路的婴儿，它快速地学习和成长，创造了一个属于千万人的奇迹。微店深知，要帮助更多的年轻人和农民成功创业，要站在他们身后一起赢得消费者的信任，打击网络售假是一场不能输的战争。

微店也将全力配合国家相关监管部门，通过主动抽检对假冒伪劣商品进行持续性及专项打击，帮助消费者更好地维权。同时完善假冒伪劣商品处理规则及处罚系统，规范信用体系建设，完善交易和维权机制，打击网络盗窃诈骗，保护知识产权和网络交易安全。

经验与实战分享

前面给初学者介绍了相关知识的应用，下面分享一些感悟和技巧。

主题 01 微店分销 vs 传统代理 vs 传销

很多第一次接触微分销的人都会把微分销、传统代理及传销等同起来，下面我们认识一下微店分销、传统代理、传销之间区别，如下图所示。

对比项	云端产品库+微店分销	传统代理	直销（非法传销）
货源	拥有整个云端产品库全品类的销售权，厂家、批发商直接供货	品类少，面向的下游客户面窄	产品单一，质量参差不齐
成本	0成本0投入	需要有很成熟的实体销售渠道支撑	需要先掏一笔钱购买产品
销售模式	1、直接销售，获得推广佣金的70% 2、分销商销售，获得推广佣金30% 你 分销商1 分销商2 分销商3 ... 无数分销商	省代、市代、县代...多级层层盘剥 一级代理 二级代理 三级代理	无限级别延伸，每一级都加价，最终导致参与者变成消费者，价格还超贵 每一级都要先掏钱先买入高价的产品
风险	0风险，0成本，0库存，有销售，就有佣金	成本相对较高，风险就看你的库存有没有处理好，茅台，诺基亚的代理商都哭过。	变态的商业模式，营令人疯狂，过分多级的提成制度，导致产品的成本居高，偏离了市场实际价格轨道的产品你说风险会小么？？

那么，微店适合哪些人开呢？在校大学生、办公室人员、家庭主妇、待业青年及应届毕业生等，只需要一台手机或一台电脑和一根网线，就可以轻松地开微店。

李嘉诚说过："当一个新生事物出现的时候，在只有 5% 的人知道时赶紧做，这就是先机。"乔布斯说过："你想用卖糖水来度过余生，还是想要一个机会来改变世界？"15 年前做阿里巴巴的现在大都赚翻了，10 年前没有做淘宝的早已追悔莫及，而微店是继阿里巴巴、淘宝之后最先进的电子商务模式之一，所以我们应该懂得把握时机，抓住机会。开微店不影响上班，可以一键推广，把链接发到 QQ 群，加盟的人来了，采购量也就上去了，分销商越多，佣金赚得越快，真正实现无成本创业。

主题 02 微店创业 vs 一般网上开店创业

微店创业与一般网上开店创业之间的区别，可以通过下表来了解。

对比项目	微店创业	淘宝创业
成本	无须押金，无须加盟费，完全零成本	需要缴纳 1000 元的保证金
找货源	所有品类的现货由厂家发布，微店主无须找货源	线上、线下寻找货源
装修网店	现成的正品商城，无须装修网店	必须有专业的人才
发货	厂家直接给消费者发货，省时省力	商家亲自打单、包装、发货，处理快递单
售后	售后由厂家直接负责，无须微店主“折腾”	每天处理退换货，一不小心就得差评，心累
推广	让无数人加盟，逐个成为自己的分销商，终身绑定，客户有积累	自己推广，缺乏延续性，很难带来流量

在选择开微店的同时必须考虑开店收入的来源。经研究分析，手机开微店的具体经济收入来源如下。

1．卖别人的产品，赚自己的佣金

注册一个微店，就拥有了整个云端产品库的产品销售权，即获得了一座网上百货商城。只要消费者从我们的微店里购买了产品，便与我们产生了购买交易，我们就可以获得 70% 的推广佣金，具体情况如下图所示。

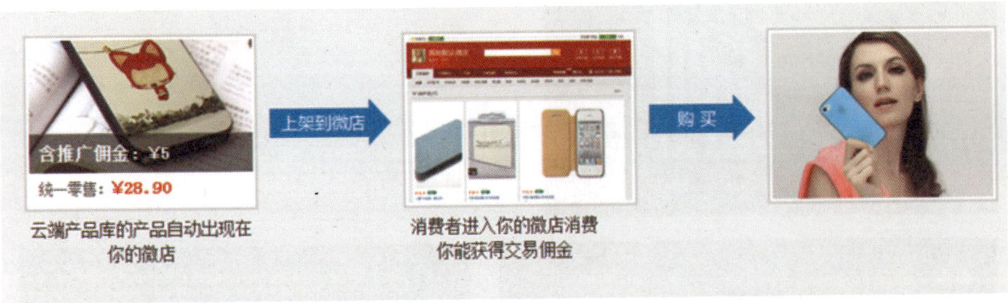

2．分销商越多，佣金就越高

介绍别人开微店，他们自然就成了我们的分销商，消费者在我们的分销商的微店产生了购买交易，我们就可以获得推广佣金的 30%。分销商越多，我们得到的奖励也就越多，具体情况如下图所示。

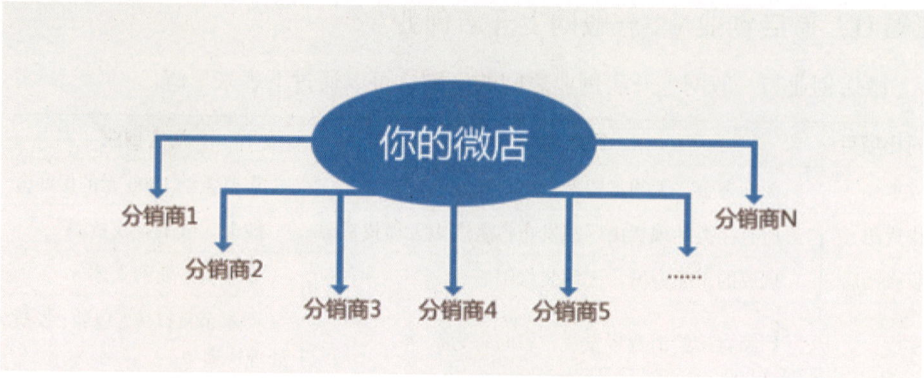

主题 03 剖析 2015 年第 1 季度微店报告

微店公布的“2015 年 1 季度报告”针对微店的商家数量、人群区域分布及微店用户特征进行了剖析，首度披露了微店用户的年龄分布比例和使用偏好。报告指出，自 2014 年 1 月 1 日微店正式发布第一个版本起，至 2015 年 3 月 31 日，微店用户达 2926 万，遍布全球 197 个国家。2014 年下半年用户量呈爆发性增长，2015 年第 1 季度的新增用户超过 900 万，其中三线以下城市增长更快，“80 后”、“90 后”微店商家占比 88%。

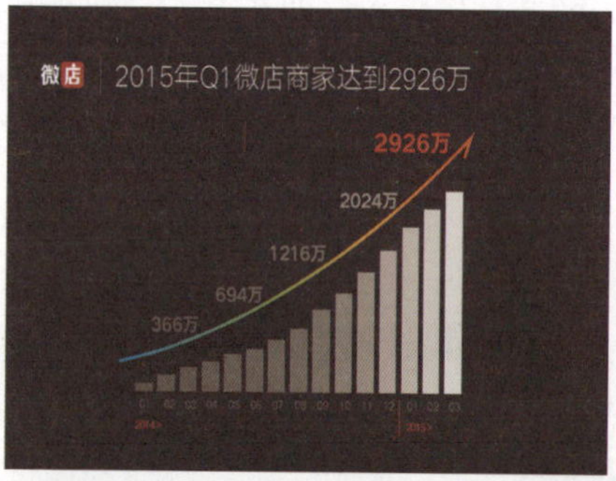

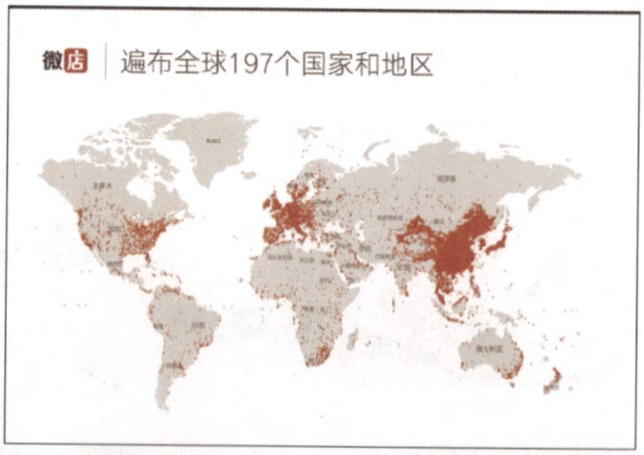

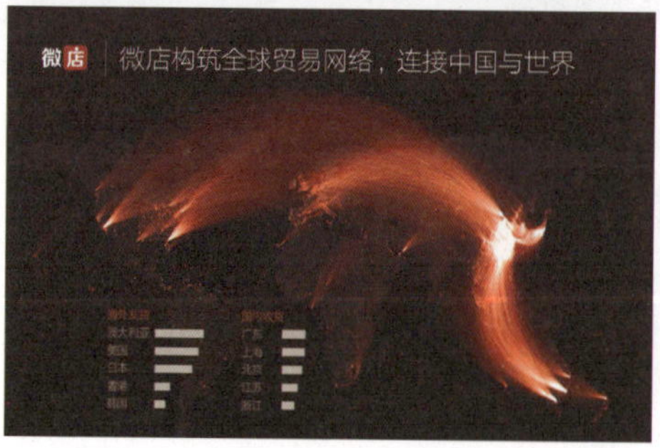

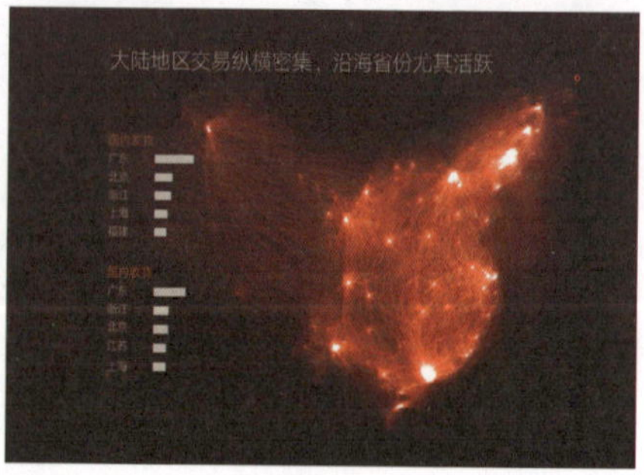

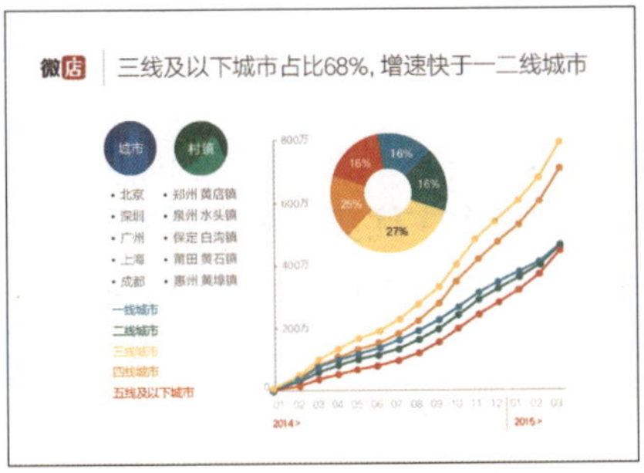

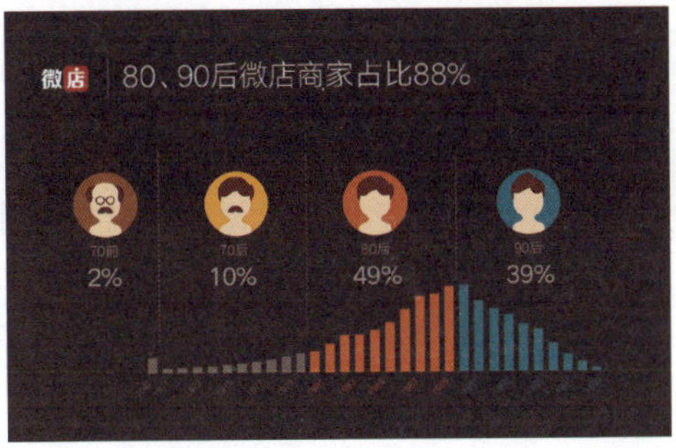

有关数据表明，在 2015 年第 1 季度，增长最快的类目为巧克力、蛋糕、水果蔬菜等商品，如下左图所示。同样，有数据显示，“90 后”逐步成为手机微店创业的主力军，如下右图所示。

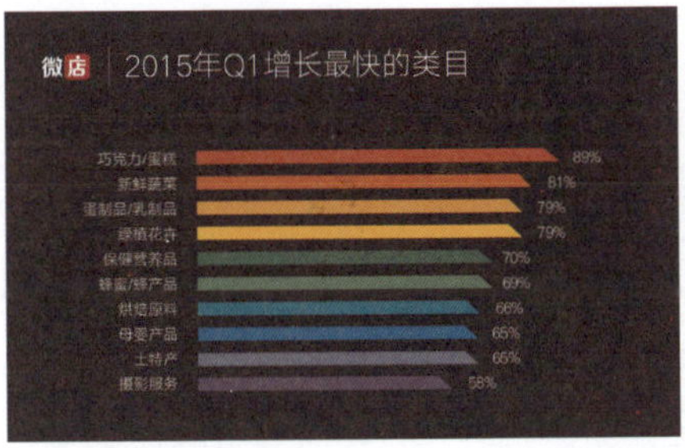

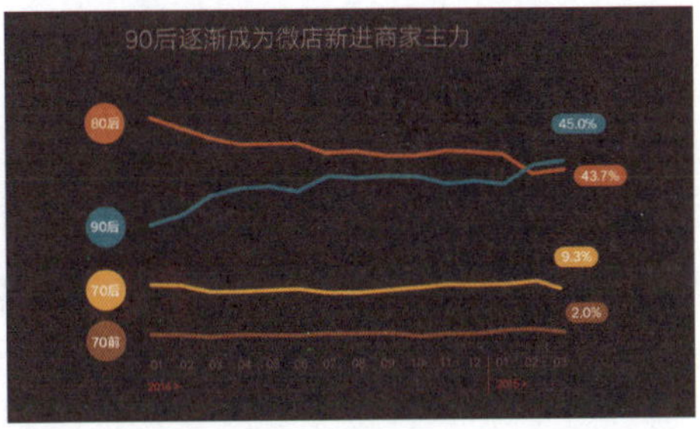

高校大学生创业已经成为一种社会现象，东部沿海地区的大学生更是乐于开微店。大学微店哪家强？在全国 2000 多所开微店的高校中，广州大学的微店数量排名第一，达 2090 家，排名第二、第三的高校分别是集美大学和中山大学，这两所高校的微店数量分别是 1346 家和 1284 家，如下图所示。

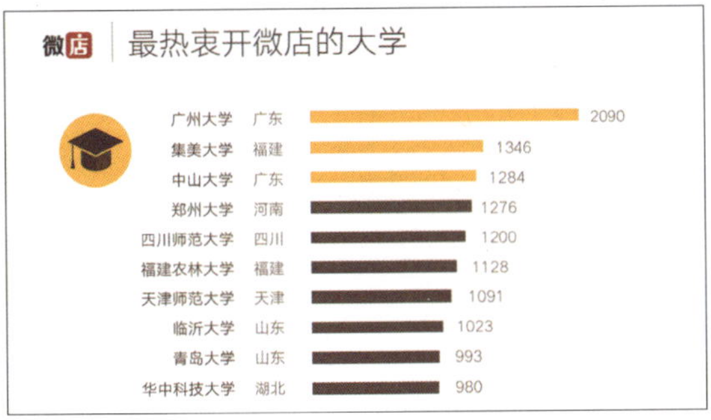

总之，微店是属于青年和农民的创业平台。微店已成为广大年轻人释放创业激情的平台，3000 多万年轻商家在微店上实现了零门槛自主创业，在移动互联网上拥有了自己的一份生意，正融入“大众创业，万众创新”的时代洪流。

本章小结

本章详细介绍了什么是微商，其中包括微商的概念、优势及微商到底该怎么做等内容。首先对微商的具体概念、优势，如何做微商等内容进行了介绍，随后讲解微商现有的四大形态，分析了未来微商的发展模式，最后介绍了微商设置的 3 种打假方式等知识。

第 2 章

微商，领域有多宽

本章导读

随着新一波创业狂潮的到来，越来越多的“小伙伴”选择加入创业大潮。做什么能赚到钱？做什么项目不仅有很低的起点，又能尽可能获取高的回报？显然微商创业是一个不错的选择。本章介绍有关微商创业的具体内容。

知识要点

通过本章内容的学习，读者能够了解微店与微支付、微官网与微商城、多个开通微店的平台，需要掌握的相关技能和知识如下。

- 微店与微支付
- 微官网与微商城
- 微店的开店领域

2.1 认识微店与微支付

当我们开通微店后，在微店中就可以进行微交易，就需要用上微支付。提到手机支付，大家可能都比较了解，但提到微支付，或许大家就比较陌生了。在本节中我们将会讲解微店与微支付的相关知识。

2.1.1 微店

微店提供商家入驻的平台，有点类似于 PC 建设的网站，但是与其他移动电商 App 不同的是，其主要利用 HTML5 技术生成店铺页面，更加轻松快捷，商家可以直接“装修”店铺，上传商品信息，还可以通过自主分发链接的方式与社交媒体结合并进行引流，最终完成交易。

微店作为一个微商平台，一头连着供货商，一头连着网民。微店类似于移动端的淘宝店，主要是利用社交分享、熟人经济营销。2013 年，微店开始崛起。2014 年 1 月，电商导购 App“口袋购物”推出“微店”，如下左图所示。

2014 年 5 月，腾讯微信公众平台推出“微信小店”；10 月，“拍拍微店”宣布完成升级测试，开始大规模招商；11 月，京东微店正式登陆微信一级入口，定位于第三方商家的 B2C 服务体系。与此同时，行业内如淘宝微店、微信微店、金元宝腾讯微店、口袋微店、苏宁微店等各类微店纷纷涌现，如下右图所示。

2.1.2 微支付

微支付（Micropayment）是指在互联网上进行的一些小额的资金支付，如下图所示。这种支付机制有着特殊的系统要求，在满足一定安全性的前提下，要求尽量少的信息传输，较高的管理和存储需求，即对速度和效率的要求比较高。

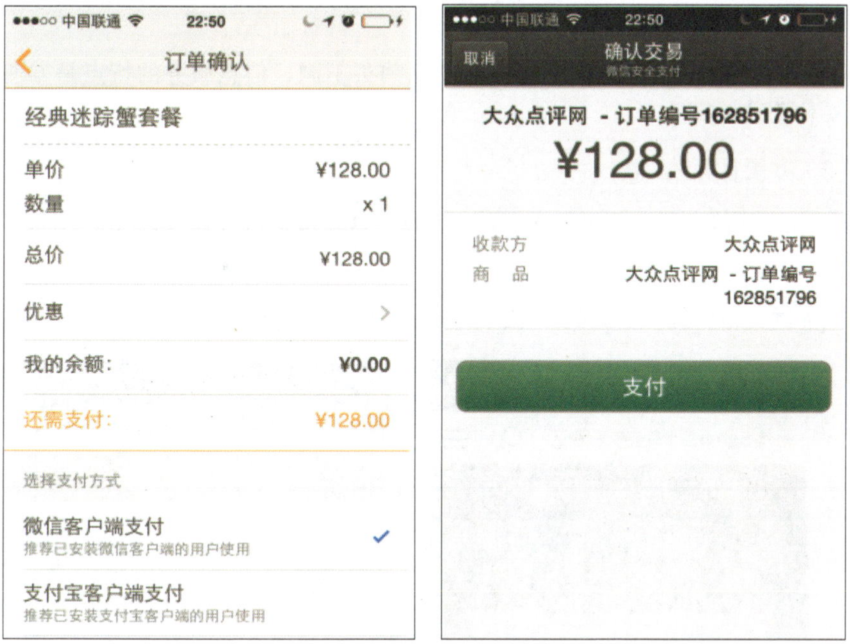

另外，微支付是适用于 B2C、C2C 的最活跃的商品交易，特别是在数字音乐、游戏等数字产品领域，如网站为用户提供搜索服务、下载一段音乐、下载一个视频片段、下载试用版软件等，涉及的费用很低，往往只要几分钱、几元钱或几十元钱。微支付就是为解决这些“小金额的支付”而设计的，它的特点在于交易金额低，让用户不假思索随手花出，同时自身交易量大，颇有薄利多销的意味。

您知道吗　微信支付支持的银行卡

目前，微信支付支持以下银行发行的贷记卡：深圳发展银行、宁波银行。此外，微信支付还支持以下银行发行的借记卡及信用卡：招商银行、中国光大银行、中信银行、中国农业银行、平安银行、中国民生银行。而且，其支持范围正在进一步扩大。

另外，微支付账户的资金可以通过银行卡或财付通充值，充值金额不能超过微支付资金的上限（微支付余额不能超过 500 元），开通或消费的业务限额以相关产品的限额为准（每个产品限额不同，业务限额也不同）。

1. 微支付的 2 个主要特点

近些年，移动支付正在得到广泛应用。而微信支付的出现，契合了社会的黏性化，即“湿”的方向，标志着移动端支付时代的来临。作为一个支付工具，其本身也具有一些特点，具体如下。

（1）方便与快速

Internet 的信息服务与传统的有形商品购买不同。信息服务的特点是方便和快速——不管距离多远。

（2）方便且有效

Internet 的信息服务都可以在几秒内完成，这要求支付方式也必须在几秒内完成，并且是方便和有效的。

目前微支付所提供的扫码二维码支付和 App 跳转支付如下图所示。

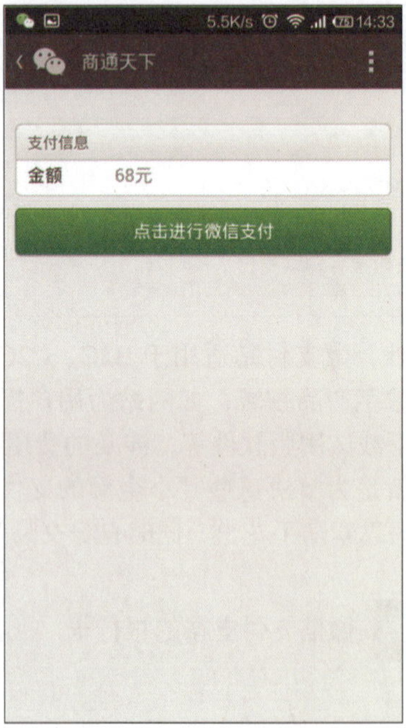

2. 微支付的 3 种实现类型

根据消费者交易类型和时间的不同，微信微支付最主要的实现类型有以下 3 种。

（1）定制与预先支付

消费者对要购买的产品和服务有足够的了解才可能产生这种行为。

（2）电子现金支付

这类支付方基于电子现金账户，而不是预付费账户，且电子现金是可以回收并跨系统运行的，其发展潜力更多地面向现实环境，能够起到代替现金的作用。

（3）计费系统与集成支付

这类支付方式已经大量应用于电信行业。电信公司在利用计费系统对自身的服务进行收费的同时，也可以向其他类型的商家提供账单集成服务。

2.2 微官网与微商城

前面已经介绍过微店与微支付的知识，那么，对微官网与微商城我们又了解多少呢？相信通过本节的学习，大家就可以了解微官网与微商城的有关知识了。

2.2.1 微官网

微官网是为适应高速发展的移动互联网市场环境而诞生的一种 WebApp 和传统 PC 网站相融合的新型网站。微官网可兼容 iOS、Android、WP 等多种智能手机操作系统，可便捷地与微信、微博等网络互动资讯平台连接。简言之，微官网就是适应移动客户端浏览体验与交互性能要求的新一代网站。

微官网的网站页面完全适合手机、平板，而且能够自动识别客户屏幕的大小，网站内容精简，页面资源小，加载速度快，用户体验好，如下图所示。微官网页面匹配 iOS、Android、WP 等各主要操作系统，对 6 亿的微信用户市场来说，其开发与推广蕴含了不可估量的商业价值。

2.2.2 微商城

微商城是什么？广义的微商城是基于当前很受欢迎的微信的一种传媒方式中的一种商业运用。微信当前的火热是一个商机，基于微信的传播速度及其简便性等优点，为商家提供一个平台，商家可以在这个更简便的平台里进行更为现代化的电子商务。同时，利用微信的这个平台也可以为商家提供更有效的宣传方式，更有利于商品的推广。

狭义的微商城又叫微信商城，是基于微信研发的一款社会化电子商务系统，也是一款传统互联网、移动互联网、微信商城、易信商城、App 商城“五网一体化”的企业购物系统。消费者只要通过微信商城的平台，就可以获得商品查询、选购、体验、互动、订购与支付的线上线下一体化服务。

1. 微商城的 6 种推广传播途径

随着社交媒体和移动互联网的发展，各行业竞争愈发激烈，新兴的微商城也面临较大的挑战。下面我们就来看看，微商城是如何利用媒体传播打好这次对攻战的。

（1）PC 端官网

集广告播放、商品展示、会员管理、交易管理等于一体，购物、旅游、美食、休闲、娱乐及各种生活服务应有尽有。它不仅为商家提供时尚的展示平台，而且为用户提供便捷的购物环境。PC 端与手机端无缝连接，将会覆盖所有网络群体。

（2）手机端移动网站

目前与 PC 端等连接，把全方位的购物信息、消费娱乐、交流互动、在线交易等应用集中在你的手中。

（3）移动 3D 虚拟购物中心

相当于手机端 3D 立体虚拟购物商城，360° 自由旋转全方位地展示商品，同时具有自动定位、海量搜索功能，只要用户进入 3D 购物中心，就会自动定位所在区域。在手机端，用户还可以进入个人中心进行收藏、购买、支付等应用及操作。

（4）手机端 App 定位搜索综合平台（如下图所示）

集吃、喝、玩、乐、衣、食、住、行……全方位消费导航与搜索功能，并与 PC 官网、手机官网、3D 立体购物中心、会员管理系统等融为一体，既是时尚的广告平台，又是便捷的购物中心。

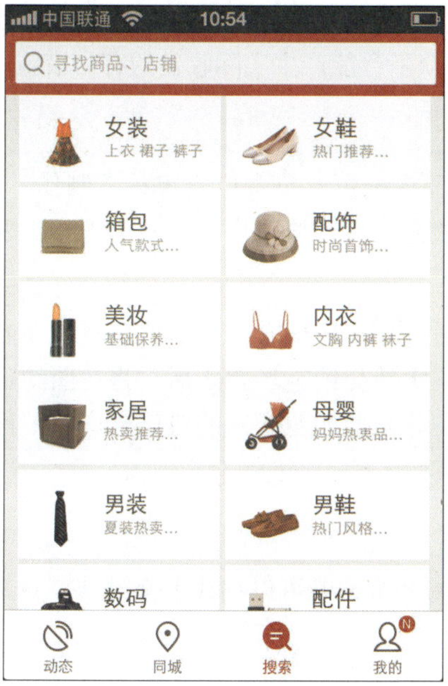

（5）微信公众平台

微营销之所以成为未来的主要营销渠道，其主要原因是微博、微信庞大的终端资源，以及低廉的成本投入和精准高效的广告效果。

（6）店面框架动态广告联动平台

时尚、动感的框架视频广告是较为流行的传媒载体之一，其区别于其他平台的地方是，以加盟商的店面为平台，广告内容以宣传加盟商的产品或服务为主，联动周边不同行业商家的广告滚动播出，避免同行业之间的竞争。

2. 微商城的 3 种主流运营管理系统

这里介绍一下微商城主要的 3 种运营管理系统。为了帮助商家更好地管理渠道分销商和销售产品，在微商城的基础上推出了分销系统，帮助微商城的用户构建微信分销渠道，实现全员分销，在朋友圈中通过这种“一传十，十传百”的口碑营销方式推广商户的微商城。

（1）会员管理系统

会员系统是整个平台的核心部分，也是成败的关键。有了庞大的会员体系，才会有随之而来的广告收益及销售收益。

在会员体系中，会员身份分为两种，一种是 VIP 会员，另一种是普通会员。所有会员都享受积分奖励，普通会员的积分奖励主要来源于平台的推广链接、有奖型互动游戏、购物返利等，VIP 会员除了享受普通会员的积分奖励外，还可以享受公司业绩分红奖励及业务提成等。会员的积分均不能兑现现金，只能在公司的平台上作为消费券来消费，这也是保障加盟商家在微众平台能产生实际收益的有力措施。

（2）广告管理系统

广告是真正效益的主要来源。广告管理系统主要负责广告审核、制作、上传、更新等业务。广告业务分为两个板块，一个为纯广告型商户，另一个为分账型广告商户。

纯广告型商户只负责展示、推广或发布链接，如果有会员消费也只能在商家自己的购物系统进行交易。分账型广告商在一次性交纳进场费之后，将按照约定获得来自会员在其商家平台产生消费后的分成。分账型加盟商家的协议推广及销售的商品必须进入交易系统，按相关程序进行结算。

（3）购物管理系统

购物管理系统是一个多功能的O2O交易系统，既可以在线上交易结算，又可以在线下实体店进行结算。

会员在线下实体店进行消费时，只需要通过手机端进入微众平台会员中心积分转账页面，再由商家输入自己的编号和密码，会员的消费积分就会自动转入商家的后台（如下图所示），商家后台积累的积分是与平台结算的唯一凭证。同时，为了保证商家资金的正常运转，所有会员在消费时只能按50%现金、50%积分的比例结算。

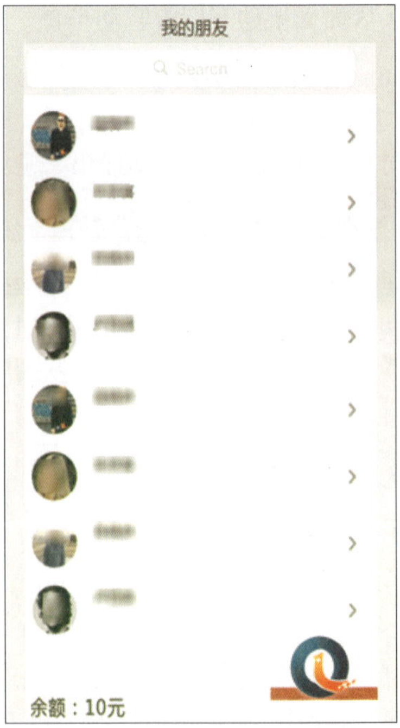

2.3 微店的开店领域

现在开微店很方便，电脑都可以不要，有一部能上网的智能手机就行。如果你几年前错过了淘宝，那么现在千万不要再错过微店了。目前已有的微店平台包括有赞（口袋通）、京东微店、微信小店、微品会微店、易米微店、口袋购物等。

2.3.1 有赞

有赞（原来的“口袋通”，现改名叫“有赞”），创始人白鸦，是杭州起码科技有限公司研发并运营的微商城平台。有赞为商家提供免费且强大的微商城系统和完整的微电商解决方案，并致力于通过粉丝营销、交易创新、消费者保障体系为广大商户、消费者搭建移动购物平台。

有赞是一套强大的微店铺系统，为商家提供了完整的微电商解决方案。通过使用有赞，可以快速、低成本地搭建微商城。有赞提供了完整的商品管理、订单管理、交易系统、会员系统、营销系统。另外，有赞提供的店铺页面管理系统也非常强大，商城的定制自由度极高，几乎可以自定义每一个页面。而且，目前有赞的所有服务都是免费的。接下来具体分析其特点。

1. 与微信、微博的关系

有赞提供的是整套的底层店铺系统，它与微信、微博并没有直接联系。不过，通过把微信、微博账号绑定到口袋通店铺之后，微信、微博则成为店铺面向粉丝的重要出口。换句话说，账号绑定后，就可以把店铺经营放到微信、微博上，向粉丝推送活动通告、上新通知，与粉丝直接的交流和沟通，粉丝也可以直接在微信、微博 App 内进入店铺，浏览商品，并完成最终的购买。

更重要的是，有赞提供了十分强大的客户管理系统（需要微信认证服务号），可以对每一个粉丝进行分组、打上特定的标签，更加有针对性地进行消息推送。

2. 支持把店铺开到微信上

对于想开店而又没有微信公众号的，只要有个人账号，就可以在有赞建好店铺后将店铺的页面（包括店铺首页、商品页等）分享到朋友圈，这样，好友就可以直接访问店铺进行购买了。

有了微信公众号，就可以向粉丝推送图文消息，引流到有赞店铺。如果微信公众号具备自定义菜单权限，也可以直接把菜单项链接到店铺。

3. 支持多种支付方式

使用有赞开店之后，系统会自动为店铺开通支付宝付款功能，买家可以使用支付宝付款购买商品，也可以直接使用银行卡支付（网银），对于向微信申请了微信支付的商家，只要进行简单的配置，粉丝就可以通过微信支付购买商品。

有赞也有分销和 CPS，但是侧重在 CRM，主打 B2C 的概念，帮助各个类目的 TOP 商家或品牌直接管理粉丝，并对粉丝分层进行营销。对品牌和渠道管理要求比较高的商家，有赞是一个很好的选择，而且也一定要开通微信支付、认证服务号，一方面有助于接入 CRM 和相应的接口，另一方面服务号是连接微店与粉丝的重要桥梁，粉丝可以积累在服务号里，商家可以通过服务号与粉丝互动。

2.3.2 京东微店

京东微店（wei.jd.com，原“拍拍微店”）如下图所示。有人说：“京东微店要颠覆淘宝时代，可能真的为时不远了。”京东微店依托于微信、手机 QQ 两大入口的资源已经由京东品牌背书，在为用户提供更便捷、更多场景的购物选择的同时，也为用户提供正品保证、闪电发货、7 天无理由退换货等标准化的优质移动购物体验。

京东微店与京东商城 PC 端完全打通，面向京东所有第三方商家开放。京东微店具有以下几大优点。

1. 京东品牌支持

京东微店建立在京东品牌的基础之上，微店里的所有商品在京东网站都有销售。所以，商家不用找微信团队申请微信支付，经过京东支付即可完成收款。

2. 无缝连接微信及手机 QQ 入口

这一点是其他微店无法做到的，也是京东微店的独有特色。如下图所示，单击微信中的“购物”按钮即可进入“京东微店”。

3．服务标准统一、可预期

京东微店的服务是从严要求，服务基础条件与京东 PC 端一致。京东微店是京东商户从 PC 端向无线端的延伸，对没有达到标准的商户，京东会有相应的处罚措施。

4．与京东商城系统完全打通

进入京东商户后台，其中就包括了京东微店管理后台，主要管理微信和手机 QQ 的活动，还可用京准通广告系统投放广告进行营销推广。

5．保留去中心化的优点

传统的电商靠流量打天下，当大型商家抢占所有的流量入口后，小型商家再也难以发展。京东微店去中心化是指商户可以拥有独立的个性化店铺，抛开对大型购物网站的依赖，积累自己的粉丝。

6．独特的入驻方式

入驻京东微店前必须注册企业类型的服务号，且该微信服务号不能开通其他第三方平台。同时，京东微店招商的对象只是在中国大陆注册的企业法人。需要特别注意的是：如果提交的材料是复印件则需加盖企业公章，务必确保提供的相关资料真实有效。另外，我们要时刻关注京东微店的状况，因为其将结合各行业发展动态、国家相关规定不定期更新招商标准。

目前，优购、森马、骆驼、韩都衣舍、七格格等商家都已经开通了京东微店。这是腾讯自己做的微店，被称为“国家队微店”。腾讯入股京东，拍拍微店并入京东，改为京东微店，所以，其想象空间巨大。

2.3.3 微信小店

2014 年 5 月 29 日，微信发布官方消息："微信公众平台本次更新增加了微信小店功能。微信小店基于微信支付，包括添加商品、商品管理、订单管理、货架管理、客户关系维护功能，开发者可使用接口批量添加商品，快速开店。必须是已经通过微信认证、已接入微信支付的服务号，才可以在服务中心申请开通微信小店功能。"开发者可以使用微信提供的接口批量添加商品，实现快速开店。

商家通过微信小店，可为用户提供原生商品详情体验，货架也更简洁，如下图所示。

微信小店在资质认证方面比较严格，除了申请商家服务号（需要营业执照、税

务登记证等）、微信加“V”认证外，还需要提供相应产品互联网销售的资质证明。从这方面来看，微信小店不同于淘宝店，更像是天猫店。但和入驻天猫的大都是知名品牌相比，微信小店的容纳范围更广，只要是符合资质的个体户都可以开设微信小店。资料齐全后，通过申请需要 3 天左右的时间。

微信小店逐步形成“商家店铺 + 基础交易系统 + 微信支付 + 广点通”的电商生态，而这一生态与淘宝的电商生态系统结构完全一致，唯一不同的是，微信只专注于移动端，已经有大量的传统淘宝商家“转战”微信小店，希望借助微信创造更大的商业价值。怎么开通微信小店？如下图所示。

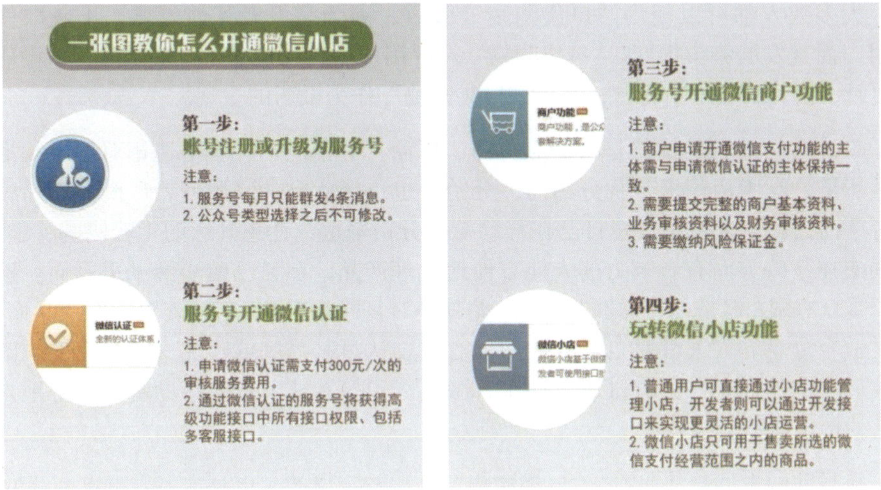
一张图教你怎么开通微信小店
第一步：
账号注册或升级为服务号
注意：
1. 服务号每月只能群发4条消息。
2. 公众号类型选择之后不可修改。
第二步：
服务号开通微信认证
注意：
1. 申请微信认证需支付300元/次的审核服务费用。
2. 通过微信认证的服务号将获得高级功能接口中所有接口权限、包括多客服接口。
第三步：
服务号开通微信商户功能
注意：
1. 商户申请开通微信支付功能的主体需与申请微信认证的主体保持一致。
2. 需要提交完整的商户基本资料、业务审核资料以及财务审核资料。
3. 需要缴纳风险保证金。
第四步：
玩转微信小店功能
注意：
1. 普通用户可直接通过小店功能管理小店，开发者则可以通过开发接口来实现更灵活的小店运营。
2. 微信小店只可用于售卖所选的微信支付经营范围之内的商品。

2.3.4 微品会微店

近期，中兴宣布推出“微品会”，通过微信平台，让用户开微店卖手机。手机微店模式按如下方式运营。

一方面，中兴为厂商提供系统、物流、产品支撑。用户申请加盟后，中兴向用户提供标准化的微店。消费者可在手机端直接购买，通过支付宝支付，由顺丰送货。微店先针对中兴员工开放，再扩展到普通消费者。另一方面，在用户方面，申请加盟后，选择想要卖的产品，获得微店链接，即可在朋友圈或者其他平台上推荐，成本为零。用户以自己的影响力平价卖手机，赚取中兴的返利。

2.3.5 易米微店

目前，“易米微店”这款应用已经是手机市场上中小卖家的必备软件，在不到半年时间内迅速走红。开设微店的店主需要申请微信公众号（一年需支付 300 元认证费）再通过第三方微信平台应用开设店铺（一年 3000 ~ 4000 元的费用），成本较高。而通过微店，用户无须注册微信公众号，无须购买第三方服务平台，只需 2 分钟就可以开设自己的微店。除开设微店外，还可以快速将商品信息分享至当前火热的社交平台，瞬间提高品牌效果，获得社交平台上的海量用户订单。“易米微店”也是完全免费开店的。

2.3.6 口袋购物微店

如果你是淘宝店店主，“口袋购物”微店就是一个很好的选择。因为你可以一键把自己的淘宝店搬到这个微店平台上，也可以一键把自己的淘宝店搬到更多用户的微店上。这样，相当于有了很多加盟店，只是这些加盟店都是统一由我们发货而已。

大多数人都可以使用“口袋购物”微店，因为它没有任何门槛，不收取任何费用，而且发展势头很好。“口袋购物”App 用户量较大也非常重视微店，对微店不断更新，使其功能不断完善，并把“口袋购物”作为微店的主流。

口袋购物最大的优势是帮助品牌商、厂商、分销商、顾客搭建相对健康和活跃的生态链，品牌商积极寻找分销商，分销商也选择优秀的品牌商、厂商。对品牌商或者厂商而言，主要是搭建自己在移动端的分销渠道，让想开店的年轻妈妈、学生、白领或在某些方面有影响力的人能方便地代理产品，在自己的小圈子里开店。这类圈子受众有限，但是社交黏性非常强，尤其是对复购频率高、有社交属性的产品而言，非常适合分享。人人都是自媒体，如果有朋友认可某品牌或产品，在分享的同时也能获取一定的佣金。另有微店直通车、微店红包等功能，都能帮助卖家更好地打开自己的销售通路。

从目前的发展趋势来看，“口袋购物”是比较突出的，也是本书要重点介绍的。

您知道吗　喵喵微店——一款专为女性店主服务的手机微店

“喵喵微店”是“钱喵喵”旗下专为女性店主服务的手机微店，以帮助女性店主赚钱为使命，以“卖萌耍贱”为乐，以为美女招财为己任，以便女性店主以最简单、最快速的方式建立属于自己的手机网店。

“喵喵微店”是一款非常好用的手机微店平台，它不但功能强大，而且界面非常绚丽，自问世以来受到了广大女性的一致好评。在手机App 中，不仅教用户如何推广自己的微店、设置秒杀商品，还提供了支付功能（百度钱包、微信）、数据统计功能、卖家秀功能等，并提供货源。

经验与实战分享

前面给初学者介绍了相关的应用，下面给微店新手分享一些笔者的感悟和技巧。

主题01 微商创业的误区

微商是通过熟人关系而产生的购物，朋友圈成了新的电商平台，使购物环境从淘宝、京东等PC端转到手机上，所以，微商又称移动电商。对于许多新手微商来说，往往怀揣一腔热血，幻想能通过微信赚到人生第一桶金。然而，做微商需谨慎，从开店到售后的每一个环节都得考虑周全。微商最容易闯入的四大误区具体如下。

1. 盲目选择产品

“选择大于努力”，这句话用在选产品方面再合适不过了。选择微店产品切忌盲目，一定要综合考虑朋友圈特点、产品特点、市场特点等因素，不要抱着“高价产品回本快”的错误思想，否则很容易“竹篮打水一场空”。

2. 营销成本低、无门槛

微信的出现无疑给营销界带来一场变革。一时间，“0成本创业”、“简单实用”、“快速成功”等口号满天飞，使许多普通人一头扎进微信的浪潮中。那么，微信营销真的如传说中那般“实惠”吗？事实并非如此。

另外，微信创业也并不是完全“无门槛”，而是某些功能相较于其他营销模式更简单。尽管许多人都在玩微信，但这并不表示人人都能做微商。毕竟在实际销售过程中，创业者还需要具备一定的专业素养，如懂得产品包装、管理客户群、完善订单流程等。如果有必要的话，创业者也要考虑花钱推广产品。如果不了解后台开发，创业者还需要借助微信二次开发公司的力量，而这些公司提供的模板成本可能只需要几百元，却用几万元甚至更高的价格卖给创业者。这些费用都在无形中增加了运营成本、抬高了创业门槛。因此，在通过微信创业之前，一定要做好全面的准备，不要存在“天上掉馅饼”的侥幸心理。

3. 只做熟人生意

众所周知，微信朋友圈是一个私人空间，在圈中活动的好友大部分都是自己认识、熟悉的人。由此看来，借助现有的朋友资源来扩展业务是一个不错的方法。不过，这个方法虽然可用，但不一定适用。

在微信上创业，很多人会将现有的好友发展为客户。这种方法本身没有什么问题，但我们应该有这样的意识——并不是所有的朋友都会为我们买单。因此，在做“熟人生意”的时候，我们不要忘了广交友，也就是扩大交往范围。

我们在工作时常常会制定职业规划，同样，在微信上创业也需要规划，如营销规划、推广规划、客户规划等，然后根据这些规划来探寻有效的经验和方法。在制定客户规划时，应该认真考虑如何拓展朋友圈，并善于借助现有的条件，如前面讲的通过口碑宣传、论坛发帖及在其他社交平台交友来提升微信关注度。只有突破朋友圈的局限性，微店的经营才有可能继续下去（如下图所示）。

中国联通
12:05
发现
朋友圈
朵朵
【6.4小蕊新款】上新喽，亲们赶快来下载吧!
6天前
朵朵
【6.4男装新款】上新喽，亲们赶快

巴宝利男士套装尺码M~4XL 可以穿到220斤
专柜质量
共8张
It's the rule of life that everything you have always wanted comes the very second you stop...
数量已不多了。只做好的，贵的。品质做材料做工一流。专柜...
共9张
新款【原单货】顶级CL红底鞋时尚带点女人味透明边尖头高跟鞋里外全羊皮35~39 ...
共7张
我妈说这半个月我肤色好差，寡白寡白的，亲们，有好一点的腮红推荐我咩

4. 不顾及朋友、客户的感受

做过微店的人应该都知道，微店平台不像淘宝那样有较为完善的评价体系、发货流程、退换货机制，顾客若想了解某个产品，全凭朋友们的口头描述或从其他途径查找相关信息，在微信上几乎看不到其他客户对产品的评价，除了自己的微信好友留言（在微信上，只有互为好友的人才能同时看到彼此的评价）。对于发货、退换货，也全凭心情：卖家心情好了，可能马上就给客户发货或答应客户退换货；心情不好了，拖上几天再发货、直接将客户删除或拉入黑名单这种“一锤子买卖”也不是不可能。可以说，微信其实给商家提供了一张“保护网”，如果商家过分依赖这张网而完全不顾及客户的感受，想要将微店做大、做强是不可能的。

您知道吗　线上线下，客户第一

无论是线上交易还是线下交易，买卖双方应该保持平等互利的关系，这样才会促使交易良性发展。在微信平台上，如果卖家只选择对自己有利的交易规则，而不顾及客户的感受，迟早也会让自己陷入销售停滞的僵局，甚至直接导致生意的崩盘。

主题 02 微商创业的必然性

从事微商的人数不断攀升，每个人都有创业的愿景，而微商恰恰契合了人们的创业心理，激发了人们的创业愿望。利用微商进行创业，既是这个时代给我们的不可多得的机遇，又是我们不得不面对的挑战。说是机遇，不但因为这种全新的模式

使所有人站在了同一起跑线上，还因为微商是可以全面参与的，人人都有机会。

1. 新形势下的创业瓶颈

今天，电子商务经过近10年的成长，红利期已过，各行业品牌巨头垄断市场，大部分市场的角逐已经变成了背后资本的竞争，大公司不仅垄断了资金、技术、市场等，更以高薪垄断了人才。今天，对于一个创业者来说，不仅要解决资金、技术、资源的问题，还要面临残酷的市场环境和寡头的垄断。在新的形势下，对一个普通人来说，如果没有任何积累就想创业实在太难了。

创业是无数人心中的梦想，也是无数人心中的伤，因为创业太难了。创业的瓶颈主要体现在资金瓶颈、经验瓶颈、资源瓶颈和机会瓶颈上。

2. 微商创业破局

移动互联网的“去中心化”彻底打破了传统商业的壁垒，让众智、众筹、众包成为常态，让跨界成为可能。

人人互联、事事在线，一切进入直播时代，打破信息的权力控制，人人都是信息的传播者、制造者、接收者，圈子、社交、大数据正在重新定义品牌，这为微创业打开了禁锢。客户的视线在哪里，电商的主战场就在哪里！碎片即整体、互动即组织、口碑即品牌，市场正在快速进入消费者主权时代，“我的消费，我做主！”过去是品牌、商家的霸权时代，今天消费者已经成了主导者和真正的主角，而社交恰恰又影响着消费者的决定。连接即渠道，连接到哪里，产品就可以到哪里；信任即成交，信任在哪里，成交就在哪里；口碑即销售，口碑裂变到哪里，销售就到哪里；消费即代理，消费者就是我们的代理商，新的商业生态已悄然形成。

您知道吗 **微商创业是最好的选择**

互联网及移动互联网的相继到来，使商业模式和人们的生活习惯都发生了翻天覆地的变化。既有经验已经不能为创业者提供足够的参考价值，这就使得创业似乎更难了。在这种新的形势下，如何突破困境？微商无疑是最好的选择之一。

主题03 做微商应具备的素质

从电脑到手机，从淘宝开店到微电商，时代在变，营销模式也在变。未来，微营销将转变成手机的淘宝。消费者购买商品将不用坐在电脑前，而是用手机随时随地购买。微商创业给很多人提供了一个很好的机会，而在做微商时也需要具备一定的职业素质。

1. 积极向上的创业精神

在创业的时候，创业者不仅需要具有积极向上的创业精神，还要有向往成功的驱动欲望。但万事还得坚持，“胜利贵在坚持”。在微商创业初期，很多人会遭遇订单少的问题，这种现象是正常的，如果能够跨过这道门槛坚持做下去，那么后期可能就是丰厚的订单；相反，如果在初期就选择放弃，则一定不会收获成功。

马云曾经说过：“短暂的激情是不值钱的，只有持久的激情才是赚钱的。”所以，坚持下去，会发现未来更精彩。

2. 具有超强的服务意识

在商业活动中，服务是一个十分重要的环节。在日常生活中，我们可能会有这样的感受：去商城购物，A 商户的营业员体贴周到，在顾客试穿的过程中跑前跑后、不厌其烦，B 商户的营业员却对顾客的不断试穿非常反感，对顾客爱理不理。这个时候，作为消费者，你会选择哪一家？相信大部分人更乐于把钱花在 A 商户。服务意识对于一个品牌的价值是不言而喻的，特别是从事微商——客户是见不到我们的，这个时候，通过什么来展示我们的服务意识呢？

据统计，在线咨询的客户 60% 都是对商品感兴趣的、看过店铺商品描述和店铺介绍的或者有购买意向的，但是，许多店铺流量很高，成交量却很低，原因何在？其主要原因之一就是服务意识差，如下图所示。

中国联通
13:34
微信
AAA
发过来，马上给你打
是
我只夫宝这两天锁了出现问题了
在验证
你直接转我咔里吧
建设的
中国联通
13:34
微信
那是我摆的
我现在摆正再给你拍一张
知道我穿身上扭到哪嘛
看不清
按住 说话

在进行微商创业时，我们一定要具备超强的服务意识，具体表现有以下 3 点。

（1）在线客服快速响应

线上销售与线下销售具有明显的不同之处，线上销售属于自助购物，往往可以快速搜索许多同类型的产品。有些客户看到产品会迅速拍下，而有些客户则比较谨慎，会针对产品向客服提一些问题，这个时候，客服的响应速度通常会直接影响产品的成交率。如果客户在有疑问的时候客服却不在线，很容易导致目标客户的流失。要知道，线上的同类产品多不胜数，如果不理睬客户，客户并不会损失什么，他们还有许多其他选择，而我们错过的却是一单近在眼前的生意。

（2）在线咨询分类解析问题

通常情况下，客户向微商咨询的问题大致有下面这些类型，了解这些问题有利于微商提前制定合理、到位的客户服务策略。

- 关于产品质量问题：在回答此类问题时，商家可以通过图片、文字等消除客户的疑虑，直接明了地告诉客户产品应有的质量保证及相关的质量服务。
- 关于产品的价格和活动问题：咨询此类问题的人通常是回头客或者关注产品的人，商家可以根据具体情况给出优惠。如果有优惠活动，可以直接告诉客户活动信息，或者通过微信群发、朋友圈等公布活动信息；如果没有优惠活动，可以委婉地告知客户，并向客户保证产品质量，从而激发客户的购买欲。
- 关于产品尺码、规格之类的问题：在回答此类问题时，商家需要对自己的产品了如指掌，如果具备专业的产品知识就再好不过了。此外，商家也可以根据客户评价来总结经验，给客户提供较为准确的服务，这样有利于减少一些不必要的售后问题。

另外，商家可以针对一些高频率的问题建立一个数据库，设置相应的答案，在遇到同类问题时，商家就可以通过复制、粘贴的方式快速与客户沟通，这样既能节约时间，又能提升沟通质量，有助于培养客户的好感。

（3）主动的线上服务意识

在生活中，我们经常会看到一些实体店销售人员在店铺门口叫卖，以吸引顾客到店消费。这就是一种主动销售行为。在进行微商创业时，我们也可以借鉴这种做法。当然，微商并不需要在微信上大声叫卖，而是通过现有的推广渠道吸引客户。一个切实可行的方法是：在线上与客户沟通时主动为客户提供优质的解惑服务。

微商本身据有产品摸不着、试不了等特点，客户对产品的了解多是通过微信朋友圈、他人口述、客服线上推广等方式得知的。而在线客服往往可以更好地推广产品、促成订单，因此，主动提升客服的综合素质对销售具有显而易见的影响。

3. 具有不断学习的力

移动互联网时代最大的特色就是变化快。对于微商创业而言，更需要不断地学习。现在流行的东西，用不了一年就可能变成“鸡肋”，所以，我们每时每刻都要为自己注入新鲜“血液”。

（1）养成每天阅读的习惯

在互联网科技发达的今天，创业者可以借助网站、移动客户端等获取最新资讯，如艾瑞网（新经济门户网站，为客户提供专业市场调研、战略咨询等服务）、亿邦动力网（电子商务新闻门户，为客户提供权威的电商业信息与研究服务，如下图所示）。此外，我们也可以借助报纸、杂志等纸质媒介来获取资讯，当地的生活服务类和政策类报刊都可以订阅。

（2）定期参加线上、线下行业沙龙

对于微商从业者来说，目前能在线上参加的沙龙比较多，如“疯人会”在线沙龙（如下图所示），直接报名参加即可。网上很多沙龙活动都是免费的，或者仅收取几十元的场地费，每次活动都会有行业内的一些专业人士参与。在参加沙龙活动之前，可以先准备一些要问的问题，抱着学习的心态去参加，这样可以与他人展开良好的互动，从而获取自己想要的信息。

此外，豆瓣网上的“豆瓣同城”有时也会发布一些线下沙龙活动，如讲座、展览、公益活动等，我们可以随时关注此类信息，根据自己的喜好参与。

本章小结

本章详细介绍了微店开店的平台，包括口袋通、京东微店、微品会、口袋购物等。首先讲解了微店与微支付的知识，随后对微官网与微店网的内容做了讲解，最后分析了微商开店的平台，读者可以结合自己的实情选择平台开店。

微店，选产品在先

第 3 章

本章导读

微商是一个以雷不及掩耳的速度映入眼帘的新型行业。先不说它以后会不会有像淘宝一样的成就，至少说明新的电商时代已经到来，也让好多人赚得盆满钵盈。那么，微商应该怎么找到自己的方向呢？简单地说，怎么找到好的货源，怎样选择好的产品呢？ 在本章中我们将会讲到开微店、做微商、选择产品的关键。

知识要点

通过本章内容的学习，读者能够了解如何选择好产品、好产品去哪里找、微商产品的 5 种合作模式等知识。本章需要掌握的相关技能和知识如下。

- 微商选产品的突破点
- 微商好商品去哪儿找
- 微商产品的 5 种合作模式

3.1 微商选产品的突破点

都说选择热销的产品才能挣到钱，那么在微店上该卖什么样的商品呢？如何选商品才能热销呢？这需要从商品本身及经销商品的商家等方面综合考虑。

3.1.1 选商品的必备 6 大元素

在分析电商热销商品的特点时，一方面要有利于自己开店，另一方面要能满足用户需要，并能及时调整自己的经营策略。目前，微商店主在选择商品时主要考虑商品质量、通用性、高复率、竞争、易传播、售后等 6 大要素。

1. 商品质量要过硬

微营销是个人品牌营销，是基于社交圈的营销。在这样的圈子中，我们是有一定信用度的，销量也是建立在这样的信任之上的。如果我们能给顾客带来放心、带来价值，那么顾客也将更加信任我们。反之，如果用“A 货”（仿冒品）、假货、残次品欺骗顾客，一旦信任决堤，将永远无法挽回。所以，绝对不能把信任当儿戏。销售好的产品才能持续发展，这一点毋庸置疑。要想长期发展，一定要选择品质过硬、质量好的产品。

2. 商品通用性要强

我们在选择产品时，必须要有一定的市场需求、消费人群，并且这个消费人群在不断扩大，以满足业务的扩张。另外，这个消费人群最好是要求高品质或高端生活的人群，因为我们销售的产品是他们生活中不可或缺的个性化用品，如美容、护肤类产品等，或者是功能性产品，如佩戴型、礼品型、保健型产品等。对刚进入这个领域的新手微商而言，需要特别注意——除非掌握一些特殊的人脉或者商品的资源，否则千万不要轻易尝试做一些小众产品，如字画、酒水等。

3. 商品需求率要高

微营销不是无休止地销售，而是需要通过口碑产生重复购买。而且，每个人开发客户的能力是有限的，这时选择一个可以重复购买的产品无疑是最好的。微信营销做的是以情感、价值为主的朋友生意，朋友的再次购买可以增强彼此之间的关系。一次性的生意很难产生回头客，而且对营销工作来说也比较吃力。

4. 商品竞争相对较低

选择的商品竞争相对较低，不要太激烈。目前有很多人在微信朋友圈里卖衣服、鞋子和包等商品，结果往往是很不理想的。大家都有在淘宝上购物的经历。回忆一下，在淘宝上卖得最好的类目是什么？就是衣服、鞋子和包。那为什么还要在微信上卖这些东西呢？现在淘宝上这些东西的价格都是非常有优势的，如果直接和淘宝竞争，竞争一定是非常激烈，很难把微店做大、做强。

在选择产品行业时，尽量选择朝阳产业，也就是说，行业的势头是不断上升的，跟着这个势头来做，过程会相对容易得多。一次，小米科技创始人兼 CEO 雷军在会议中做主题演讲，表示最重要的是自己遇到了一个“台风口”，这个“台风口”就是“一头猪都能飞得起来”的“台风口”。所以，要找到行业势头，让自己能够飞起来。

目前比较主流朝阳产业有：美容护肤（如下图左所示）、健康、教育（如下右图所示）、现代农业、医疗、娱乐等。

5. 商品易展示、易传播

大多数微商都是在手机端宣传推广产品的，手机的屏幕就是那么大，复杂的商品很难看清细节。如果产品的效果可以达到立竿见影，或者产品本身具有话题性，那么传播起来就会事半功倍。例如，微商里见得最多的就是面膜，在贴面膜之前皮肤是暗沉干涩的，贴完之后皮肤就变得白润透红，效果比较明显。女性大都爱美，敷完面膜拿出手机自拍，然后发到自己的朋友圈，自然就形成了传播。再如，减肥产品使用前和后的效果对比等。

6. 商品售后简单，易操作

产品的售后服务一定要简单。这里的售后服务是指产品本身的使用，而不是指对客户提供的售后服务。例如，小吃零食买回去可以直接食用，面膜、护肤品等不需要教客户怎么使用，也不需要提供现场服务，售后服务就很简单了。

微商产品不同于其他电商产品，我们在面对市场竞争压力时，以上 6 个元素并不需要完全符合，但至少要符合其中 3 项，这样后期才能更好地形成裂变式发展。符合的元素越多，就越容易做大、做强。

您知道吗　商品的包装也同样重要

这里所说的包装，不仅包括标签、外盒等直接包装，还包括物流过程里的保护性包装，以及为了保持产品温度、位置等的内部固定、保温装置等包装辅助材料。

3.1.2 选择微商产品的 3 大原则

微商营销的本质是个人品牌、口碑的营销。产品的质量就是个人品牌营销的前提和基础，如果前期产品的选择没有做好，那么后期的一切，包括推广、成交、售后、裂变，都会困难重重。所以，做微商，选好产品至关重要。这里来看一看微商选产品的 3 大原则。

1. 就“近”原则

在选择货源的时候，尽量选择自己家乡的特色商品，如下图所示。这样做就是为了给客户留下一个印象，即这里的产品是同类产品中最好的。

2. 就“熟”原则

微信营销要尽量选择自己熟悉的圈子来做。什么是圈子？就是我们熟悉的朋友，如学生最熟悉的圈子肯定是学生，老板熟悉的圈子里自然是企业家居多。我们可以从这方面入手，在熟悉的朋友中销售最好的产品。例如，在女性中销售护肤品就可能是非常不错的产品选择。

3. 就“源”原则

微商要做大、做强，发展代理自然是不二之选。为了满足利润最大化和长期发展的需要，选择产品时，如果自己不能生产，就找厂家独家合作代运营或贴牌生产，这样才能保证后期可以更好地掌控货源，招到更多的代理，共同做大市场。

3.2 微商好商品去哪儿找

做微商最重要的一个问题就是解决货源即供货渠道的问题。好商品去哪儿找呢？在形形色色的批发商城中，需要微店店主根据自己的经验选择真正合适自己的销售渠道。

3.2.1 按自己的特长找

微商和 PC 电商最大的区别在哪里？就在于乐趣。任何一个人都有自己的爱好和兴趣。为什么要重点强调爱好和兴趣呢？因为兴趣是最好的老师。我们喜欢做某一件事情的时候，做这件事情就会变得很快乐，而因为快乐，会让我们充满激情、想象力和创造力。假如你自己本身不喜欢化妆，也不爱美，那么你一定无法把美丽这种观念带给别人，就更不要说产品了。

在考虑要卖什么商品的时候，可以根据自己的兴趣和能力而定，尽量避免涉足不熟悉、不擅长的领域。分析自己有什么兴趣、爱好、技能或者特长，把自己拥有的东西转化为可以出售的商品或服务。如下图所示的微店里卖的都是店主自己制作的手工艺品。

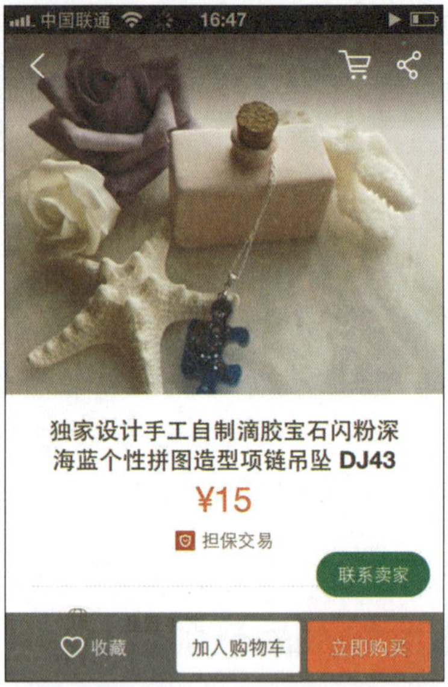

3.2.2 按朋友的需要找

微店基本上卖的就是人脉，如果朋友不需要我们销售的商品，基本上就无人问津了。

所谓人以群分，一般来说，朋友需要的，也恰恰是我们自己需要的。如果我们卖的东西不适合自己，不适合朋友圈，又怎么会有销路呢？如果你是大学生，就可以选择时尚的、韩版潮流的流行款，如下图所示。卖合适自己的东西才会有信心，才会得到客户的好评，因为我们熟悉自己所卖的商品。

3.2.3 在淘宝卖家中找

微店作为手机端的买卖平台，目的就是让更多的小卖家认识到移动互联网是未来的趋势。为了方便一些淘宝商家转移到微店，在微店软件中还加入了“淘宝搬家助手”功能。

淘宝店主在手机上可以方便地利用微店软件进行商品的买卖。下面介绍一下如何使用微店中的“淘宝搬家助手”一键把淘宝的商品搬到微店去。

第 1 步：❶ 打开“微店”软件，在底部单击“设置”按钮，如下左图所示。

第 2 步：❷ 跳转到“设置”界面，单击“淘宝搬家助手”按钮，如下右图所示。

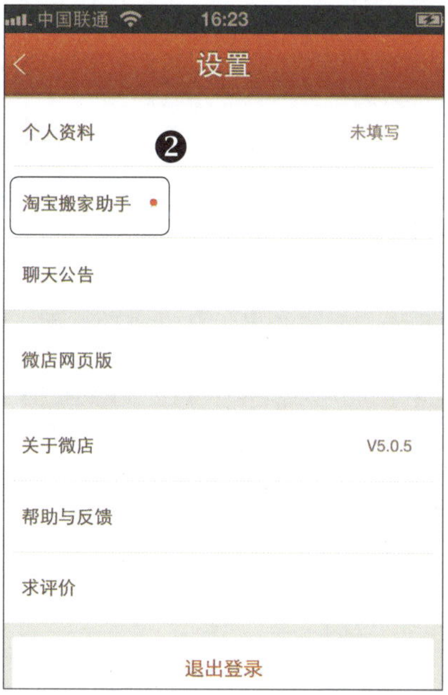

第 3 步：❶ 跳转到淘宝助手页面，单击“快速搬家”按钮，如下左图所示。

第 4 步：系统会自动弹出对话框，❷ 单击“确定”按钮，如下右图所示。

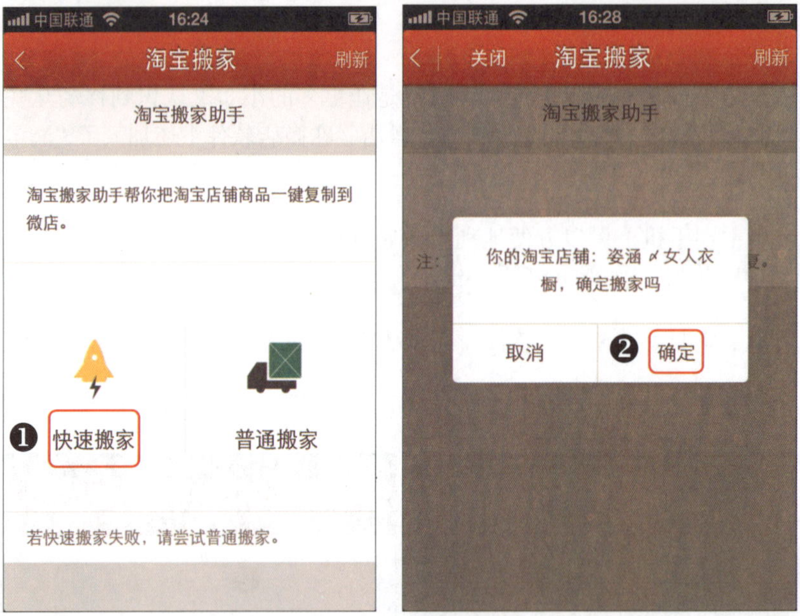

第 5 步：❶ 在“淘宝搬家”界面中输入淘宝账号和密码，❷ 单击“登录”按钮，如下左图所示。

第 6 步：系统会提示登录成功页面，❸ 单击“继续”按钮，如下右图所示。

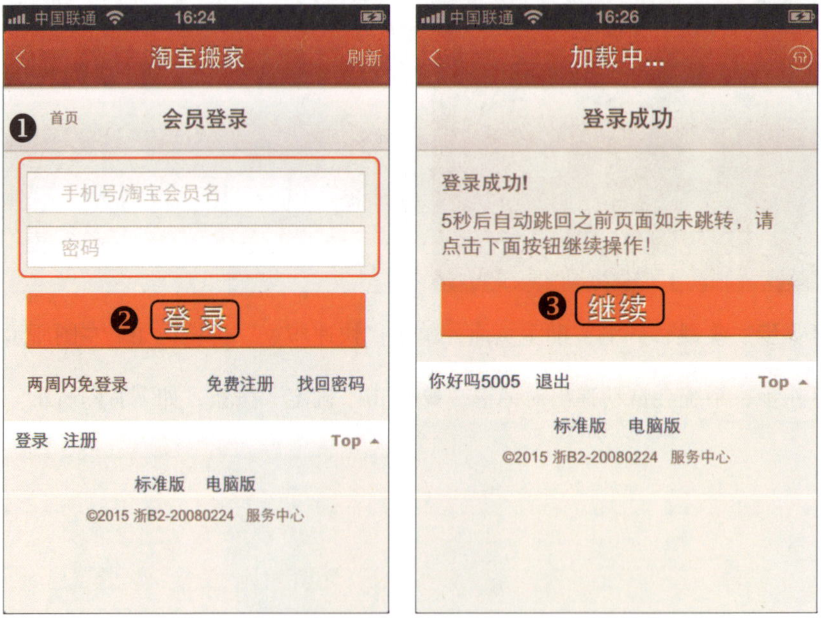

您知道吗 **淘宝搬家助手**

“淘宝搬家助手”可以快速把淘宝店里的商品复制到微店中去。没有淘宝店也没有关系，可以找自己认可的淘宝店主，让淘宝店主把他淘宝店铺上的商品复制到你的微店里。如果有买家购买了你的微店里的商品，你可以把相应的订单和金额交给淘宝店主，或者由你直接在他的淘宝店里下单，让淘宝店主给你改价，你填写微店买家的收货人地址和联系电话及姓名等信息，让淘宝店主直接发货给你的买家。

第 7 步：登录后，系统会自动提示淘宝搬家助手正在加载，如下左图所示。

第 8 步：稍等片刻，淘宝助手会显示正在搬家的商品，如下右图所示。

第 9 步：“搬家”完成后，就会出现“搬家成功”的提示，如下左图所示。

第 10 步：返回店铺就能看到淘宝的宝贝已经搬进微店了，如下右图所。

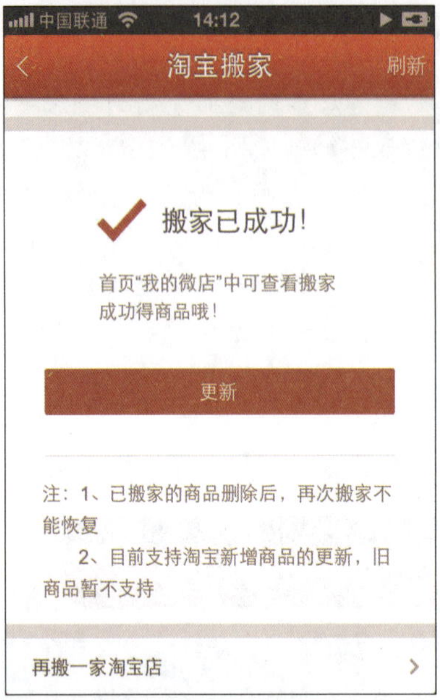

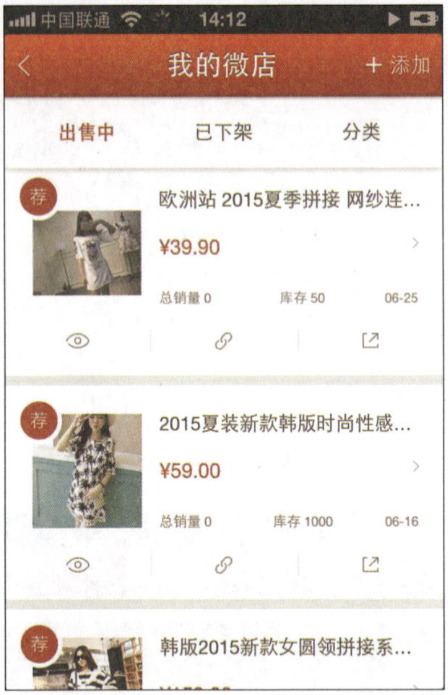

您知道吗　同步淘宝店铺的商品

商品搬家到微店后，如果在淘宝店铺中对宝贝进行了编辑，那么在淘宝搬家助手界面单击“刷新”按钮，即可实现同步更新。

3.2.4 在微商供货平台找

微商火了，微商的商品渠道自然多了起来，如阿里巴巴等常规批发网站、百度搜索微商货源、微商招商新闻信息等，下面我们就来详细介绍。

1. 阿里巴巴等常规批发网站

阿里巴巴的网站域名为 www.1688.com，如下图所示。1688 现为阿里集团的旗舰业务，是中国领先的小企业贸易电子商务平台。作为阿里集团旗下的子公司，1688 在 CBBS 电子商务体系中代表企业的利益，为全球数千万买家和供货商提供商机信息和便捷、安全的在线交易服务。

1688 以批发和采购业务为中心，目前已覆盖原材料、工业品、服饰服装、家具百货、小商品、小饰品等 16 个行业，提供原料采购、生产加工、现货批发等一系供货服务，供微商选择的货源种类最多。

2. 搜索微商货源平台

打开搜索引擎，搜索“微商货源”、“微商产品”等关键词，就会显示提供相关信息和服务的平台，如下图所示。

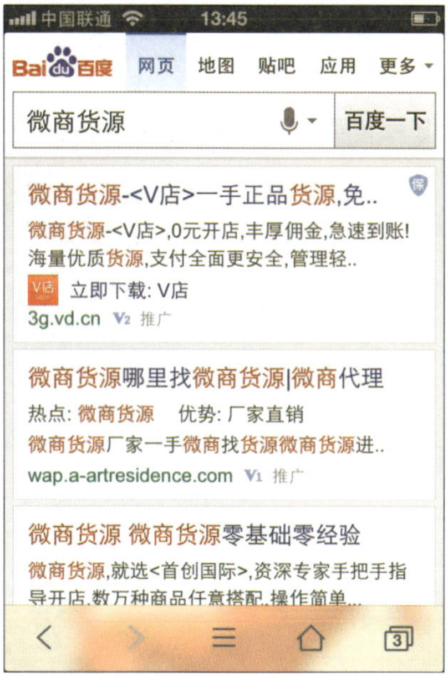

除了搜索引擎外，我们还可以搜索微商货源主题 QQ 群（如下左图所示）也可以搜索微信公众号（如下右图所示），从中获取大量信息，并选出符合我们开店要求

的货源。

3. 关注微商招商新闻

目前，一些知名厂商在制定微商战略后，通常会举行新闻发布会，发布新闻信息。关注包含“微商招商”、“微商代理”等关键词的新闻，每天都会有大量的微商信息供我们选择，如下图所示。

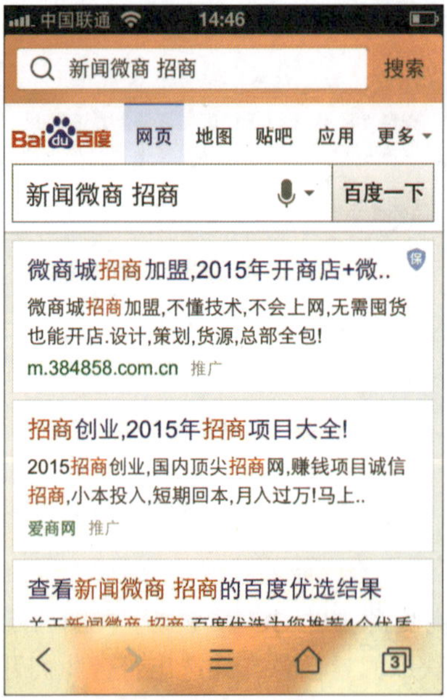

另外，微商行业的大会、博览会也会聚集大量的厂商进行宣传，如 2015 年 3 月由中国微商行业协会、沸点天下（中国）在广州举行的“中国微商博览会”有百家供货商参加，这也为我们寻找货源提供了非常方便的渠道。

3.3 微商产品的 5 种合作模式

从朋友圈代购，到微信小店的开放，再到各大微商开店平台的兴起，微商经历了从 C2C 到 B2C 的转变。人们对微商的讨论不再局限于朋友圈卖货、零售终端的渠道拓展，而是将其作为一种新兴移动社交电商产业。下面就来具体看看微商产品的 5 种合作模式。

3.3.1 代理渠道型

代理渠道型即自己不做或者少做直接客户，把重心放在发展代理商上，相当于线下的批发商。

- 优点：发展速度快，营业额高，面对的下级数量有限，远远少于直接面对的客户，相对轻松，代理商渠道建成后一劳永逸。
- 缺点：第一，相对于粉丝经济型和服务关系型，代理渠道型的理论率偏低，在没有形成规模效应前收益不高。第二，对团队管理要求较高，如果不能有效管理，容易产生代理商渠道管理混乱的问题，微商渠道是没有空间限制的，不像线下渠道有地域之分，所以无法有效管理代理商与代理商之间的竞争，抢资源、抢代理、相互杀价等问题层出不穷，一旦管控不好，就会严重破坏价格体系，直至微商代理渠道集体哗变而“猝死”。第三，代理渠道型需要有一定的库存，采用此种方式的操作者需要具备较强的资金实力，由于库存分散在各个代理商手上，总部很难管控实际数量，因此一旦产品品质出现问题或者出现危机事件，会造成大面积的滞销或者退货，损失会非常大。

3.3.2 品牌资源型

品牌资源型是依托品牌的稀缺性建立竞争优势，形成差异化竞争。由于移动互联网是去中心化的，所以人们会越来越多地受到身边人的影响，从而做出购买决策。

加上自媒体自传播、病毒式裂变、即时传播的特点，创建品牌的时间成本和宣传成本大大降低，未来会出现越来越多的基于消费者的小众品牌，而这类品牌和某一个社群的人具备共同的价值观，可以依托现有的强势品牌，成为其大型微商渠道合作伙伴或者大区代理。

在移动互联网红利时代，很多大品牌还没有反应过来，或者由于品牌的“大企业病”，其反应速度没有那么快。而作为合作伙伴的个人，可以依托原来和品牌积累的关系，迅速把品牌带入微商渠道，借助品牌的号召力快速抢占微商红利。

- 优点：利润丰厚，竞争少，发展稳定。
- 缺点：由于品牌为稀缺性资源，所以对于微商创业者本身的资源要求较高。如果为自建品牌，那么不仅对微商创业者的资金、经验、团队有较高要求，还要求创业者具备互联网思维。

笔者的一个合作伙伴小 A，原先是个 IT 销售员，受笔者影响在 2014 年年初进入微商。他没有去做代理，而是利用当地的优势创建玫瑰纯露品牌“涅鼓生”。另一个合作伙伴小 B 在进入微商 6 个月后，抓住韩束进军微商的机会，成为韩束微商渠道的大区代理，依托其 12 年的品牌沉淀、28000 家线下门店、年投入 4 亿元广告经费、林志玲等明星代言、35 亿元的销售额、50 亿元的品牌价值，迅速建立了自己微商“帝国”，短短 2 个月不到，其微商团队已经突破 1000 人，如下图所示。

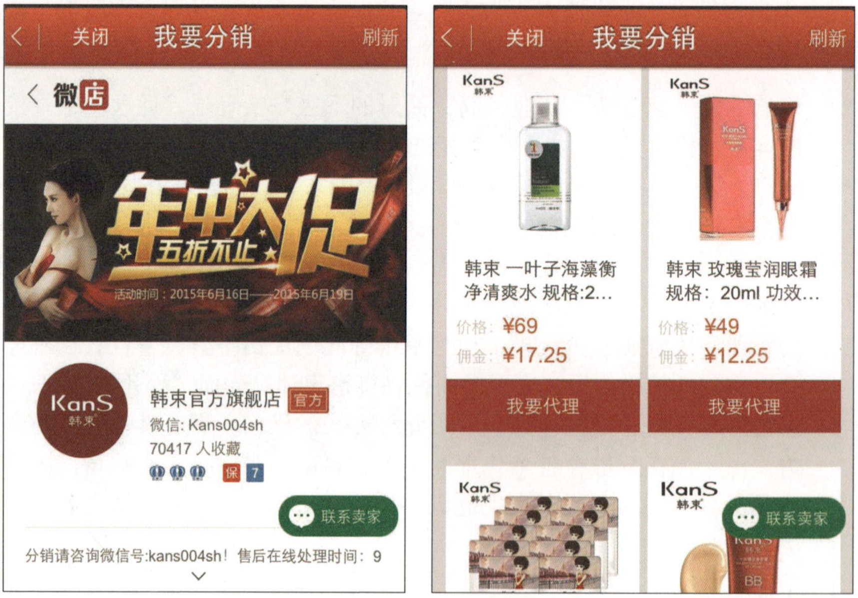

您知道吗　把握时机，创建微商品牌

在微商刚刚崛起的红利时代，由于没有竞争对手，创建微商渠道的品牌机会较大，在过去的一年多时间里就涌现了无数微品牌，尤其以美妆类目的面膜为代表，出现了俏十岁、奇迹、天使之魅等。这些品牌从无到有，几乎在一夜之间攻城略地，在没有任何基础和传统渠道支撑的情况下，通过微商渠道迅速把销售额做到上亿元，甚至逼近 10 亿元的级别。品牌资源型的操作方法多结合粉丝经济型和代理渠道型。

3.3.3 粉丝经济型

粉丝经济型，顾名思义，就是以粉丝数量见长，不断地加好友，然后通过“刷屏”做销售，只要保证一定的转化率，就能够保证销量，只要保证好友数量不断增加，销售就会持续增长，这是微信 1.0 时代微商最常用的模式。

- 优点：简单、高效，无须太多技术，只需简单地重复做一件事，不断地加好友、刷朋友圈。
- 缺点：微信 5.3.1 版本以后，每个微信账号的好友数会受到限制，最多为 5000 人，要保证持续增长，就需要不断地增加微信号。同时，微信越来越重视客户体验，相继出台各种限制措施，加好友变得越来越难，随着竞争的加剧，转化率越来越低。

目前大部分微商的解决办法是依托第三方软件，在一台手机上加载 30 ~ 50 个微信账号，通过系统大量导入数据来规避。但是，这种方法并不长久：一是受到微信官方的严厉打击，随时有被封号的危险；二是由于微信和手机的不断升级，系统也需要不断升级；三是系统使用相对烦琐，对使用者有一定的技术要求；四是随着使用的人越来越多，数据的精准度越来越差，目前市场上已经出现很多“僵尸粉”或者同一份数据多人使用的情况。

您知道吗　分析粉丝经济型的未来趋势

在红利时代，此种模式有一定效果，但是属于“简单粗暴”的玩法，不能长久，要长期走粉丝经济模式，未来的趋势必然是微信公众平台。首先，微信公众平台没有粉丝数量的限制；其次，微信公众平台是微信官方鼓励的方向，会得到越来越多的支持；第三，微信公众平台是一个开放型平台，粉丝会自我裂变；第四，微信公众平台可以做第三方系统，实现营销多元化，突破朋友圈刷屏的单一营销方式；第五，微信公众平台可以很好地解决支付和客服的问题。

3.3.4 服务关系型

服务关系型是以服务为核心竞争力，以关系为产品，重质量而不重数量的一种微商模式。

服务关系型只需要有一定的粉丝基数（一个微信号以 2000 个好友为最佳），通过和粉丝不断沟通（除了产品的沟通，还有生活的沟通），提供优质服务，从而建立强关系。锁定这部分客户的复购，就能实现令人满意的营收，通过基础客户的介绍形成裂变。同时，不断筛选客户，以 1 ~ 3 个月为周期，按照 20% 的递增逐步做大客户基数，淘汰质量较差的非精准客户，保持良性循环。

- 优点：客户稳定，利润率较高，不易受外部竞争影响。营收随着时间持续增长，边际价值中的关系价值巨大，对微商个人的生活幸福指数提升有较大帮助，未来可以形成产品群组，可开发项目的空间较大。
- 缺点：对服务质量要求高，对个人素养有一定要求，起步阶段效益不明显，见效周期较长，无法规模化复制。

小静从2013年下半年开始做微商，起步阶段做韩版女装。她在为客户提供服装的同时，不仅教客户如何搭配服饰，介绍穿衣打扮的常识，还定期把自己的生活经验分享给客户，如如何化妆、去哪里旅游、哪里有美食等，偶尔亲自给客户送货，陪客户聊聊天、逛逛街，客户去其他店买衣服她帮着参谋。慢慢地，她发现自己成了很多客户的闺蜜，有些客户遇到情感、生活、孩子教育等问题都开始和她交流。这样，客户不仅不会流失，而且很愿意把她介绍给身边的朋友，有的客户干脆拉一个群让她进去给大家分享。慢慢地，她开始将产品线延伸到面膜、酵素、美容整形产品等。

从这个案例中我们可以看出，小静从服务入手，通过提供增值服务和建立强客户关系，从而建立信任，长期锁定复购。特别提示微商，传统生意更强调售后服务，是基于产品本身和销售过程的，而微商的服务更多的是基于人的。

3.3.5 O2O型

O2O即Online To Offline，意指线上线下的结合。该模式主要用于销售环节，有一部分需要在线下完成，对于服务业进军微商尤其适合。

- 优点：O2O的优势在于把网上和网下的优势完美结合。O2O模式充分利用了移动互联网打破传统时间、空间限制的优势，又结合了线下客户体验环节，让消费者可以更便捷地享受极致的产品和服务，同时拓宽了微商创业者的选择，可以从实体产品型微商创业延伸到虚拟服务型微商创业，更为汽车、房地产、建材、机械设备等大宗商品提供了进军微商的机会。
- 缺点：有一定的区域限制，线下体验中心需要场地和资金投入。

元元2014年9月开始微商创业，起初也是简单地在微信朋友圈进行微商创业，销售面膜、酵素、燕窝。2015年年初，她对业务做了“减法”，砍掉面膜和酵素，专注于燕窝一个单品，创立燕窝滋补甜品品牌“简小妞”，重新调整了市场定位，从传统的以礼品为主调整为以直接客户的消费为主，从销售干燕窝成品调整为主要销售燕窝炖品和甜品，作为爱美女性的早餐炖品、下午茶甜品、家庭聚会菜品补充、儿童营养炖品。为了更好地解决客户体验问题，建立了线下中央厨房和品牌体验店，通过线上宣传和下单、线下体验和配送的方式，实现了O2O微商创业。

您知道吗 **做微商怎样选择自己的商业模式？**

做微商，如何选择自己的商业模式？这需要根据实际情况来定位。

品牌企业或者有一定基础的微商适合用品牌资源型结合代理渠道型来做，对于产品体验要求较高的产品适用 O2O 模式。

个人微商创业更适合粉丝经济型、服务关系型和代理渠道型，微商初创者更适合粉丝经济型和服务关系型，而有一定基础的微商适合代理渠道型。

当然，最终采用哪种模式需要根据创业者的特点和掌握的资源来确定，就像有的人适合做销售冠军，而有的人适合做销售经理一样。粉丝经济型和服务关系型就是销售冠军的定位，服务于直接客户；而代理渠道型就是销售经理的定位，自己的业绩不一定做得很好，但是善于招募团队、管理团队、激发团队。

经验与实战分享

前面给初学者介绍了相关知识，下面给微店新手分享一些感悟和技巧。

主题 01 微商的市场定位

传统的市场营销定位是 4P 理论，移动互联网改变了人们的生活习惯和心智模式，微商作为移动互联网的重要分支和业态，其的市场营销定位就需要区别于传统的定位并适合今天的市场环境和客户习惯。那么，微商的市场营销定位应该是什么样的呢？用一句话总结：“一切以客户体验为中心。”

1．以客户定位

做市场营销定位的时候，先要选择目标客户群体，根据产品特点和选择的模式来分析客户。如果希望把产品直接销售给客户，就需要分析直接消费者是谁；如果选择代理渠道型，就需要分析哪些群体适合做微商创业，谁会代理产品，谁是目标代理商。

（1）是否适合

就拿现在最常见的面膜来说，假如把面膜推荐给七八十岁的老奶奶，就算说得天花乱坠，并且事实也如我们所说，但是她会买吗？

一定要选择对的消费群体，如果选择错了，那么就算再怎么努力，也一点用都没有。

（2）是否有购买力

如果面膜 390 元一盒，每盒 5 贴，每 2~3 天就要用 1 贴，这样下来，每个月至少要用 2~3 盒。把它推荐给那些每月收入 2000~3000 元的工薪阶层，他们会用自己半个月辛辛苦苦挣来的工资来买几盒面膜吗？即使会，也是极少一部分。

2. 分析客户价值

移动互联网改变的是商业生态，传统电商是客户先有需求，通过互联网可以便捷地找到需要的产品（流量入口），再通过物流把产品送到客户手上，是产品找人；微商是产品满足了客户的需求，通过社交（碎片化）信息展现给客户，激发客户的需求。所以，对特定群体的需求分析就至关重要。

有了前面的目标客户分析和价值分析，接下来要做的就是“微引流”。实体店时代可以买商圈，网店时代可以买流量，微店时代必须做人流。所以，微商要做的市场营销定位是人流的定位，即分析我们要找的人在哪里。

制作微商代理客户价值分析表，根据产品品牌、市场价值、产品使用人群、推广渠道来分析哪些客户会成为代理商。

主题 02 微商产品的定位

在很多创业者眼中，认为成功的秘诀就是要全力以赴定位产品并把产品做好。下面我们来看一下定位微商产品有哪些必要策略和禁忌。

1. 微商产品关注点

① 解决信任问题：微商的基础就是信任。对于一些客单价较高、很难辨别真伪的产品，需要微商利用信任代理的特点来满足消费者对信任的需求。

② 服务附加值高：微商的特点就是强关系、强服务，刚好满足了对于服务要求高的产品的需求。

③ 重复消费性强：微商做的是“人流”，而不是“信息流”，这决定了微商的盈利特点是靠复购而不是人口红利，所以重复消费性强、复购周期短的商品更适合微商创业者。

④ 客单价较高：由于微商目前多通过人工收款、统计、发货等方式完成，没有形成系统化操作，加之客户消费习惯还有一个培养成熟的过程，微商的日均订单量和 PC 电商相比还有较大差距，所以微商更适合客单价较高的商品。微商消费者多是对生活品质有较高要求、更相信社交关系的人，年龄多在 25 至 45 岁之间，要高于

淘宝消费群体的 18 至 30 岁。这类人有一定经济基础，对客单价较高的商品有购买能力。

⑤ 性价比较高：性价比高的产品满足了口碑传播的特性，会被疯狂地传播裂变。

⑥ 个性化定制产品：微商更多的是提供一对一的服务，而不是批量的信息处理，所以，个性化的定制产品天然适合微商业态。

⑦ 显性产品：以产品品质见长的产品，也就是我们说的显性效果明显的产品，会得到客户自发的分享和口碑传播，迅速裂变，如专业的美容产品、各种优质农产品等。

⑧ 稀缺资源：自媒体让世界变平了，大大降低了资源匹配的成本，稀缺性资源刚好利用这个特点弥补了传统信息不对称的缺点。

2. 微商产品禁忌

① 产品品质有瑕疵：在微商的初级阶段，在服务体系和退换货体系都不完善的情况下，本身有瑕疵的产品很容易造成客户满意度低和投诉率高的情况，不合适作为微商产品。

② 客户体验不好：客户体验不好的产品不能被消费者自发分享，更不能形成自动传播和裂变，违背了微商的自传播性和自裂变特点，不适合作为微商产品。

③ 标准化的常规产品：标准化的常规商品，客户很容易通过其他途径获取，客户黏性不高，不能体现微商的信任价值和关系价值。而且，由于微商创业者目前多为个人创业者，没有团队，没有成熟的系统支持，很难满足大量需求，不像淘宝一样可以一次活动一天之内销售成万单。电商是薄利多销的模式，而微商是高利润、低成本、强关系的模式。

④ 淘宝上很容易能找到的产品：由于淘宝已经有 10 年以上的发展时间，竞争已经非常充分，价格透明，同时淘宝所针对的购物人群多为 18 ~ 30 岁的年轻人，客单价偏低，造成淘宝上的产品是以信息流见长，不适合微商环境。如果用淘宝上的价格销售将做不到量的规模，由于可操作利润空间有限而无法形成代理体系。如果用比淘宝高的价格销售，那么在信息如此便捷的时代，会让客户产生被欺骗的感觉，很快所有客户就会离去。

3. 微商产品策略

微商在做好自我定位和模式定位后，就要考虑如何选择产品。目前，微商圈中的产品非常多，一些产品兴起得很快，消失得更快。微商该采用什么样的产品策略呢？“单品”制胜的产品定位策略，“少即是多”的移动互联网思维，这个思维满足“简单、专注、极致、快”的特点，非常适合微商产品。这个策略适合希望打造属于自己的微商品牌的创业者和微商初创者。

对传统企业来说，目前微商属于全新的领域，没有传统的强势品牌抢占顾客心智的模式，加上移动互联网的碎片化特点，“如何让用户在一分钟之内爱上你？”“给他最少最优的选择”变得至关重要。我们目前看到的微商强势品牌采用的都是这个策略。

对于微商初创者来说，由于没有经验和客户的积累，在微商快速迭代的时期，也同样需要“简单”，根据“自我定位”创立小而美的微品牌（一定是单品为王起步），或者代理一个产品或一个品牌，先快速起步，再积累经验。

微商做的是人与人之间的关系，而非简单的信息与信息、人与产品的关系，目标客户实际上是一个部落，也就是我们常说的社群。所以，在选择微商产品的时候，可以根据一个特定人群来选择产品属性，如女装、童装、皮具、代购等。实际上，微商经营的不是产品本身，而是社交。例如，针对女性销售美妆、服装等产品的微商，实际上销售的不是产品，而是美丽，微商从事的是美丽事业或者时尚事业。明确了定位后，所选择的产品就应该是围绕这个人群的共同需求而展开的。

“一切以用户需求为中心”，把握移动互联网“快速迭代”的特点，产品选择可以采用“用户思维”的产品定位策略。有一定基础的微商创业者更适合这种产品定位策略，因为对这部分微商创业者来说，已经积累了一定的经验和渠道，可以根据市场的变化和流行趋势，把握微商产品更新迭代的脉搏，什么好卖做什么，什么挣钱做什么，快进快出，增加资金的流转率，从而快速赚取利润。

您知道吗 **微商选择产品的注意事项**

很多微商在刚起步的时候基本上都是上家卖什么，代理们就跟着卖什么。这样问题就出现了：货的质量怎么样？是不是正品？有没有售后保障？有没有副作用？效果怎么样？这些微商都不知道，因为货不经过微商的手。

- 选择品牌产品：无论想卖什么，或者在卖什么，一定要选择正品。如果我们做的是品牌的正品货源，这些问题就会迎刃而解。因为我们卖的是正品，商品的质量是由厂家来负责的，并且售后服务也是一样的，不需要担心品质和售后。
- 自己先试用：在选择产品之前一定要自己试用，这样就会了解产品的特性——适合哪些人群？有什么效果？不要盲目相信广告或者听别人说，因为一旦出现误判、产品有问题或者夸大宣传，损害的是我们的信誉，这种信誉是不可再生的。
- 初期尽量少囤货：很多微商尤其是刚起步的微商，都会被利益诱惑（拿货越多越便宜，更高级别的代理更容易发展代理）。在对产品不是非常了解的时候，不要一时冲动，要先自己试用产品后再决定，是拿高级别的代理做“代理渠道型”，还是通过“粉丝数量型”先起步做直接客户。这样可以减少不必要的损失，从而降低风险。

- 选择自己喜欢的产品：兴趣是最好的老师，因为你喜欢这款产品，所以自然而然地会全心投入经营这款产品。不要盲目跟风，看见市场上某款产品特别火，但是自己一点也不喜欢，却还是去做。要充分理解“微商是一种生活方式”，做一个快乐的微商。
- 产品本质品质必须过硬：在选择产品的时候不要被看似巨大的利差或者诱人的奖品（手机、电脑、汽车、国外豪华游）误导，要回归产品和营销的本质。如果产品本身不好，那么再大的利差我们也拿不到；如果产品价格偏离合理范畴，那么利差只是虚假繁荣；如果无法完成销量，那么再大的奖励也只是水中花、镜中月。“羊毛出在羊身上”，奖励只是一种刺激，要理性对待，先做自我定位，再选择产品，在这些因素都没问题的情况下再考虑争取奖励的事情。

此外，微商在选择产品时，除了考虑自己的兴趣爱好、产品品质、品牌等因素外，还需要考虑的一个重要因素就是团队（上家）。同样做面膜，大部分产品品质大同小异，选择做什么牌子的面膜，除了品牌因素外，就是要看团队。优秀的团队可以帮助我们快速成长。

一个好的团队会让我们特别放松，身心舒畅，快乐赚钱，每天都有人分享心得、经验，会不知不觉学到很多。有些团队恰恰相反，勾心斗角、挖代理、挖客户，稍有不对就相互指责，平时在群里零交流，甚至盗用买家秀，发现别人做得特别好，就以别人的名义来做虚假宣传等，形成不正当竞争。

笔者的一个亲身经历供大家参考：记得我在开始做微商的时候也不知道应该找谁做上家，在经过一段时间的筛选之后，我要做出二选一的决定——一个是销量非常高的厂家官网声明的批发商，另一个是名不见经传的卖家。但是，经过一周时间的筛选，我选择了后面这个小卖家。之所以选择后者，是因为在这一周的时间里，我已经在他的指导下学到了很多经验，我问他的所有问题他都耐心回答，我觉得他是那么真诚。而我问大批发商问题时，他只是草草地敷衍几句了事，因为他销量高、特别忙，所以根本没时间仔细回答，在他那里我找不到安全感，或者说归属感。

主题 03 预测产品是否会畅销的有效手段

当有备选产品后，怎样才能有效地预测该产品是否畅销呢？预测手段有 2 个，下面分别介绍。

1. 在淘宝上搜索产品相关度最高的 3 个关键词

对非发明创新的常规产品来说，如市场需求较高，那么应该早就存在类似的产品，在淘宝上搜索，前 10 名里面单月成交记录可能有上万件的，说明该产品的市场需求量大，很容易做起来；反之，如果前 10 名的成交量都很少，说明该产品的市场需求量小，做不起来的概率较大。

2. 针对目标客户群体做问卷调查

根据选择产品所针对的目标群体准备一套问卷，进行小范围调查。也可以在线上和线下都开展调查，了解消费者对这款产品的第一感觉、看法、购买意愿及不想买的因素等。

虽然是小范围的调查，但在这类人群中要有一部分熟悉的亲朋好友，也有一部分陌生人，还有一部分介于熟悉与陌生之间的，看看他们答案的共性及区别。

很多时候，这样的问卷调查的结果往往会令人吃惊，用户想的与我们感觉的可能大相径庭，这就需要深入分析，看看是否需要调整。

本章小结

本章详细介绍了如何为微店铺选购优质的商品来进行日常销售。首先介绍了选商品须知的 6 大元素及 3 大原则，随后具体分析了好商品去哪儿找，其中包括从身边群体找、在网上寻找、在微商供货平台上寻找等，最后讲解了微商产品的 5 种合作模式。

第4章

微店，现在就开通

本章导读

在对开微店的条件进行一定的了解之后，就不要再犹豫了，立即下载微店手机App申请开微店，给自己一个创业的机会。在申请开微店的过程中，需要经过下载、安装、注册、设置店铺、上传商品、给商品分类、发布商品、处理商品图片等一系列过程。本章将会详细介绍这部分知识。

知识要点

通过本章内容的学习，读者能够掌握安全下载微店铺、向店铺中添加商品、使用手机美图软件处理商品图片等知识。学完后需要掌握的相关技能和知识如下。

- 安装、设置微店铺
- 为微店铺添加商品
- 使用手机美图软件处理商品图片

4.1 安装与设置微店

微店的安装很简单，只要有一部能上网的智能手机就行，手机号码加平板电脑也可以，目前还不支持在电脑上注册，但注册成功后可以在电脑上（登录网站 v.vdian.com）管理。卖家需要下载并安装 App（免费的）。

4.1.1 微店的下载与注册

每一个微店相当于一个网站，都有相对应的网址，买家是通过网址在手机上购物的。下面我们分别讲解微店的下载途径和注册方式。

1. 微店的下载途径

利用智能手机或是平板电脑上微信的“扫一扫”功能扫描如下图所示的二维码即可下载微店。

登录微店官网 www.vdian.com 下载便可安装，如下图所示。

到苹果、安卓应用市场搜索并下载微店进行安装，如下图所示是使用 iPhone 在 App Store 中进行搜索和下载的过程。

您知道吗 **下载微店需要注意的事项**

现在市面上有很多手机应用都叫“微店”，而“口袋购物”的微店标志是一个红色图标，上面有一个大大的“店”字，这个“店”字是白色的。在下载时，也可以看一下“软件详情”，注明“北京口袋时尚科技有限公司”、“微店是帮助卖家在手机上免费开店的软件”的就是“口袋微店”的应用。

2. 微店的注册

随着科技的发展和电子技术的逐渐成熟，手机微店也应运而生了。开启了微店之后，说明每个人都可以自由自在地开启微店之旅了。

第 1 步：安装成功后，打开微店 App 来到登录注册页面，❶ 单击“注册”按钮，如下左图所示。

第 2 步：❷ 输入手机号码后，❸ 单击“下一步”按钮，如下右图所示。

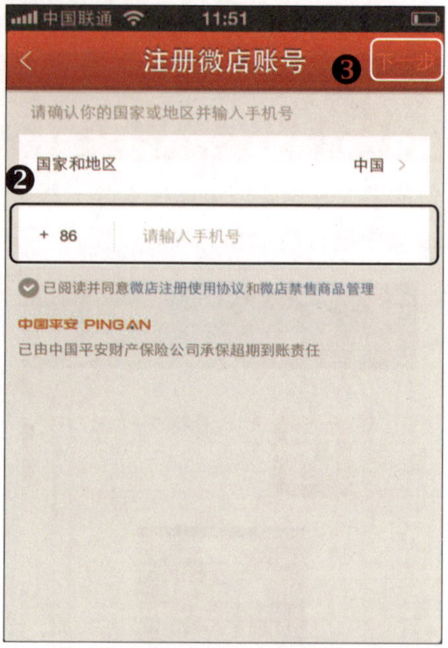

第 3 步：系统自动弹出“确认手机号码”对话框，❶ 单击“确定”按钮，如下左图所示。

第 4 步：在“填写验证码”界面，❷ 输入收到的验证码，❸ 单击“下一步”按钮，如下右图所示。

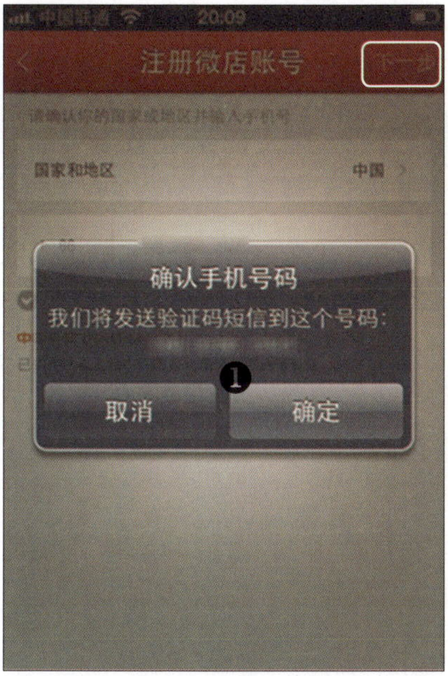

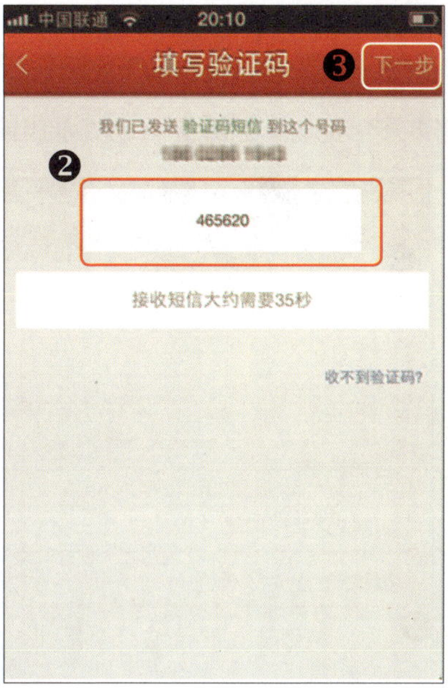

第 5 步：跳转到“设置密码”界面，密码可以是纯数字、纯字母或者数字与字母的组合。❶ 在界面中填写密码并确认密码；❷ 单击“下一步”按钮，如下左图所示。

第 6 步：跳转到“填写个人资料”界面，❸ 依次输入姓名、身份证号，❹ 单击“下一步”按钮即可注册微店，如下右图所示。

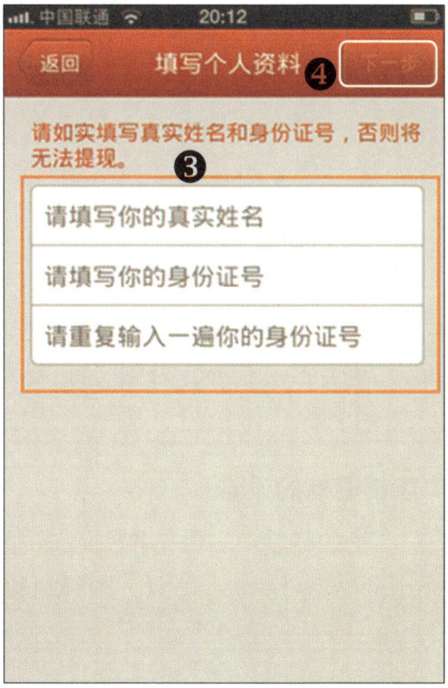

第 7 步：跳转到“创建店铺”界面，❶ 添加店铺图标，❷ 设置店铺名称、微信号，❸ 单击“完成”按钮，如下左图所示。

第 8 步：此时，系统会自动提示店铺创建成功，如下右图所示。

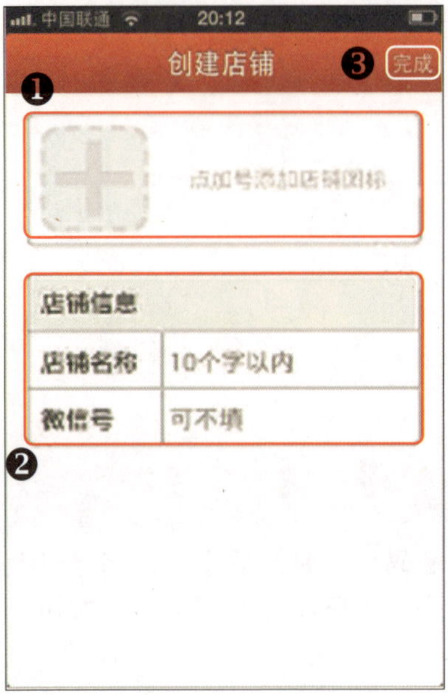

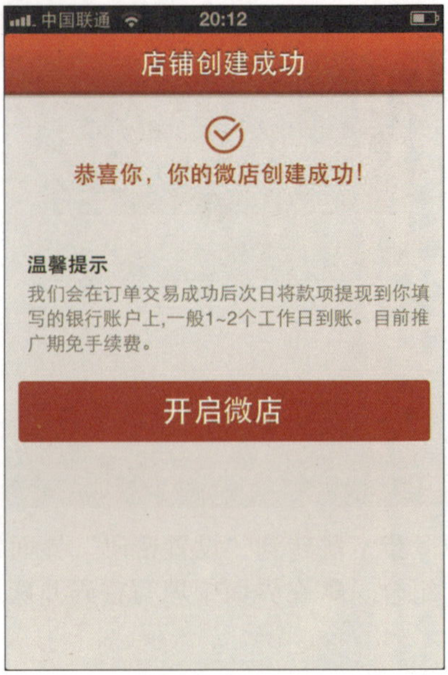

您知道吗 微店的注册条件

一个手机号只能注册一个微店号，注册完微店还可以绑定微信号。微店注册之后是不可以自行注销的，要注销的话需要向客服提出申请。

微店的注册在手机或平板电脑上面都可以进行，不过还是需要一个手机号。用平板电脑注册时，输入手机号码，验证码会发送到手机上。

4.1.2 微店的设置

随着电子商务的火热，购物越来越倾向于手机端，如微信朋友圈，微店就在这样的环境下诞生了。在本节中将会讲解如何打造个人的专属微店，其中包括设置店铺图标、店铺名称、微信号、运费、店铺公告、更换店招及货到付款等知识。

1. 店铺图标的设置

进入“我的微店”，单击图片编辑店铺图标。店铺图标可以与我们的微信头像类似，好让朋友容易找到我们。图标可以现场“拍照”，也可以从手机相册中选择。

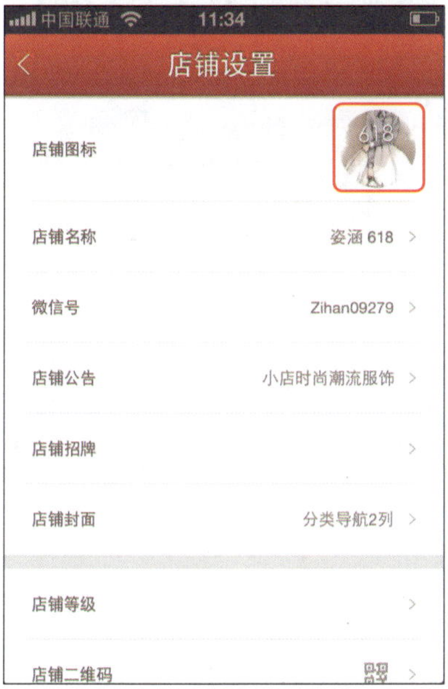

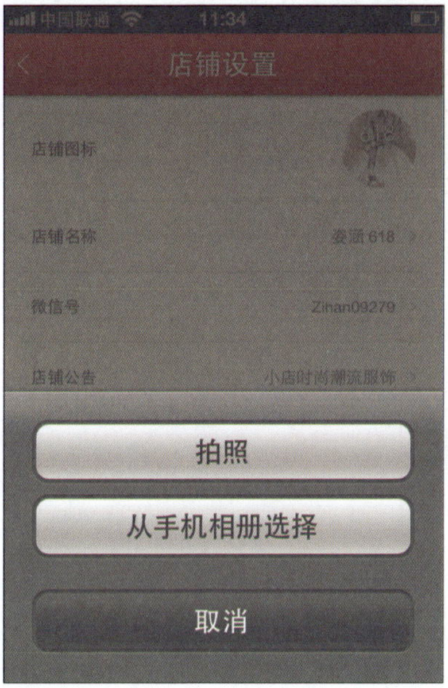

2．店铺名称的设置

对于店铺名称的设置，因为微店的买家基本上都是我们认识的人，所以微店名称里含有我们的名字（昵称）应该是比较好的。当然，可以根据出售的商品给店铺取名字，也可以把我们的名字（昵称）和出售的商品结合起来给店铺取名字。

3．微信号的设置

这里可以填写自己的私人微信号。“口袋购物”的微店和微信没有关系，所以不是非要注册一个微信号或微信公众号才能使用微店。但是，要做好微店，有微信号（包括私人号和公众号）也是很有必要的，否则买家怎么与我们交流？淘宝有旺旺，微店并没有类似旺旺的沟通工具，买家通过微店里设置的微信号与我们沟通。此外，微信还是微店的一个很重要的宣传工具，所以最好有自己的微信号。

4．店铺公告的设置

店铺公告可以写 50 个字，它是买家进入店铺后第一眼就会看到的内容，可以在这里介绍店铺、对产品和售后服务做一些承诺。

5．更换店铺招牌

微店把这个设置做得很人性化，可以从手机相册选择图片，也可以拍照选取图片，并截取图片的一部分显示出来，如下图所示。

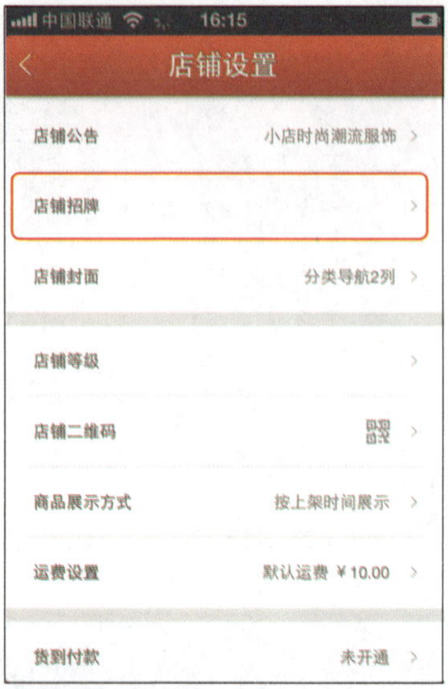

6. 店铺二维码的设置

扫一扫二维码，可以直接访问“我的微店”。可以将微店二维码分享到朋友圈、新浪微博及 QQ 空间，或将二维码保存到手机中。

7. 全场（店）运费的设置

全店运费设置和淘宝几乎是一样的。现在网购基本上已经形成了习惯，一般都是包邮，如下图所示。如果不包邮，还要支付运费，买家就会觉得自己亏了。但是，对卖家来说，还是希望购物满一定金额再包邮，但目前微店还没有这样的设置。

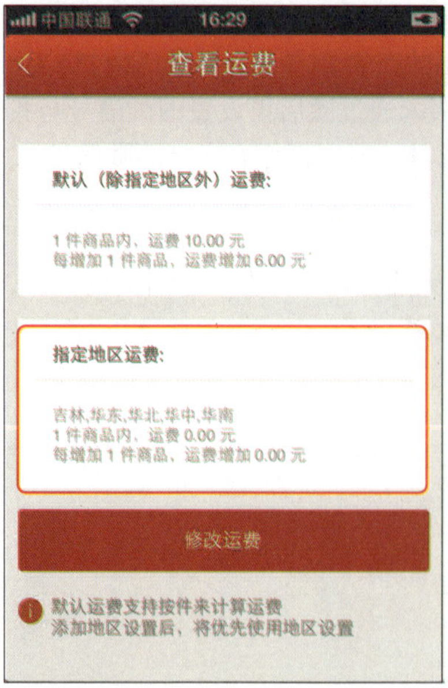

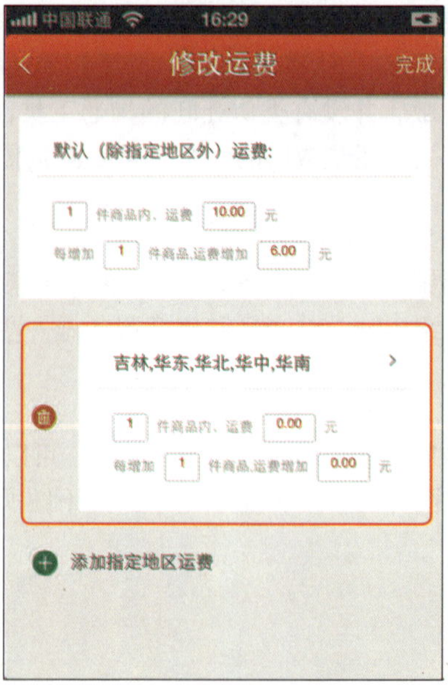

8. 货到付款

微店是一个新生事物，一些买家还不太习惯用手机支付，也不太放心，又没有足够的信任。

对一些比较特殊的商品，也比较适合货到付款。例如，卖水果时，一般是买家看到送过去的水果后才会付款。可以设置货到付款服务费率，因为快递公司一般要收取一定比例的代收费，这个费用是我们承担还是买家承担则由我们自己决定。对初次逛微店、对微店不是十分了解的买家，货到付款是很有必要的。

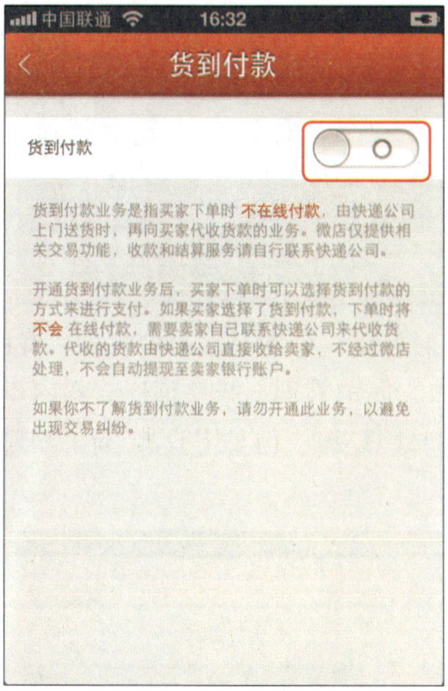
中国联通 16:32
货到付款
货到付款
货到付款业务是指买家下单时 不在线付款，由快递公司上门送货时，再向买家代收货款的业务。微店仅提供相关交易功能，收款和结算服务请自行联系快递公司。
开通货到付款业务后，买家下单时可以选择货到付款的方式来进行支付。如果买家选择了货到付款，下单时将 不会 在线付款，需要卖家自己联系快递公司来代收货款。代收的货款由快递公司直接收给卖家，不经过微店处理，不会自动提现至卖家银行账户。
如果你不了解货到付款业务，请勿开通此业务，以避免出现交易纠纷。

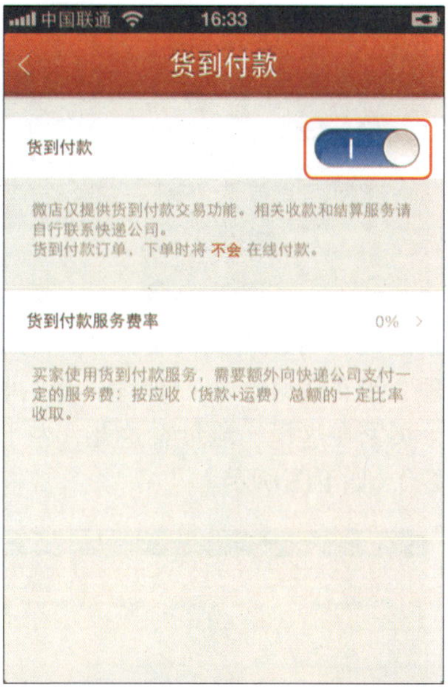
中国联通 16:33
货到付款
货到付款
微店仅提供货到付款交易功能，相关收款和结算服务请自行联系快递公司。
货到付款订单，下单时将 不会 在线付款。
货到付款服务费率 0%
买家使用货到付款服务，需要额外向快递公司支付一定的服务费：按应收（货款+运费）总额的一定比率收取。

4.1.3 微店的 12 个功能模块

可以通过安装在手机上的微店程序登录，也可以通过微店网页版（www.vdian.com）登录。一旦忘记了密码也没有关系，只要输入自己的手机号码，单击“忘记密码”按钮，手机就会收到一个 6 位的验证码，然后就可以重新设置密码了，如下图所示。

登录之后，可以看到两屏共 12 个正方形色块，分别是：微信收款、我的微店、订单管理、销售管理、客户管理、我的收入、促销管理、我要推广、卖家市场、我要分销、买家在这里、流量看这儿，左下角是图标（消息中心），右下角则是图标（设置），如下图所示。

- 消息中心："消息中心"是微店官方发布消息的窗口，还有一个窗口是微店的官方微信公众号（v_dian），卖家可以关注。在这里，微店官方会发布新功能的解读、微店运营技巧等内容。

- 设置：这里有“淘宝搬家助手”，淘宝店主可以一键把自己淘宝店里的商品搬到微店。卖家也可以在这里退出登录。

1. 微信收款

官方的解释是：“不用事先添加商品，和买家谈妥价钱后，即可快速向买家发起收款，促成交易。”这里的微信收款不是指微信支付。

微信收款其实是向微信好友收款。卖家设置一个金额后，会自动生成一个付款链接，可以把这个链接发给微信好友，或者通过手机短信的方式发送，买家可以通过这个链接向卖家支付。微店在拍下未付款的情况下可以改价，如果已经付款则无法改价。如果有买家在微店里买了东西，买家和卖家砍价，卖家和买家谈妥价钱后，就可以使用微信收款了。

2. 我的微店

“我的微店”功能模块是卖家常用的功能，在后面的讲解中会单独介绍。

3. 订单管理

微店主在这个页面可以看到订单详情，在后面的讲解中会单独介绍。

4. 销售管理

销售管理功能主要是让店家进行数据分析用的。它支持查看最近 30 天的销售数据，包括每日订单统计、每日成交额统计、每日访客统计。店家可以通过分析这些数据来判断哪款商品热门、用户喜欢什么，从而调整自己的店铺或商品。“销售管理”功能模块提供“成交订单”、“成交金额”及“每日访客”的具体数据。

5. 客户管理

在这里，卖家可以看到买家发生过多少笔交易、交易金额总共是多少，是用来维护客户尤其是老客户的。为了保护客户的隐私，对手机号码等部分数字进行了处理。笔者觉得这个选项可作为推广依据。店家可以查看客户的收货信息、历史购买数据等，以分析客户喜好，有针对性地进行推广。

6. 我的收入

在“我的收入”功能模块可以绑定卖家的银行卡，卖家的收入会在交易次日自动提现到该银行卡，一般是 1 ~ 2 个工作日到账。单击“我的银行卡”按钮，可以查看每一笔收入和提现记录。单击“获取验证码”按钮，手机就会收到验证码。

需要注意的是：银行卡仅支持储蓄卡，不支持信用卡；填写的银行卡的开户人信息必须与注册时填写的姓名、身份证号一致，否则无法提现。

7. 促销管理

“促销管理”功能模块中的优惠活动包含“限时折扣”和“私密优惠”，方便微店卖家灵活应对各种节假日促销活动。

（1）设置限时折扣

第 1 步：❶ 在“促销管理”界面单击“限时折扣”按钮，如下左图所示。

第 2 步：在跳转到的“限时折扣”界面，❷ 单击 ⊕ 按钮，如下右图所示。

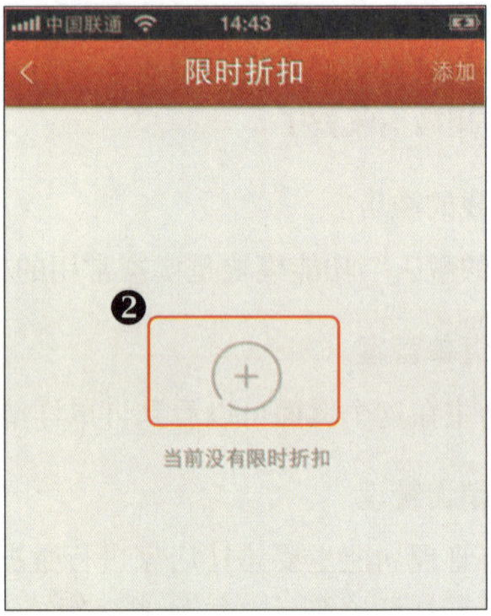

第 3 步：❸ 进入“选择折扣商品”界面，单击选择商品，如下左图所示。

第 4 步：❹ 设置折后价格、开始时间、结束时间、是否限购”，❺ 单击“完成”按钮即可设置成功，如下右图所示。

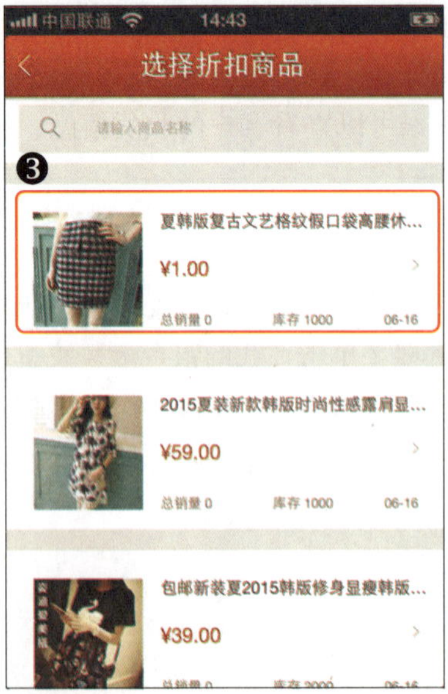

（2）设置私密优惠

卖家也可以设置一些私密优惠活动来吸引买家，只有收到活动链接的买家才可以享受相应优惠。目前的私密促销活动就是折扣，这里我们设置为 9 折，设置生效时间和结束时间，然后把私密折扣优惠的链接分享出去，如下图所示。

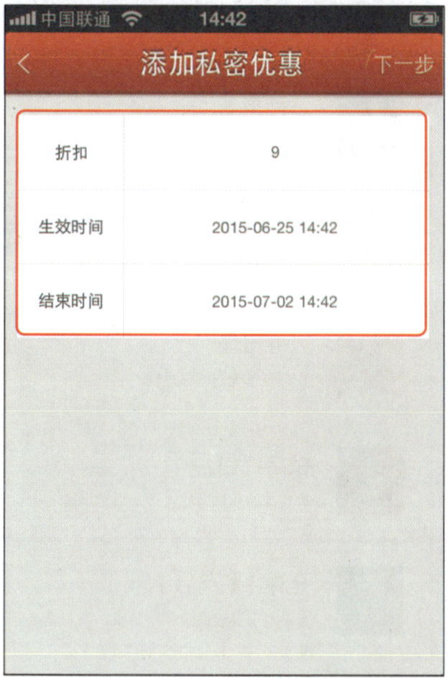

当然，卖家也可以随时对这些私密优惠活动进行预览、删除等，如下图所示。

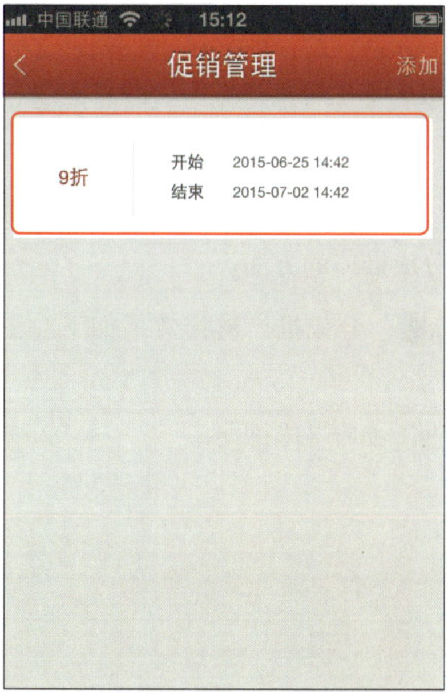

8. 我要推广

目前微店主要有以下几种推广方式："友情店铺"（免费）、"分成推广"、"活动报名"、"口袋直通车"、"入驻市场"、"微店红包"（免费）、"允许手机号找到我"等，如下图所示。

目前官方有友情店铺、分成推广、口袋直通车 3 种推广方式，下面详细讲解。

（1）友情店铺

有点类似友情链接，就是在卖家店铺的最底部出现其他微店的图文链接。

（2）分成推广

推广者分享卖家店铺和店铺里的商品，当有人通过分享的链接发生交易之后，推广者就可以获得佣金。这里介绍一下设置分成推广的方法。

第 1 步：在"我要推广"界面单击图标，分成推广链接效果如下左图所示，❶ 单击"同意"按钮。

第 2 步：❷ 单击"选择佣金比例"文本框，如下右图所示。

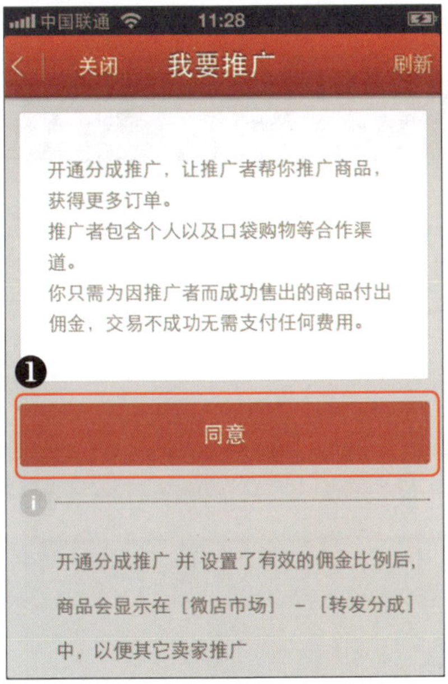

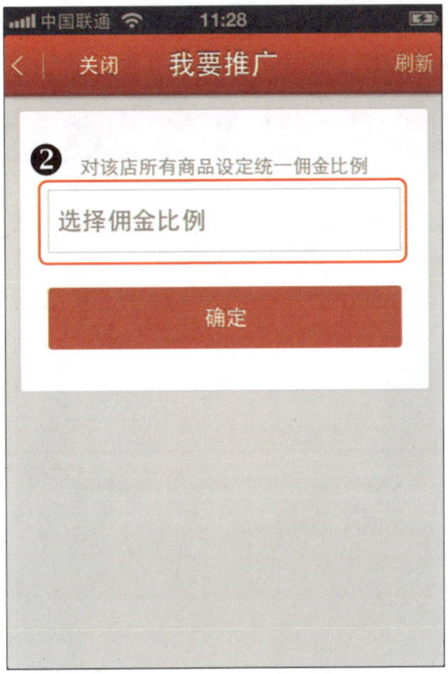

第 3 步：❶ 勾选“佣金比例”，❷ 单击“完成”按钮，如下左图所示。

第 4 步：在跳转到的“我要推广”界面即可看到已经设置好的佣金比例“1%”。❸ 单击“确定”按钮，如下右图所示。

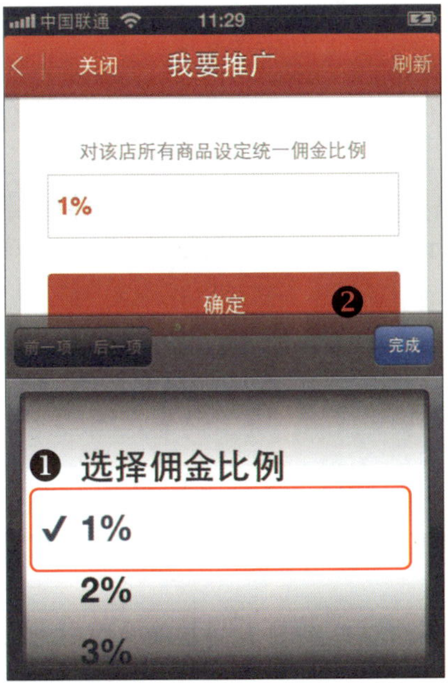

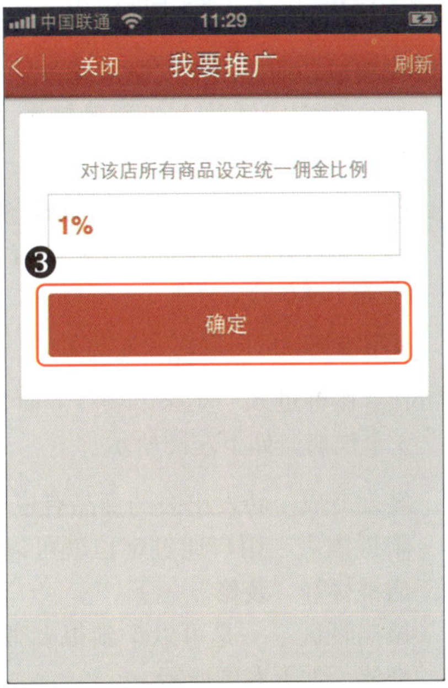

第 5 步：弹出确定佣金比例的对话框，单击“是”按钮，如下左图所示。

第 6 步：成功设置分成推广，如下右图所示。

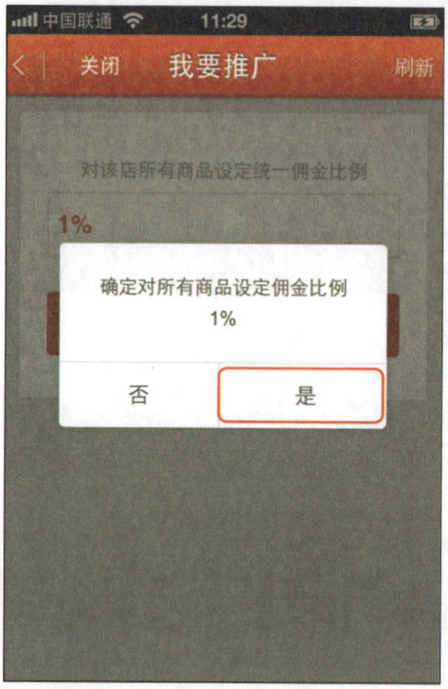

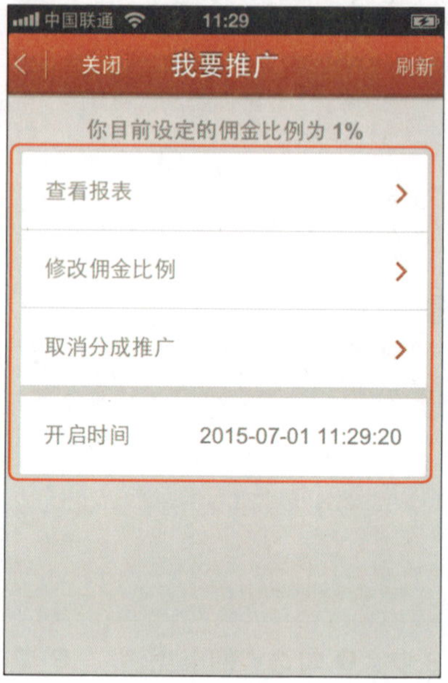

（3）口袋直通车

目前口袋直通车尚未面向微店商家全面开放，而是需要满足以下条件才能开通，此种推广方法建议开店初期谨慎采用。

- 微店成功使用过淘宝搬家服务，有对应的淘宝店铺。
- 对应淘宝店铺的主营类目符合：服饰鞋包、母婴、家居用品、美容护理、3C 数码。
- 对应淘宝店铺的经营指标符合：加入淘宝消费者保障计划；天猫商家或信用等级 1 钻及以上的淘宝卖家；好评率大于等于 98%；动态评分 3 项均大于等于 4.6 分。

9. 卖家市场

单击图标进入“卖家市场”界面，其中包括“转发分成”、“微店社区”、“附近微店”3 个模块，如下左图所示。

- 转发分成：转发出去的商品有成交，就可以获得相应的佣金。
- 附近微店：用户通过定位就可以知道附近的店，所以卖家别忘了把自己的店铺好好“装修”一下。
- 微店社区：一是可以学到很多微店规则；二是可以与其他微店主进行经验交流，如下右图所示。

10．我要分销

单击  图标进入“我要分销”界面，可以看到 3 个总模块：分销市场、分销管理、帮助。

- 分销市场：包括“品牌分销”和“精选爆品”，帮助寻找货源。
- 分销管理：包含“分销商品管理”和“合作管理”，有助于卖家和供货商之间友好关系的维护。

- 帮助：常见问题列表，如供货商该如何设置分销商的改价；如何成为单品分销商、如何管理分销订单等常见问题的解答。

11. 买家在这里

单击图标即可下载微店买家版。它是一款图片与标签相结合的购物类应用软件，聚合了1000多万家微店，足不出户，让1000多万商家提供各种服务，其中包括多种功能，如“附近微店”、“搜索”、“店铺动态”、“订单管理”、“沟通顺畅”、“购物车”。

12. 流量看这儿

“流量看这儿”功能模块，其最主要的是对近期一些招商栏目活动的宣传，如“品牌折扣”、“天天9块9”、“1折购”等。对参与活动的卖家有助于微店流量的增加，吸引大批新老客户和开发潜在客户，这对于提高店铺成交量也是很有帮助的。

4.2 在微店中添加商品

一般来说，微店的所有操作都可以在手机上进行。在本节中将会讲解微店中的商品管理，其中包括添加商品和为商品分类等知识。

4.2.1 添加商品

创建好微店后，就需要向微店中添加商品了。店铺最基本的设置就是添加商品。一个店铺想要开张，就得有商品展示给顾客，下面介绍如何手动添加商品信息。

1. 商品图片

目前，对微店商品图片大小、规格、尺寸没有严格的说明，一般的图片都是可以上传的。

第 1 步：手机登录微店后，打开“我的微店”界面，单击“添加”按钮，如下左图所示。

第 2 步：跳转到添加商品的具体页面，如下右图所示。

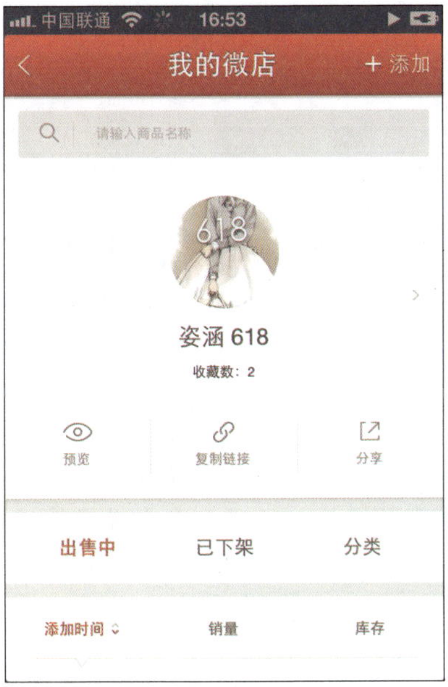

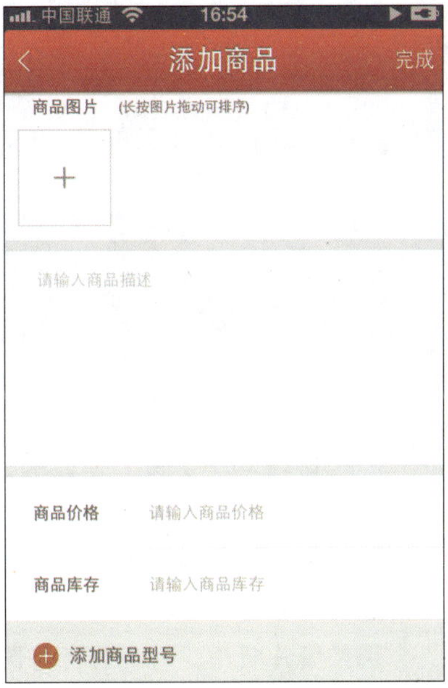

您知道吗　添加商品需要注意的 5 项内容

这里有 5 项内容是必须填写的：商品图片；商品描述；商品价格；商品库存；添加商品型号。

第 3 步：❶ 单击“+”按键即可上传商品图片。可以选择拍照模式，也可以从手机相册里选择上传，❷ 如下左图所示，选择从“手机相册”上传。

第 4 步：❸ 商品图片最多可以上传 15 张，如下右图所示。

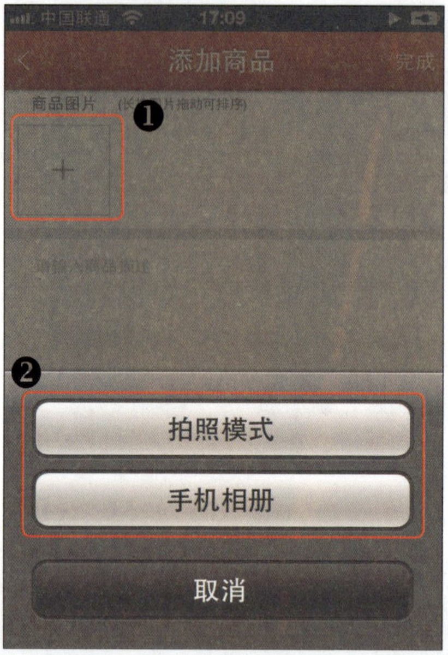

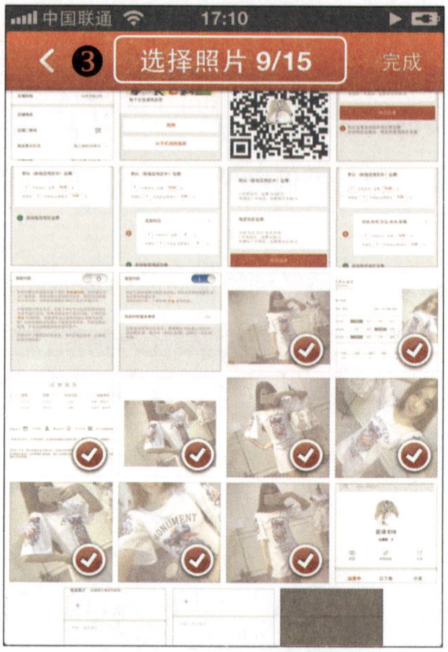

您知道吗 商品主图要早确定

所谓的“主图”是指商品的第一张图片，会直接显示在卖家店铺。买家进入微店看到的就是第一张商品图片，所以一定要想好第一张图片放什么。在手机中可以同时上传15张图片，卖家在自己手机图库里先选择哪张图片，哪张图片就排在前面，上传后无法批量调整顺序，要想调整图片顺序，则要将商品图片全部删除后再上传。

2. 商品描述

商品描述的前20个字是非常重要的，因为这些字和主图会在微店首页显示。对于这20个字，最好还包括商品名称、是否包邮、相关优惠等信息。商品描述是一个段落，字数不要太多，可以分段。段落与段落之间最好空1行。

第1步：添加商品图片后，单击“完成”按钮即可上传，如下左图所示。

第2步：微店的商品描述没有淘宝那么复杂，不区分商品标题、商铺参数、商铺详情等，就是直接填写，可以填写大量的文字，如下右图所示。完成商品描述的编写，单击右上角的“完成”按钮即可将商品上传。

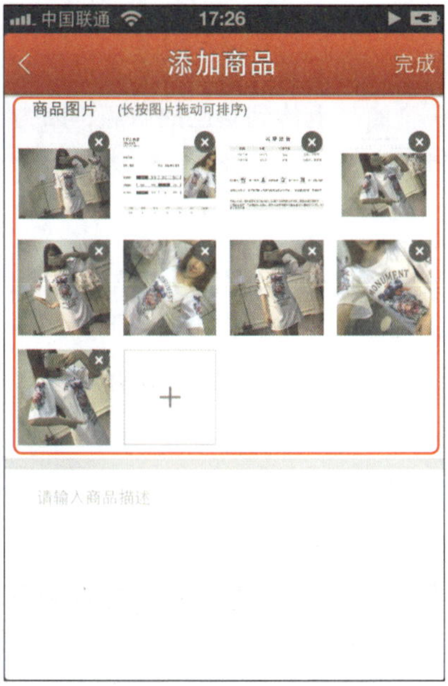

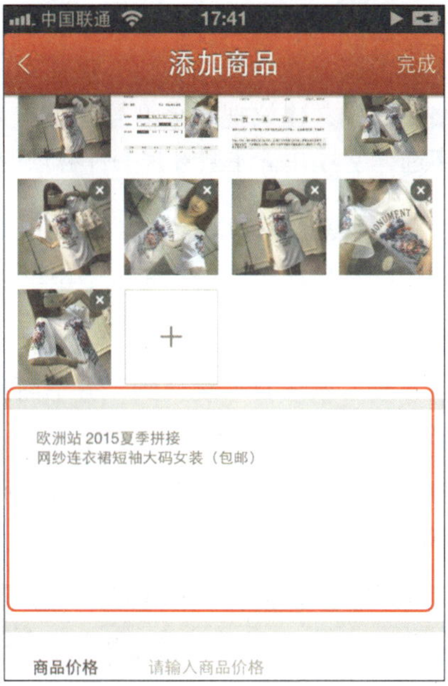

3. 商品价格

商品价格可以精确到分。那么，卖家如何给商品定价？在商品是正品的情况下，建议可以比淘宝、天猫、京东等便宜一点，但不用便宜太多。一是卖家要盈利；二是买家主要是卖家的熟人、朋友，即使微店的商品和正规商城的价格一样，如果朋友需要，还是会到我们的店铺来购买。在这里，我们当然不提倡“杀熟”，因为是朋友就故意提高商品的价格，这样会连朋友都没得做。也不提倡与淘宝、天猫平台的同类商品比价，因为这些商品真假难分。

4. 商品库存

在设置商品库存数量的时候，建议卖家设置要比实际库存多几件。如卖家的某个商品实际只有 1 件，就可以设置 3 件或 4 件，因为 A 买家只要提交订单，哪怕是没有付款，库存也会减少，如果 A 买家的订单没有支付成功，而又找不到原来的订单来支付，就会重新把商品放到购物车。如果卖家设置的库存是 2，而 A 买家提交了订单，虽未支付，但这个商品又被 B 买家看中并拍下了，这样库存就会变为 0，不会再在首页上显示，A 买家就找不到他想要买的商品了，可卖家实际上还有 1 件库存。

如果商品没有库存了，建议不要删除这个商品，把库存直接改为 0 即可，即表示下架。等重新进货后，只要改一下商品库存就可以重新上架，而不必重新上传商品图片、设置商品描述、价格等。

5. 添加型号

在添加商品型号时需要注意的是，对于不同型号但价格一样的商品，不建议使用这个功能。一般的型号，如大小、尺寸、颜色等，卖家可以直接在商品描述里面说明，告诉买家在“买家备注”里面写明型号。如果是一种商品有不同的型号，而且价格不一样，建议把每个型号单独作为一个商品上传到自己的微店，因为让买家在微店选择型号并备注型号是一件麻烦的事情。

6. 预览商品、分享商品

微店这个软件的应用，实现了用手机开微店的功能，而且可以靠微信、朋友圈、QQ 等进行推广，也可以直接预览正在添加的商品，具体操作方法如下。

第 1 步：系统自动跳转到“分享商品”界面，提示商品添加成功，单击👁图标预览商品，如下左图所示。

第 2 步：跳转到“预览商品”界面，可以查看商品详情、库存情况、价格等，如下右图所示。

您知道吗　微店常用的快捷键

单击＋（继续添加）按钮，便可继续添加商品，在添加商品前可以先将商品照片保存到手机中的相应位置，这样添加商品就会更加方便。

单击🔗（复制商品）按钮，便可选择“复制商品名称＋链接”、“仅复制商品链接”、“仅复制商品名称和取消”快捷键。

4.2.2 给商品分类

上传的商品越来越多，种类就越来越多，如果不把商品进行分类，店铺就会给人一种很乱的感觉。那么，如何给商品添加分类，以便于更好地管理呢？下面笔者结合体会详细讲解一下。

第 1 步：登录微店，单击“我的店铺”模块功能，单击需要分类的商品，进入编辑页面，如下图所示。

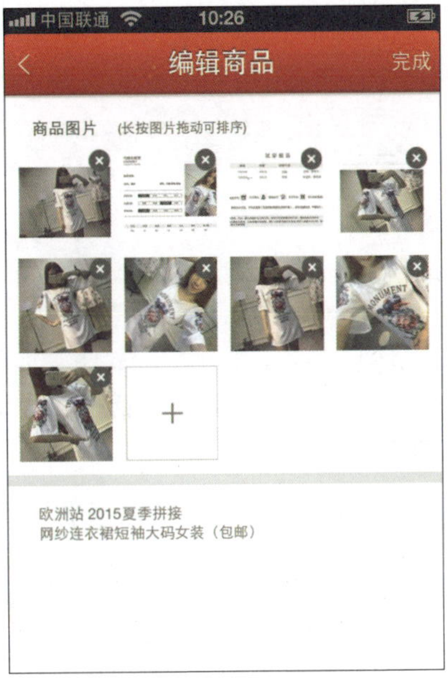

第 2 步：❶ 单击“分类至”选项，如下左图所示。

第 3 步：弹出如下右图所示的提示栏，❷ 单击“新建分类”按钮。

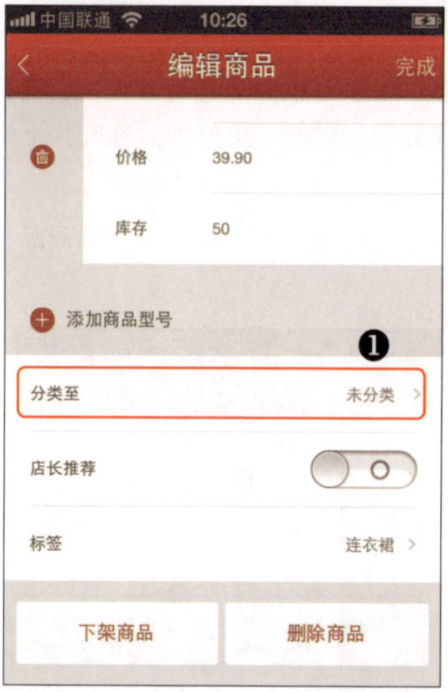

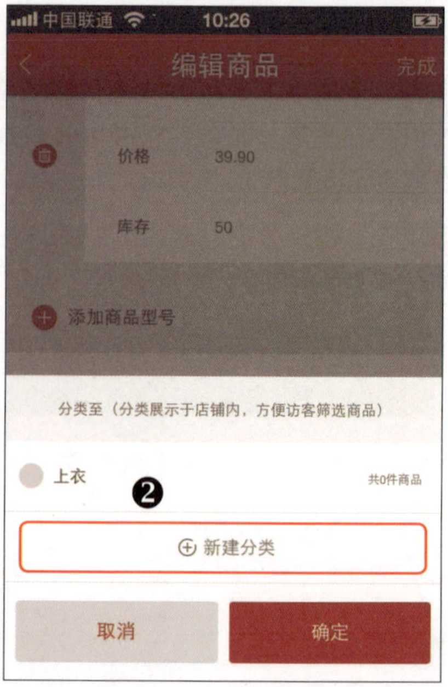

第 4 步：系统自动弹出对话框，❶ 输入新建分类名称；❷ 单击“确定”按钮，如下左图所示。

第 5 步：将商品分类至“连衣裙”，❸ 单击“确定”按钮，如下右图所示。

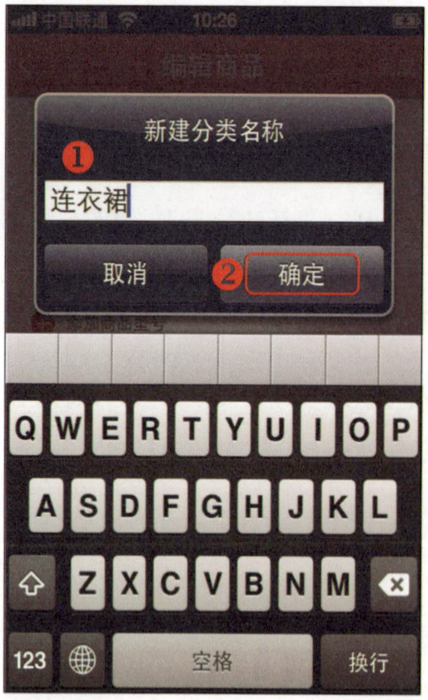

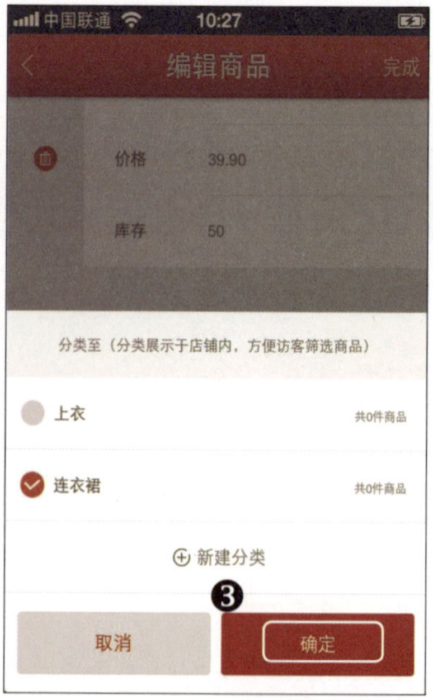

第 6 步：商品已经分类至“连衣裙”。❶ 单击“完成”按钮，如下左图所示。

第 7 步：返回“我的微店”主页面，❷ 单击“分类”按钮，如下右图所示。

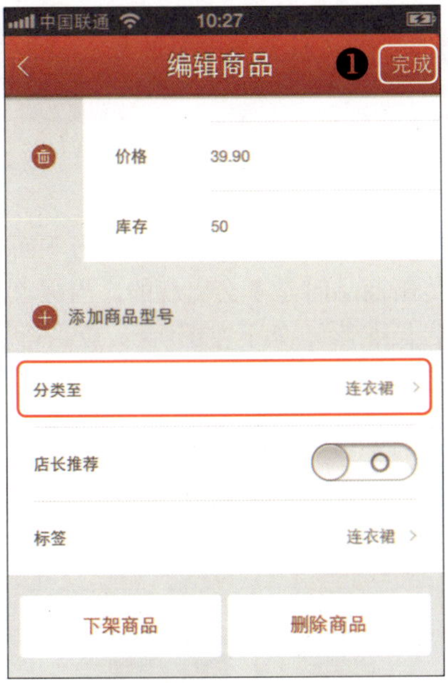

第 8 步：进入分类选项，单击打开“连衣裙”分类栏目，如下左图所示。

第 9 步：如下右图所示，即可看见设置好的商品。

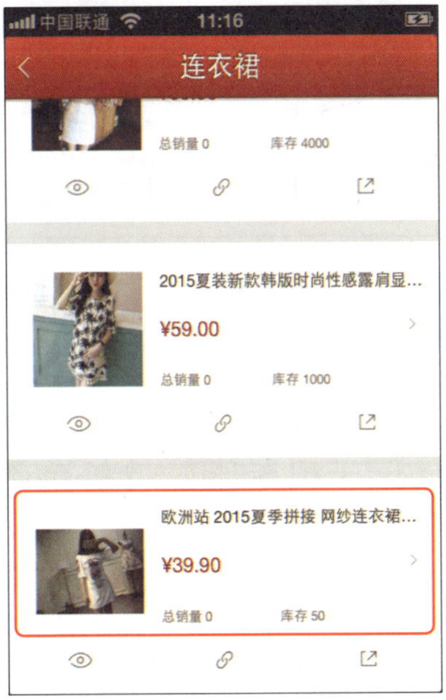

您知道吗　对商品进行分类

微店的商品很多时，就需要在电脑上给商品添加分类了。在电脑上打开微店网页版（v.vdian.com），进入“我的微店”模块，即可同时设置多个商品分类，而本节中主要讲解使用手机中的“我的微店”给商品进行分类。

设置商品分类时需要注意的是：在进入编辑商品页面时，可以单击下面的“店长推荐”栏目。“店长推荐”这个功能在上传新商品时是不会出现的。当买家进入店铺，可以看到两大商品展示模块，一个是“店长推荐”，如下左图所示，另一个是“热卖商品”，如下右图所示。

所有上传的商品都会自动归到“热卖商品”展示模块，而“店长推荐”展示模块的商品则需要卖家主动设置。

4.3 使用手机美图软件处理图片

手机平台中的各种图片处理软件也成为很多人的最爱，即使不用连接 PC，也能在手机中进行简单的处理。“美图秀秀”这款软件不论是在 PC 平台还是在手机平台都有非常不错的口碑，其便捷的操作和强大的功能给用户留下了深刻的印象。下面描述一下如何用美图秀秀快速对图片进行处理。

4.3.1 调整图片的色调

使用手机拍摄的照片，往往由于光线、机型等原因而与实物颜色存在偏差。不过，拍照毕竟是手机的附加功能，拍出来的效果实在无法媲美专业相机拍出的效果，总是或多或少地出现色彩黯淡、图片噪点多、清晰度不高等问题。如何拯救这些低质量的手机自拍照？在美图秀秀中对图片色调进行调整的目的就是还原实物颜色，使图片与实物颜色更接近。

第 1 步：❶ 在手机桌面上打开“美图秀秀”应用工具，如下左图所示。

第 2 步：进入“美图秀秀”首页，❷ 单击“美化图片”模块，如下右图所示。

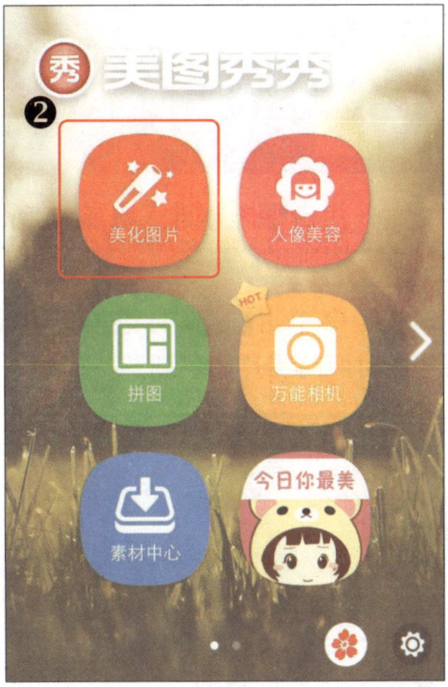

第 3 步：从手机中选择商品图片进行美化，❶ 单击“商品图片”相册，如下左图所示。

第 4 步：❷ 单击选取需要美化的图片，如下右图所示。

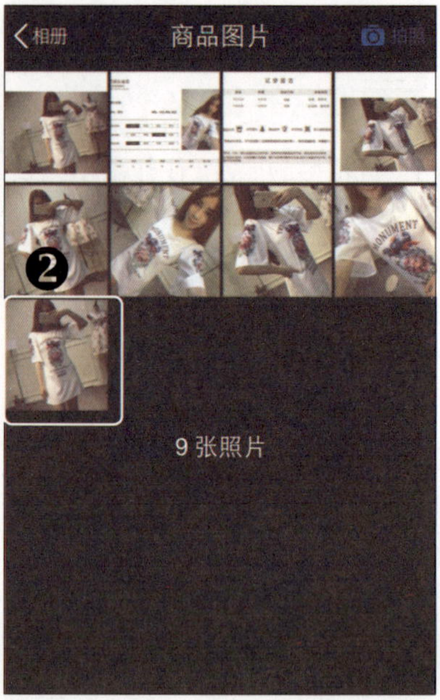

第 5 步：单击图标进入增强功能，❶ 选择“色温”功能，❷ 拖动图标进行调整，如下左图所示。

第 6 步：❸ 单击图标进入智能补光功能，一键美化，❹ 单击右下角的图标即可完成对商品图片的色调调整，如下右图所示。

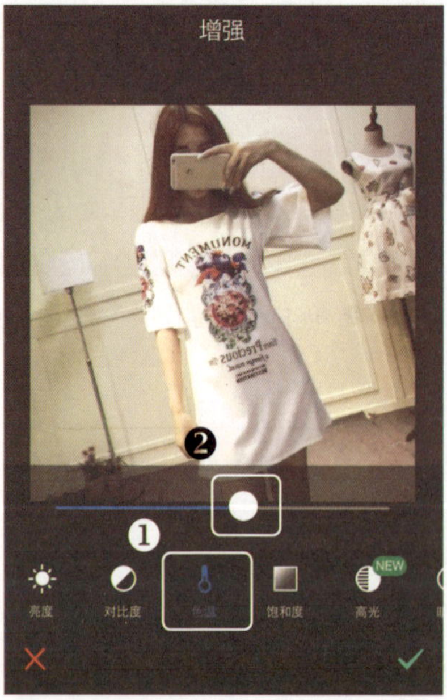

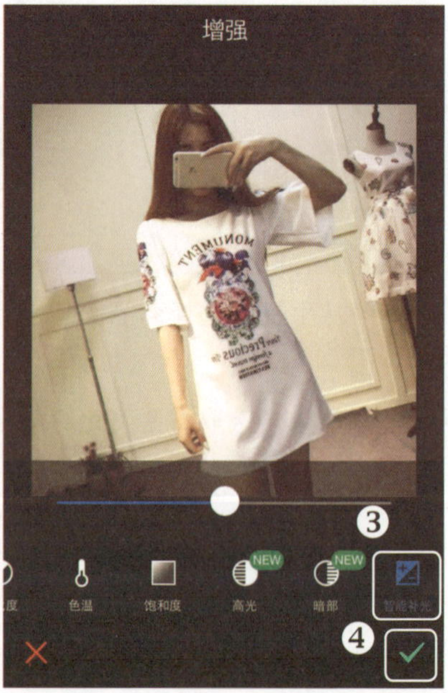

另外，在对商品图片进行调整的同时，还可以单击图片下的功能选项图标为商品添加适当的文字作为商品的补充描述，以达到吸引买家眼球的目的。单击图片上部的图标可以对文字大小、方向进行调整。

完成以上操作，单击右上角的“保存 / 分享”按钮，即可将调整好的图片保存到相册，如下图所示。

4.3.2 多张商品图片拼图

有时候我们希望让买家看到更多关于商品的情况，当前最实用的拼图软件当属美图秀秀，不仅默认模板很优秀，而且使用也是非常简单的。这里具体讲解美图秀秀拼接图片的具体操作方法。

第 1 步：❶ 单击软件上的“拼图”功能按钮，如下左图所示。

第 2 步：❷ 单击选择 2 张图片，❸ 单击“开始拼图”按钮，如下右图所示。

第 3 步：❶ 单击自由拼图功能按钮，❷ 单击“选背景”功能按钮，如下左图所示。

第 4 步：进入背景列表，可以看到“自定义背景”、“更多背景”按钮，这里我们以纯色背景为例讲解。❸ 单击选中背景，如下右图所示。

第 5 步：❶ 单击图标，自由调整图片位置及大小，❷ 单击“保存 / 分享”按钮完成拼图，如左下图所示。

第 6 步：重复以上操作方法，完成商品拼图，如下右图所示。

上面介绍了美图秀秀的自由拼图功能，下面还要对模板拼图、海报拼图、图片拼接进行介绍，方便卖家更好地美化商品图像。

1. 模板拼图

使用美图秀秀自带的模板，拼接出不同的商品角度，如下图所示。

2. 海报拼图

单击“海报拼图”功能图标即可开始设计一张个性十足的海报拼图，如下左图所示。海报模式是一种新风格，让人们有登上时尚杂志的感觉，其也内置了多种相关素材供用户选择，如下右图所示。

3．图片拼接

“图片拼接”功能支持多张图片拼接，可以随意添加边框，并且内置了多种相关素材边框供用户选择，如下图所示。

经验与实战分享

前面给初学者介绍了相关知识的应用，下面给微店新手分享一些感悟和技巧。

主题 01　认识分销市场

1．什么是微店分销

微店分销是指让具备稳定货源的品牌供应商快速建立自己的线上和线下销售渠道。

2．如何入驻分销市场

微分销是基于微信公众平台的分销商城。最近很多朋友都利用空闲时间做做小生意，但考虑到没有货源的问题，又得知有分销市场，所以都想知道是怎么做的，但又不知道怎么做。这里详细介绍一下入驻分销市场的方法。登录网页版微店 d.weidian.com，按照页面提示提供相关资料，后台会有专门人员审核，7 至 15 个工作日审核完毕。

这里要注意分销市场入驻需要的资质材料，具体有：营业执照（必须为注册企业，不支持个体工商户入驻）；组织机构代码证；税务登记证；开户许可证；法人身份证正反面；商标注册证或商标受理通知书；授权（若商标权人为开店公司，则此项不需提交）；质检报告。以上为必须提供的材料，化妆品、食品行业除以上资料外，还必须提供行业资质证明。

您知道吗　相关行业资质的查询

相关行业资质请查询：http://bbs.vdian.com/thread-40811-1-1.html。授权不可限定商标使用区域，如不可授权某企业在华南地区销售某品牌商品。

2．如何向微店"品牌"供应商提交分销申请

微店卖家如何向品牌供应商申请分销代理，这是对第 3 章所提到的开微店、找货源的补充。笔者认为，它对新手买家来说很实用。

第 1 步：在微店主界面单击图标，进入"我要分销"模块，❶ 单击选择"品牌分销"功能模块，如下左图所示。

第 2 步：❷ 在"品牌分销"界面中输入关键字；❸ 单击"搜索"按钮即可搜索想要的供应商，如下右图所示。

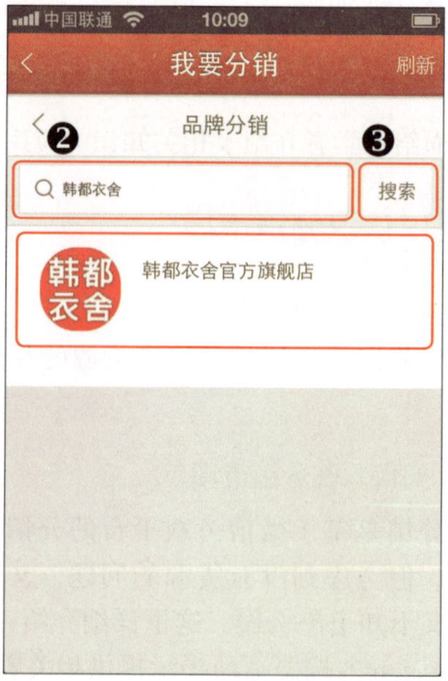

第 3 步：在"供应商店铺详情"界面，❶ 单击"申请全店分销"（全店）或者"我要代理"（单品）按钮，如下左图所示。

第 4 步：❷ 在“分销申请”界面，查看注意事项，单击“确认”按钮完成申请，如下右图所示。

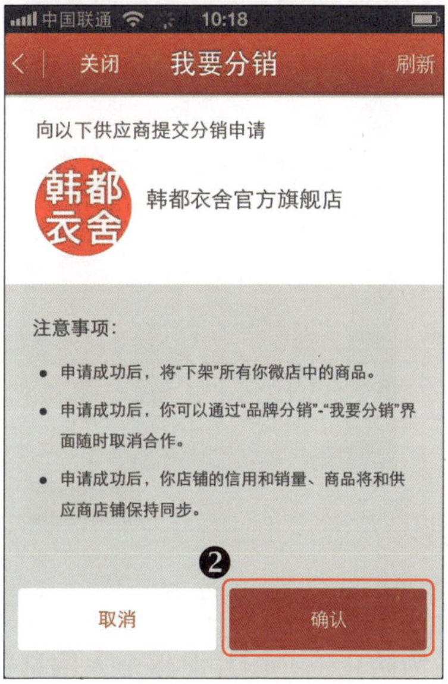

提交的申请会在“我要分销 - 合作管理”界面展示，只要供应商同意申请，即成为其品牌分销商。

主题 02　图片需要进行哪些必要的修饰

对于拍摄的商品图片，使用各种图片处理工具进行美化与修饰是为了使图片更加赏心悦目，同时使照片的效果更加接近实物，从而吸引买家。但若仅为了图片更加美观而过分美化，导致图片与实物出现较大的差距，这样即使买家购买了，也可能出现后续的各种纠纷。

针对微店中的各类商品图片，常用的修饰主要有以下几种。

1. 调整图片色调

由于光线、相机及显示屏等因素，拍摄的照片可能与实物在色调上存在一定的差异，这时就需要对图片进行色调的调整，使其尽可能与实物相近。

2. 添加文字

微店中的商品不同于淘宝、天猫、当当等购物平台，无须过多的修饰。我们可以在图片中添加文字，使图片更加突出，从而吸引买家。

3. 圈出产品中的重要信息

微店的商品详情展示要相对简单，只需要在商品图片中圈出产品的重要信息，直观地告诉买家商品的特色即可，如下图所示。同时，也可以带动店铺访客量。

主题 03 使用马赛克涂抹局部信息

有时为防止一些图片泄露个人信息等资料，我们要对其进行局部处理。具体该怎么做呢？这里介绍如何使用美图秀秀马赛克涂抹局部信息。

第 1 步：在美图秀秀中打开需要处理的图片，滑动下面的功能选项至“马赛克”，❶ 单击图标，选中“马赛克”画笔，如下左图所示。

第 2 步：弹出使用马赛克的效果，如下右图所示，❷ 在“马赛克”画笔中选择合适的画笔大小和力度。

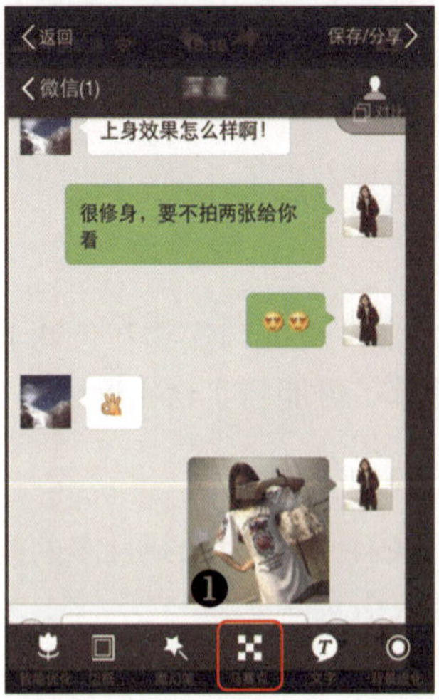

第 3 步：如果不方便操作，可以缩放图片大小，如下左图所示。

第 4 步：用画笔对图片要隐藏的部分进行涂抹，就可以自动生成马赛克，如下右图所示。

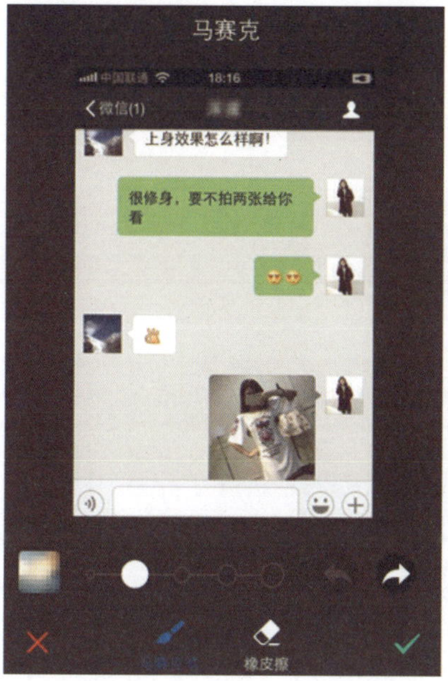

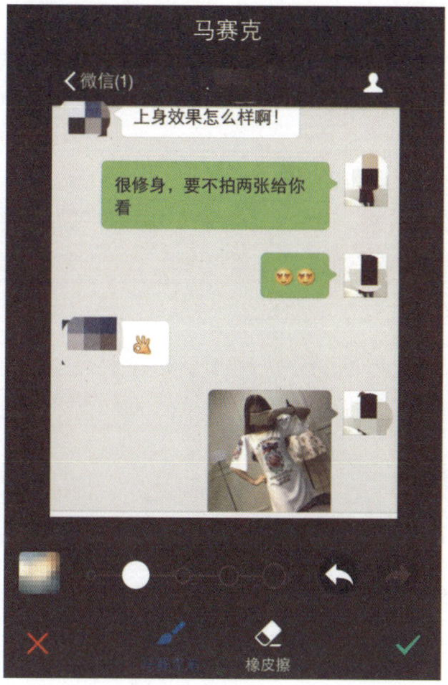

本章小结

本章详细介绍了如何开通手机微店铺的内容。首先对微店的下载、安装和设置进行了讲解，同时介绍了微店铺的 12 个功能模块，随后分析如何在微店中添加商品和为商品添加分类等知识，最后介绍了如何用手机美图软件对微店商品图片进行处理等知识。

第5章 微店，管理无压力

本章导读

众所周知，微信是移动 App 的行业老大，有购买力的用户几乎都有自己的微信，而微店作为移动端的购物 App，势必要搭上微信的顺风车。目前微店管理包括在进行购买交易时的支付方式、订单管理、微店售后等。掌握这些工具之后就可以更好地管理微店了。

知识要点

通过本章内容的学习，读者能够了解微店用微信方式支付、支付宝钱包方式支付微店订单、管理微店订单、售后服务等内容。学完后需要掌握的相关技能和知识如下。

- 微店的购物流程
- 微店的支付方式
- 管理订单系统
- 微店的售后服务

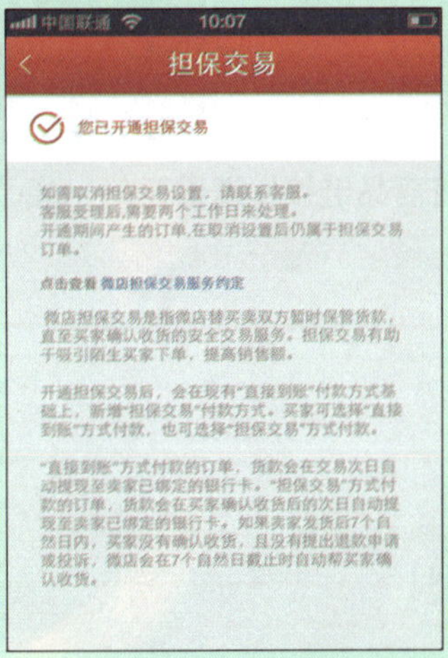

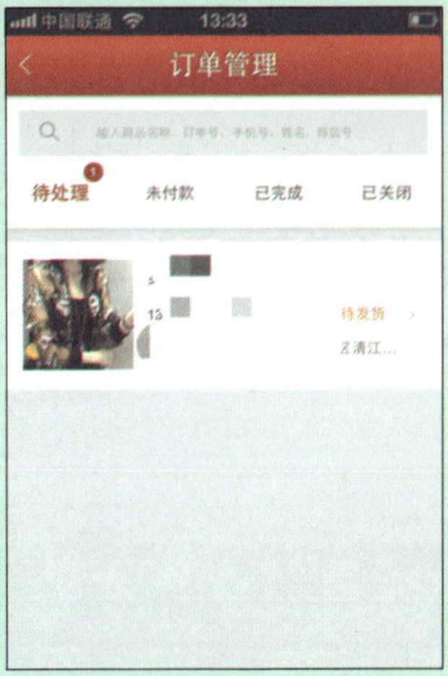

5.1 微店的购物流程

微店是一个新鲜事物，人们对微店的了解是需要一个过程的。卖家自己应该完整地体验在微店上购物的流程，这样，在买家询问的时候，卖家就知道如何应对了。

5.1.1 进入卖家店铺

最常用的进入卖家店铺的方式是通过卖家分享的商品或店铺链接、扫描二维码、通过口袋购物 App 搜索店铺名称进店，下面就具体介绍进入店铺的方式。

1. 通过卖家分享的商品或店铺链接进入微店

买家进入店铺常用的方式，就是通过卖家分享到社交媒体上的商品或商品链接进入。另外，卖家还可以复制商品或店铺链接，通过短信发送给好友，如下图所示。

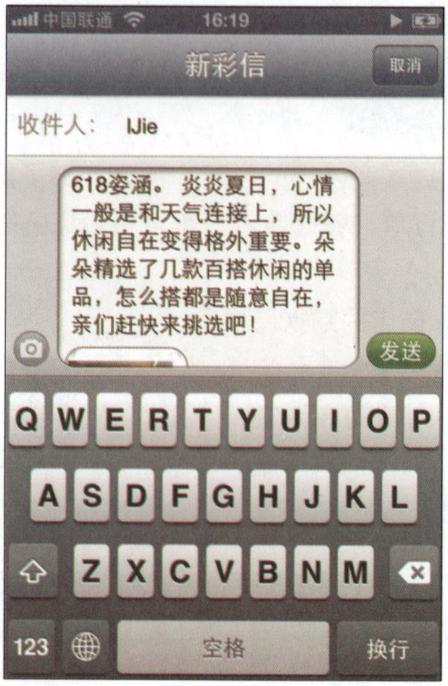

除此之外，卖家也可以将商品链接发送给微信、QQ 好友，如下图所示，单击“发送”按钮即可发送。

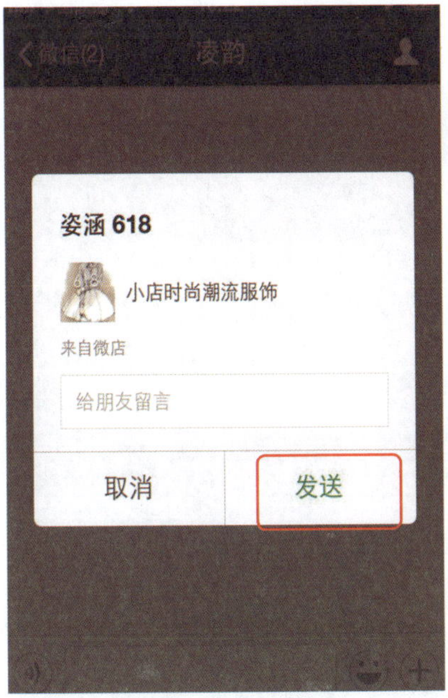

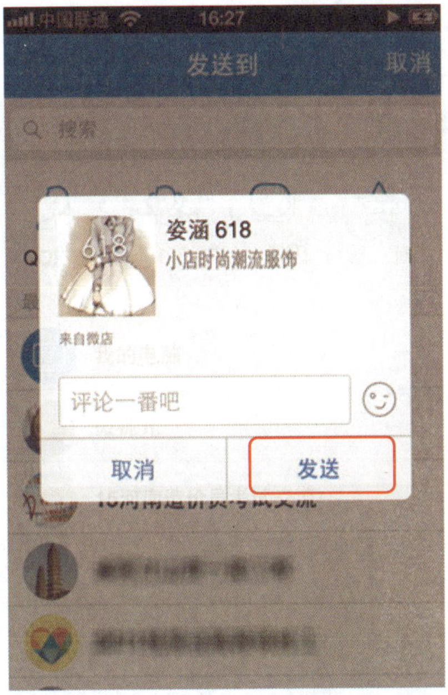

2. 通过扫描店铺二维码入店

通过扫描店铺的二维码进店购买。进入“店铺设置”，选择店铺二维码，单击扫描“微店二维码”（如下左图所示），单击右上角的“…”按钮即可分享、保存或取消二维码（如下右图所示）。

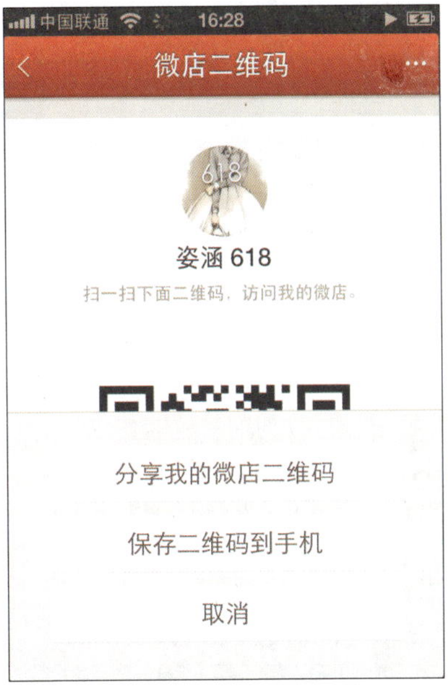

这里把微店的二维码分享到新浪微博，如下左图所示是 QQ “扫一扫”，如下右

图所示是微信“扫一扫”。买家一般使用“扫一扫”功能扫描二维码即可进入卖家的店铺。

3. 在口袋购物 App 搜索店铺名称进店

买家在使用这种方式进店前需要安装口袋购物 App。打开微店买家版口袋购物，在搜索框中输入店铺名称，单击“搜店铺”按钮即可，如下图所示。

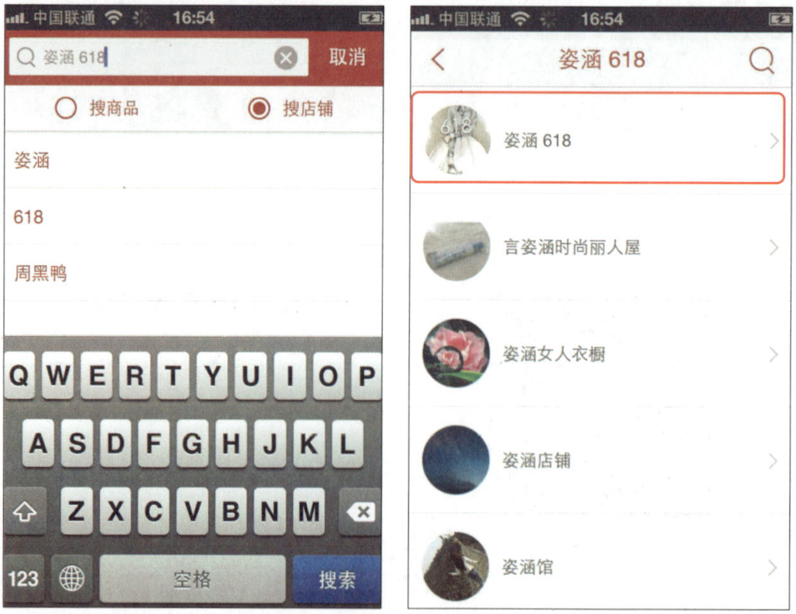

5.1.2 填写收货地址

当买家在卖家的店铺看中了想要购买的商品后，便可将其加入购物车。接下来就要正确填写收件人信息，具体操作流程如下。

第 1 步：进入“我的收货地址”，❶ 单击“添加新地址”按钮，如下左图所示。

第 2 步：打开“收货地址”，❷ 依次输入收件人、手机号、所在地区及详细地址，如下右图所示。

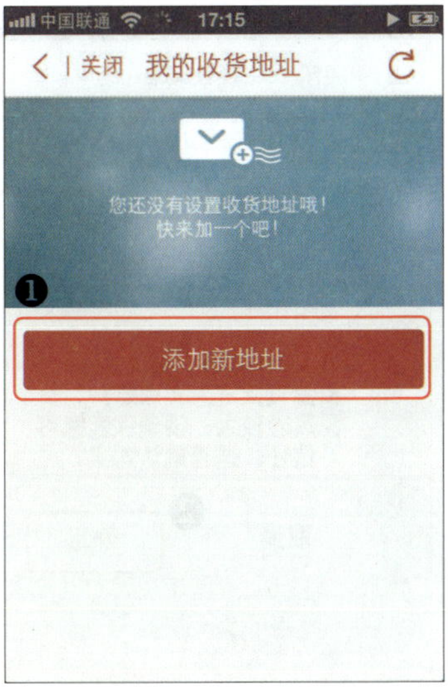

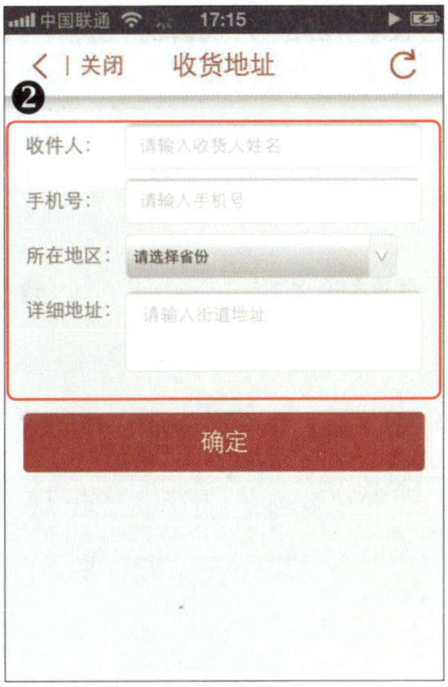

第 3 步：单击“确定”按钮即可添加收货地址，如下左图所示。

第 4 步：完整填写收货地址，如下右图所示（可以把常用的地址设为默认地址）。

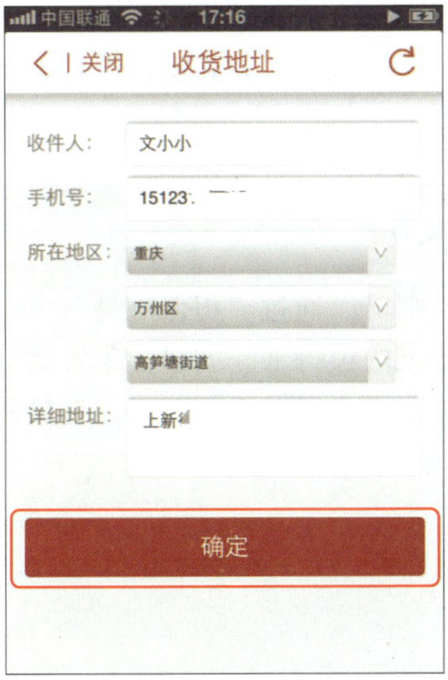

5.1.3 买家支付

买家填写正确的收件人信息后即可付款。进入买家“购物车”，选中需要购买的商品，单击“结算”按钮即可。目前支持的支付方式有4种，分别是信用卡支付、储蓄卡支付、微信支付、支付宝支付。下面讲解一下买家支付。

第1步：进入快捷支付界面，❶ 单击“确认购买”按钮，如下左图所示。

第2步：弹出“交易风险提示”，❷ 单击“确定”按钮；如下右图所示。

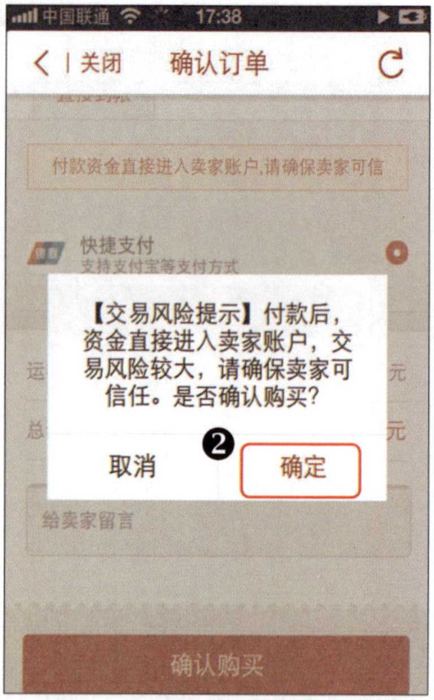

第3步：❶ 单击选择“支付宝”方式进行支付，如下左图所示。

第4步：跳转至支付宝登录界面，❷ 依次输入账户名和支付密码，❸ 单击“登录”按钮即可完成支付，如下右图所示。

买家的订单支付成功，卖家会获得两个提示，一是手机短信提示，二是微店后台的提示。

另外，如果卖家开通了担保交易，买家则可以通过“担保交易”方式付款，货款会在买家确认收货后的次日自动提现至卖家的银行卡。如果卖家发货后7天买家未予操作，系统会自动确认收货。买家可以选择“担保交易”或“直接到账”的付款方式，整个购物流程与其他电商平台大同小异。

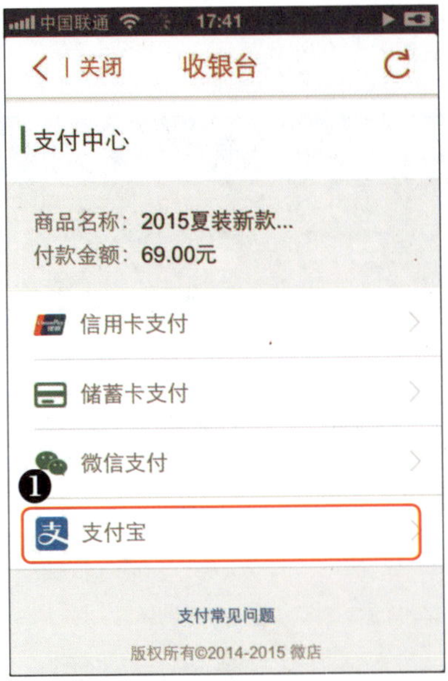

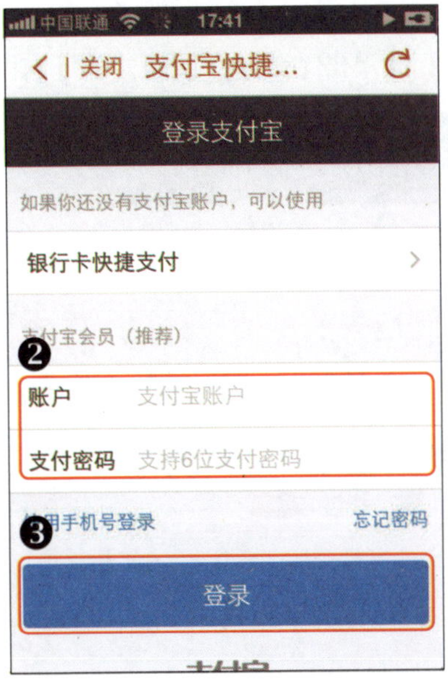

5.2 微店的支付方式

微店是电子商务发展趋势云销售模式的一种购物网站，它改变了中国电子商务的经营模式，只要在手机上轻点几下，过几天想要的东西就送货上门了。微店商品品类多样，保证正品，价格公道，深受消费者的喜爱，越来越多的人热衷于在微店足不出户购物。那么，微店的支付方式具体有哪些呢？下面配合细节详细介绍。

5.2.1 微信支付

用户只需在微信中关联一张银行卡，并完成身份认证，即可将装有微信 App 的智能手机变成一个全能钱包，之后即可购买合作商户的商品及服务。用户在支付时只需在自己的智能手机上输入密码，无须任何刷卡步骤即可完成支付，整个过程简便、流畅。那么，微信支付该如何完成呢？下面会具体介绍。

1. 绑定银行卡微信支付

微店不像淘宝店铺那样需要注册和绑定支付宝，微店在交易时直接绑定银行卡即可，微店每天会自动将前一天的货款全部提现至卖家的银行卡。微店支持储蓄卡、支付宝、百度钱包等多种付款方式，无须开通网银，既快捷，又方便。

第 1 步：登录微信并切换到“我”选项卡，❶ 单击选择“钱包”按钮，如下左图所示。

第 2 步：跳转到“钱包”微信安全支付界面，即可看到转账、刷卡、钱包等功能；❷ 单击“钱包”按钮，如下右图所示。

第 3 步：❶ 单击“添加银行卡”选项，如下左图所示。

第 4 步：❷ 根据提示输入“卡号”；❸ 单击“下一步”按钮，如下右图所示。

第 5 步：即刻跳转到“填写银行卡信息”页面，❶ 依次输入姓名、证件号、手机号码，❷ 单击“下一步”按钮，如下左图所示。如果各项信息填写完整无误，系统会自动进入新的界面，否则会提示错误。

第 6 步：在绑定银行卡后，系统会自动向银行绑定的手机号发送一条验证信息。❸ 输入收到的验证码，❹ 单击“下一步”按钮，如下右图所示。

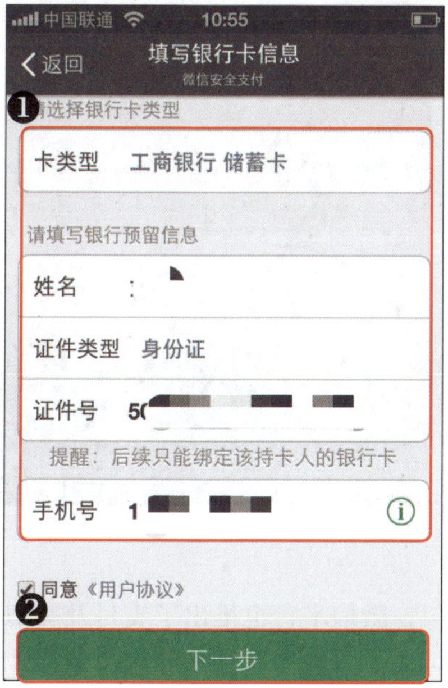

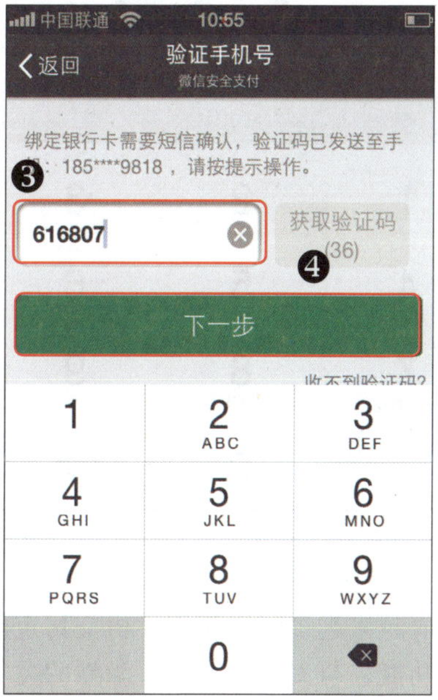

第 7 步：初次使用微信支付，要对微信进行 6 位数字支付密码的设置，并重复输入密码进行确认，单击“下一步”按钮即可完成绑定，如下左图所示。

第 8 步：返回“钱包”页面，单击“钱包”按钮查看卡片绑定信息，也可以单击“添加银行卡”按钮继续绑定其他银行卡，如下右图所示。

您知道吗　绑定银行卡需要注意的事项

在使用微信支付绑定银行卡时需要注意：一个微信号只能绑定一个实名信息，一旦绑定就不能再更改。在绑定银行卡之前，必须到银行绑定手机号码。在设置银行卡支付密码时，最好设置一个与银行卡不同的密码。

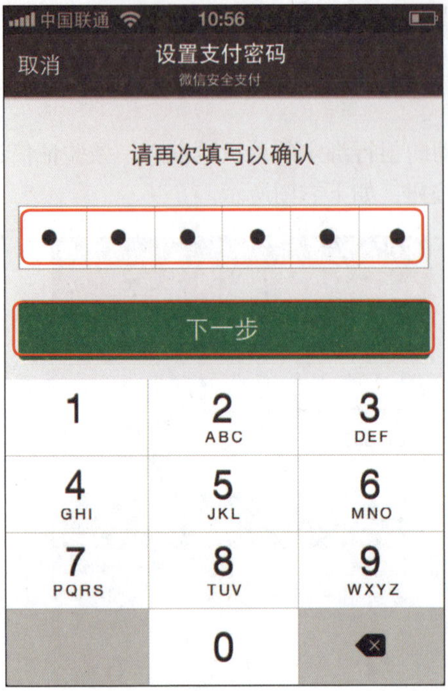

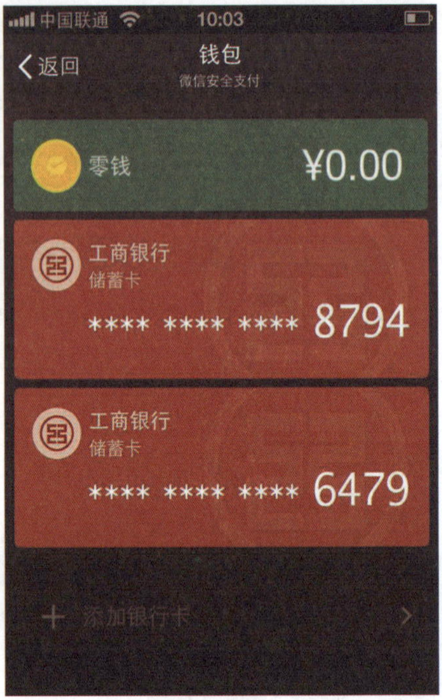

2. 微信支付购物

随着越来越多的人使用手机支付宝钱包，微信平台也推出了支付及类似“余额宝”的功能，与支付宝展开了激烈的竞争。由于微信拥有巨大的用户群体，其支付功能的用户也在不断增加。那么，微信支付是不是与支付宝类似？该如何使用微信支付购物呢？

第 1 步：切换到“发现”选项卡，❶ 单击“购物”按钮，如下左图所示。

第 2 步：跳转到京东商城购物界面，❷ 输入“干花”，❸ 单击“搜索”按钮，如下右图所示。

第 3 步：挑选要购买的商品，如下左图所示。

第 4 步：❶ 单击进入商品详情页面，设置好颜色及数量后，❷ 单击“立即购物”按钮，如下右图所示。

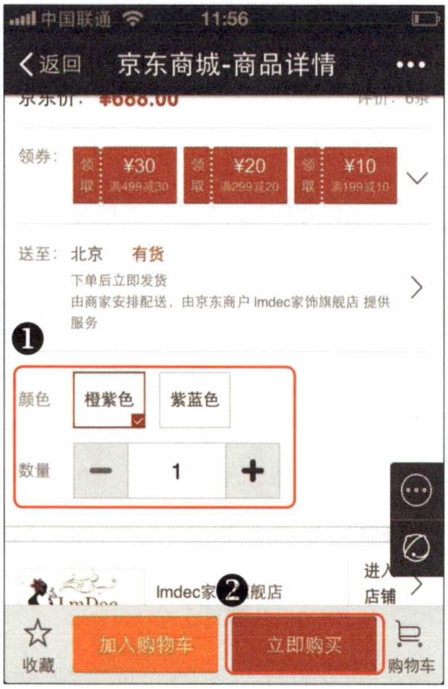

第 5 步：进入“确认订单”界面，确认收货地址、配送方式，❶ 单击“微信支付”按钮，如下左图所示。

第 6 步：❷ 输入设置的支付密码即可完成微信支付，如下右图所示。

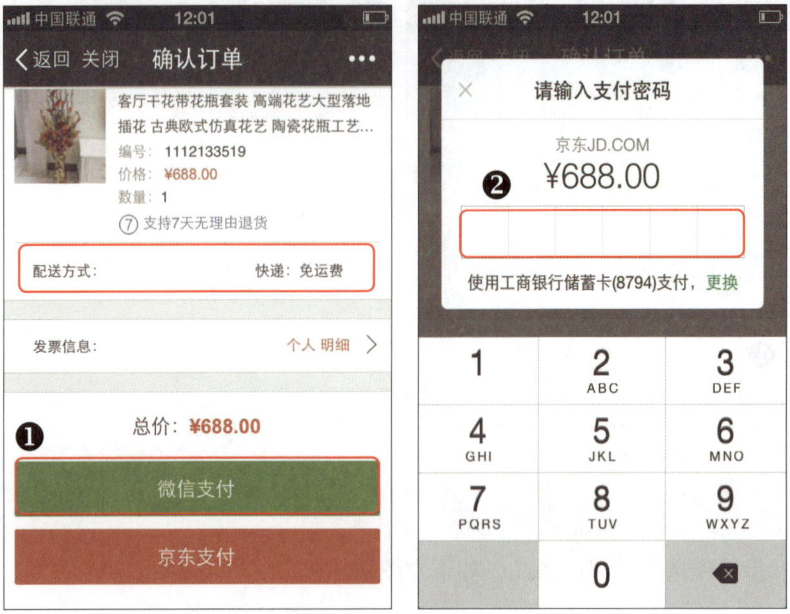

另外，初次使用微信购物时，如果有京东账户，可以直接绑定，付款可以选择货到付款，也可以导入易迅网的购物地址。

购买商品后，我们可以在“个人中心”查询“全部订单”，对订单信息进行了解。当然，在付款前，我们还可以对不想要的商品进行取消订单操作，以及查询已购商品的配送情况。

您知道吗　微信支付需要注意的事项

在使用微信支付购物时，不但要注意保护个人信息安全，而且在微信付款成功后，微信商城是不支持退款的。

总之，微信购物与其他网购软件在操作上没有太大的区别，方便上手。但是，微信的社交地位是其他社交软件无法撼动的，而嵌入电商环节的微信又将使社交 App 的性质升华。在与人交流之余，更可以方便地购物，何乐而不为呢?

5.2.2 支付宝钱包支付

随着互联网的日益发展，越来越多的人开始选择网购。阿里巴巴推出的支付宝钱包手机客户端为移动支付带来了可能。下面简要介绍一下如何用支付宝钱包购物并支付货款。

第 1 步：在手机上打开支付宝钱包，❶ 单击“淘宝”按钮进入淘宝网购首页，如下左图所示。

第 2 步：❷ 根据自身需要，在淘宝网上选择想要购买的商品，如下右图所示。

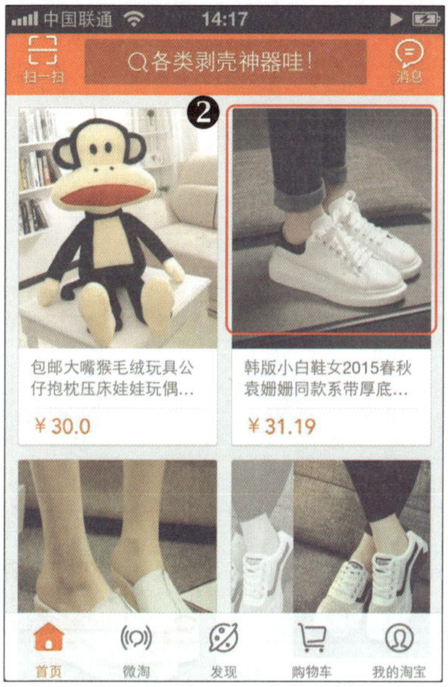

第 3 步：进入商品详情页面，❶ 单击“立即购买”按钮，如下左图所示。

第 4 步：❷ 选择要购买商品的尺寸、颜色、数量，❸ 单击“确定”按钮，如下右图所示。

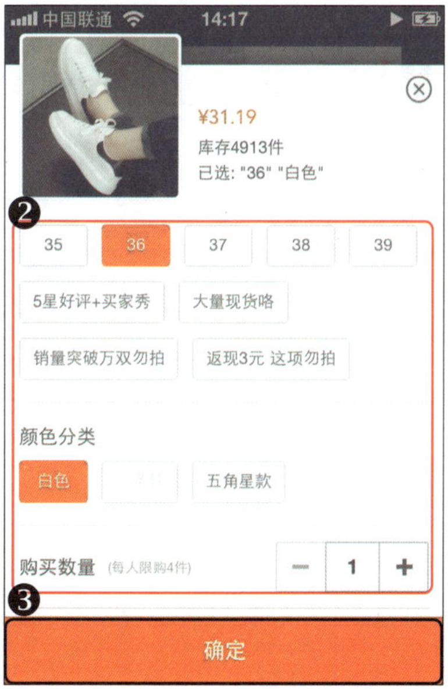

第 5 步：确认订单的收货地址、数量、配送方式等，单击“确认”按钮进行购买，如下图所示。

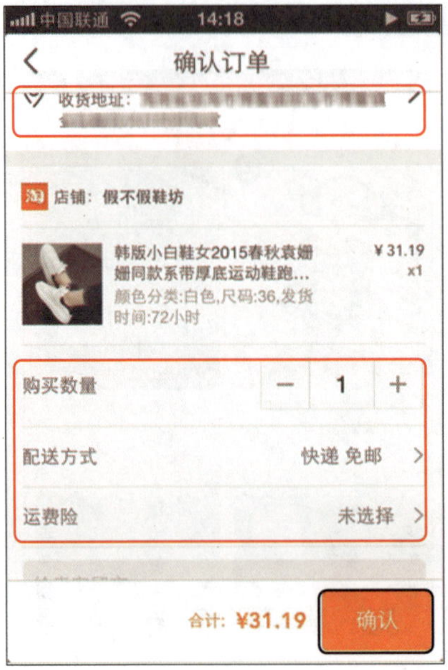

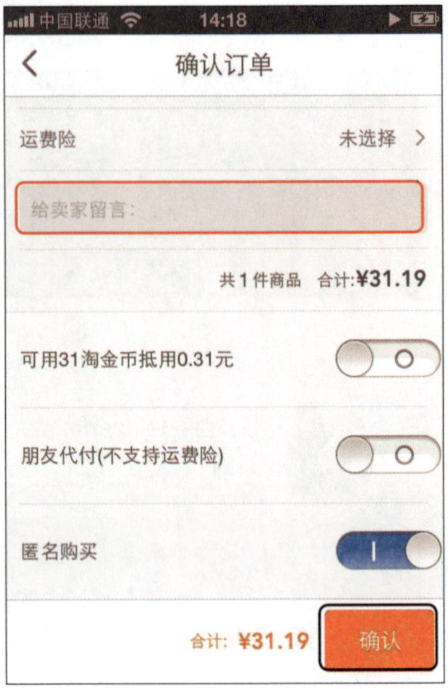

第 6 步：跳转到“选择付款方式”页面，❶ 单击选择“余额宝”进行支付，❷ 输入“支付密码”，❸ 单击“付款”按钮即可完成交易，如下图所示。

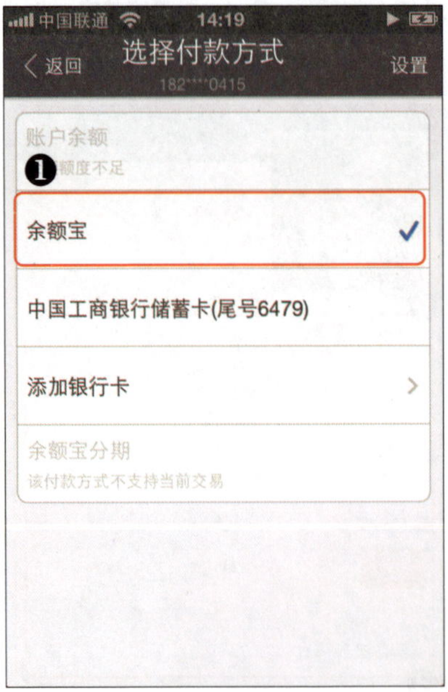

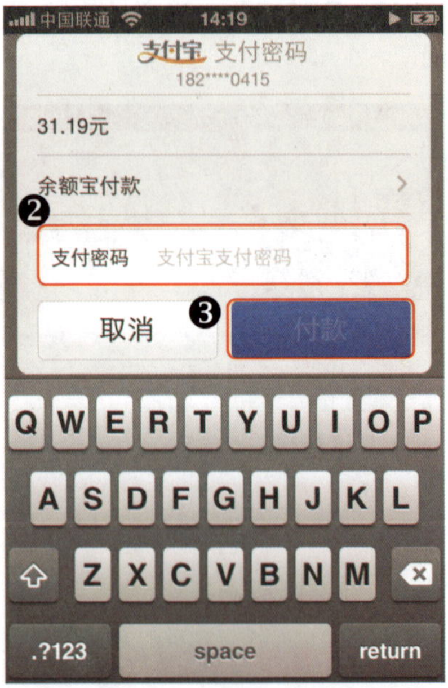

您知道吗 手机网银支付

当我们在网上购物时，有两种方法可以付款，一种是支付宝付款，另一种是网银直接付款。对于新手，支付宝里面往往是没有钱的，所以要使用网银付款。

5.3 微店的订单管理

卖家登录微店，单击“订单管理”模块，里面包含“待处理订单”、“未付款订单”、“已完成订单”、“已关闭订单”等功能，同时还有一个“搜索”功能。在本节中我们就来详细介绍这些功能。

5.3.1 待处理订单

待处理订单就是买家已经付款的订单，需要卖家处理并发货。买家已经付款的订单信息，微店会自动发短信到卖家手机上，提醒卖家尽快处理。

第 1 步：进入微店模块栏目后，单击图标进入订单管理页面，❶ 单击“待发货”按钮，如下左图所示。

第 2 步：跳转到“订单详情”页面，❷ 单击“发货”按钮，如下右图所示。

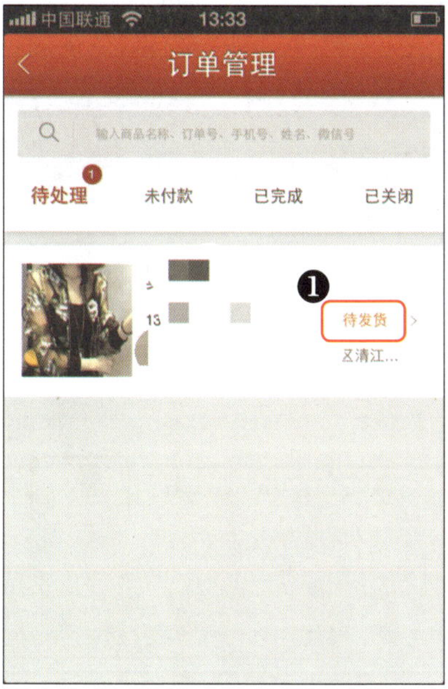

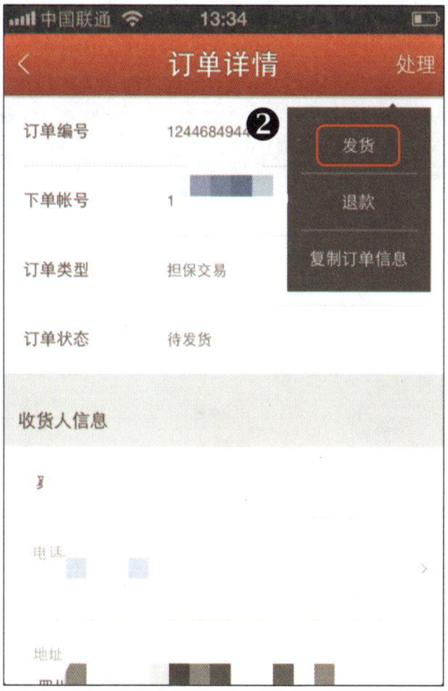

第 3 步：发货方式有两种，一种是“快递”，另一种是“无须物流”，如下左图所示。

第 4 步：❶ 如果选择快递方式发货，❷ 扫描快递单号，❸ 选择相应的快递公司，❹ 单击右上角的“发货”按钮即可发货，如下右图所示。

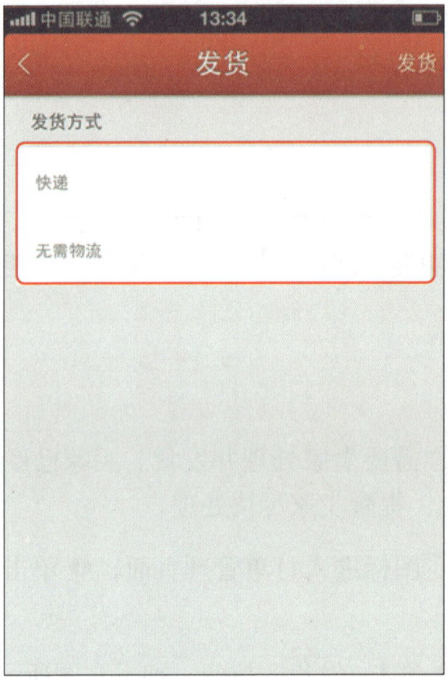

第 5 步：完成发货，如下图所示，单击“提醒买家”按钮可提醒买家注意查收包裹。

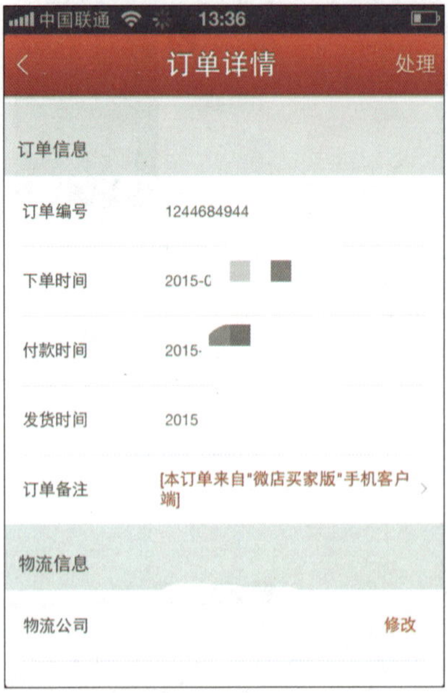

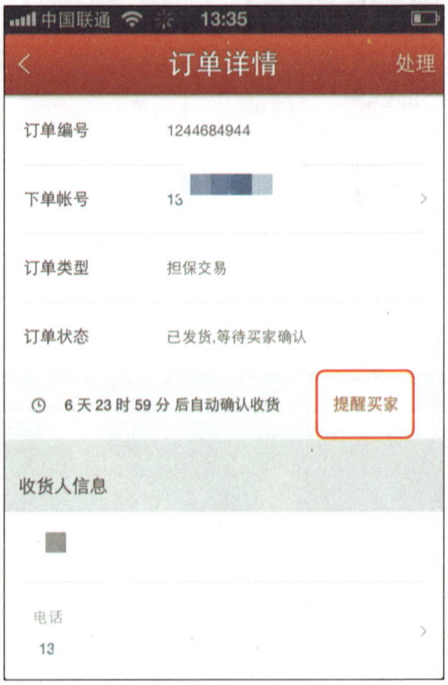

您知道吗 **什么是无须物流方式发货？**

因为微商属于熟人的圈子，买家有可能是卖家的朋友或附近的人，所以卖家有可能不需要联系快递公司发货，而是自己把货送给买家。这时就可以单击“无须物流”按钮来处理待处理的订单。

5.3.2 处理已完成的订单

当店主成功处理所有的“待处理订单”及“未付款订单”后，这些订单就会自动更新为“已完成订单”。订单虽已完成（如下左图所示），交易却刚刚开始。店主需要在第一时间发货，之后还要积极关注发货情况。万一顾客没有收到货物，向店主询问，店主却一问三不知，很容易使顾客产生不满情绪。

作为店主，一定要对顾客的货物运输情况了如指掌，即使顾客不主动询问，也要将物流情况及时反馈给顾客，从而增加顾客对店铺的信任。店主可以下载快递追踪软件，随时随地对商品物流进行查询。

如果顾客询问的是其他问题，则需掌握顾客的基本情况以便回答。这时候，店主可以使用微店“订单管理”中的“搜索”功能（如右下图所示），迅速掌握顾客的基本情况。具体操作为：在“搜索”框里输入顾客的姓名、手机号或微信号，找到相应顾客的订单信息，单击任意一个订单，就会显示该订单目前的状态。无论顾客有什么疑问，店主都可以及时为顾客进行解答。

订单管理在经营店铺中起着十分重要的作用，通过订单管理，店主可以及时了解订单的最新情况，根据不同的情况进行处理。

另外，即使店主不在线，微店平台也会将订单信息以短信形式及时发送到店主的手机上。也就是说，无论何时何地，店主都可以通过手机轻松掌握店铺所有订单的信息。因此，要想让自己的微店生意红火，就必须好好掌握订单管理的各种技巧。

您知道吗 需要了解的已关闭订单和未付款订单

- 已关闭订单：对买家拍下一天仍未付款的订单，微店就会自动将其转到已关闭订单里面。所以，如果卖家没有及时处理未支付的订单，可以到已关闭订单界面查看。对于那些没有填写完整收件人信息的已关闭订单，可以不管。但是对于那些已经填写了完整收件人信息的订单，卖家应该主动联系，询问买家未支付的具体原因。
- 未付款订单：未付款订单其实也需要卖家及时处理，尤其是已经填写了完整的收件人信息的未付款订单。卖家填写了完整的收件人信息，就说明买家非常愿意购买，只是还没有付款，可能是在某个环节出了问题。这时候，卖家应该主动联系该买家，询问原因，帮助解答。

5.4 微店的售后服务

微店的售后服务包含快件跟踪、退换货处理、商品维修、商品使用调查、服务期限及微店铺的交易保障等。在本节中我们就详细介绍这部分知识。

5.4.1 微店的售后服务包含 5 大板块

笔者认为，相对于售前服务而言，顾客更看重店铺的售后服务，他们觉得这才能真正体现店主的服务水平。这里有必要了解一下微店售后服务的 5 大板块。

1. 快件跟踪

当商品发出后，为保证顾客在规定的时间内收到包裹，店主需要关注物流信息，对快递包裹进行及时跟踪，并及时把物流信息反馈给顾客。

当出现意外状况时，更要在第一时间通知顾客，并对意外情况进行处理，争取让顾客在最短的时间内收到商品，从而避免投诉甚至退货的发生。

2. 退换货

谈到售后服务，就不得不面对退换货问题。7 天无理由退换服务将在 5.4.2 节单独介绍，这里我们说的是不包含在这一服务项目的商品退换货问题。

一般来说，当商品出现质量问题时，店主应该无条件给予退换货，由此产生的运费也应该由店主承担。如果是其他原因导致的退换货，需经买卖双方先进行协商，然后按协商结果处理。

3. 商品维修

当顾客收到商品，发现商品因故障无法使用时，大多会立刻联系店主。收到此类反馈后，店主一定要在第一时间安排相关维护人员前往维修。

在这里，店主需要注意：交易之前，务必要在售后服务条款中说清楚，当商品出现哪种故障或者问题时，店铺可以负责维修，同时还要标明维修的时间期限。

4. 使用调查

进行商品使用调查，除了能够帮助买卖双方实现及时有效的沟通，解决顾客遇到的各种疑问，还能够帮助店主全面了解顾客的用户体验及其需求，同时发现在商品的整个使用过程中所存在的一些问题，以便及时改正。

对于顾客在商品应用技术或者质量方面提出的问题，店主也一定要积极回复，这同样是售后服务中的重要工作内容。这些问题能够为微店日后的销售改进工作提供许多参考。

5. 售后服务期限

由于微店经营的商品种类不同，售后服务期限也各不相同。一般来说，由店主根据商品的保质期及使用情况自行决定，一般都是 1 至 2 个月。总之，售后服务条款越详细，以后和顾客发生纠纷的可能性就越低。

5.4.2 重视微店的交易保障

随着网上购物的流行，微店的兴起也让不少人轻松圆了自己的“开店梦”。因此，以微店作为交易媒介的各大行业商品生意也迅速盛行起来。微店的交易有哪些保障呢？在本节中将会详细介绍。

1. 全场正品

全场正品是指所有微店出售的货品，均由厂家和批发商直接供应，质量有保障。所有商品均缴纳了保证金，以保障质量和货期。每个微店售出商品后，由供应商 1 件代发，推广佣金自动打到微店主的账户中。

2. 7 天包退

微店出售的商品存在任何质量问题，承诺 7 天包退，以保障消费者的权益。

3. 担保交易

消费者通过支付宝把货款打到微店平台，当消费者验货后，再通知微店平台放款给对应的供应商。这就保障了消费者资金的安全。因为在验货前，供应商还没有拿到货款。

卖家开通担保交易有助于吸引陌生买家下单，提高销售额。下面介绍开通担保交易的方法。

进入“我的微店”，单击店铺头像，进入店铺设置页面，选择“担保交易”选项，按页面提示即可开通，如下图所示。

中国联通
10:07
店铺设置
店铺等级
店铺二维码
商品展示方式
按上架时间展示
运费设置
默认运费 ￥10.00
货到付款
未开通
七天无理由退货保障
未开通
担保交易
已开通
微信支付
已开通

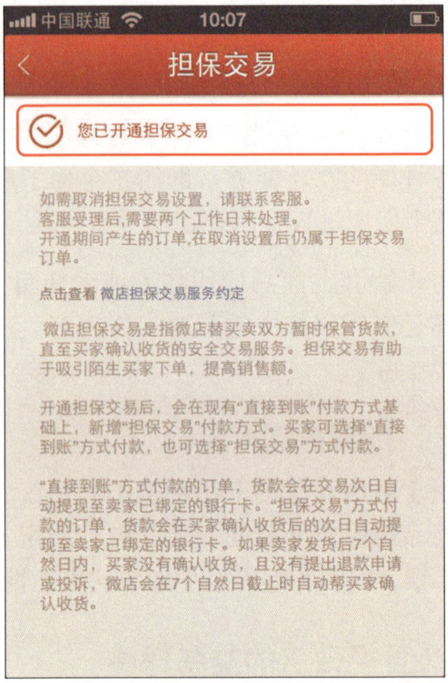
中国联通
10:07
担保交易
您已开通担保交易
如需取消担保交易设置，请联系客服。
客服受理后,需要两个工作日来处理。
开通期间产生的订单,在取消设置后仍属于担保交易订单。
点击查看 微店担保交易服务约定
微店担保交易是指微店替买卖双方暂时保管货款，直至买家确认收货的安全交易服务。担保交易有助于吸引陌生买家下单，提高销售额。
开通担保交易后，会在现有“直接到账”付款方式基础上，新增“担保交易”付款方式。买家可选择“直接到账”方式付款，也可选择“担保交易”方式付款。
“直接到账”方式付款的订单，货款会在交易次日自动提现至卖家已绑定的银行卡。“担保交易”方式付款的订单，货款会在买家确认收货后的次日自动提现至卖家已绑定的银行卡。如果卖家发货后7个自然日内，买家没有确认收货，且没有提出退款申请或投诉，微店会在7个自然日截止时自动帮买家确认收货。

您知道吗　如何关闭担保交易

关闭微店交易需要联系客服。这里需要注意的是，在开通担保交易期间产生的订单，取消担保交易后仍属于担保交易状态，在关闭该功能后 7 天内不允许再次开通。

4. 退 / 换货规则

承诺微店商品如有质量问题，自产品售出之日（以快递签收日期为准）起 7 日内退货，15 日内换货（不含客户个人喜好等原因）。顾客可在线提交返修申请或者与微店平台客服中心联系，办理退换货事宜。

总之，售后服务对于微店的销售工作来说同样重要。售后服务绝不仅仅是挂在店主口头上的一句用来搪塞顾客的空话，而是应该认真履行的承诺。

经验与实战分享

前面给初学者介绍了相关知识的应用，下面给微店新手介绍一些感悟和技巧。

主题 01　设置货到付款

对初次逛我们的微店、对我们不是十分了解的买家，货到付款是很有必要的。因为微店是一个新生事物，买家还不太习惯用手机支付，也不太放心，而且对我们又没有足够的信任。另外，对一些比较特殊的商品，也比较适合货到付款。例如，卖水果时，一般情况下，买家看到送过去的水果后才会付款。可以设置“货到付款服务费”，因为快递公司一般要收取一定比例的代收款手续费，这个费用是由我们承担还是由买家承担，由我们自己决定。

主题 02　一键导出订单

订单不多时，在手机上直接处理即可。但如果订单达到一定数量，或者需要他人代为发货时，微店“订单管理”中的“一键导出订单”功能就可以发挥作用了。下面我们就来看看如何一键导出订单。

1. 登录微店网页版

要想一键导出订单，微店主需要登录微店网页版才能完成。首先，在网站上搜索“微店网页版＋微店平台名”并单击它，便可进入微店登录页面。

2. 进入微店

在微店登录页面，微店主需要输入自己的手机号码，单击“下一步”按钮，输入密码之后，就可以进入自己的微店了。

3. 一键导出订单

在微店“一键导出订单”，具体操作方法如下。

（1）一键导出订单

进入微店之后，单击“订单管理”按钮，进入订单管理页面。如果想要导出订单，就需要选择订单日期，并从已付款、未付款、已发货、已关闭这 4 种订单中选择需要导出的订单类型。然后，单击“导出”按钮，就会弹出下载页面。设置下载信息在电脑中的保存位置后，就可以单击“下载”按钮了。下载完成后，订单信息就会以 Excel 表格的格式保存到电脑中。

（2）处理导出的订单

对导出的订单，如果是已完成订单，那么店主可以直接以 Excel 表格的形式，快速打印快递单，以便发货。其中，如果需要别人代为发货，也可将打印出来的快递单发送给对方，以便对方发货。

除了已完成订单之外，店主还可以导出待处理订单、未付款订单及已关闭订单，以便进行相关的客户管理和分析。

主题 03 以“礼”悦客

购物时，如果我们幸运地获得了一份小礼物，是不是很开心？是不是下次要买东西时，也会优先想到这家店？基于现实的原因，微店主也可以向顾客赠送礼物，小礼物虽然不值钱，却可以让人感受到重视和关心。

要在合适的时间送合适的礼物，唯有这样才会给顾客留下深刻的印象，得到顾客的喜欢。以下给出几条建议，微店主可以结合自己的实际情况，把握送礼的时机。

1. 给新顾客送欢迎礼

当新顾客第一次在店里下单后，店主如果能送上一份小礼物表示欢迎，一定会让新顾客感到很开心。下次要购物了，脑海里第一个出现的很可能就是你的店铺。

2. 为老顾客送生日礼

结识新朋友，不忘老朋友。对顾客也是如此，要新老兼顾。老顾客过生日时，就是联络感情的最佳时机了。这时候，店主可打电话或在线留言送上自己的祝福，同时附赠一份小礼物。相信老顾客收到礼物后，一定会倍感惊喜。

且不说礼物的轻与重，单说这份心，就足以让人十分感动，随之而来的自然是老顾客对店主和店铺的加倍信任和忠诚。

至于送什么礼物，店主平时要多用点心思。例如，在老顾客生日临近时与他聊聊天，了解他的心愿。围绕对方的心愿送个小礼物，要比普通的小礼物效果好很多。

3. 送节日礼

过节送礼是中国人的传统。每逢佳节，顾客到店消费时，店主都可以附赠一份小礼物。至于送什么，要根据不同的节日来选择。这些小礼物会让顾客感到店主的用心和体贴之情，自然对店主更有好感。

4. 周年庆送纪念礼

在进行周年店庆的时候，向每位来消费的顾客赠送一件小礼物，如购物袋、日历、小闹钟、雨伞等，这些都能加深顾客对店铺的印象与好感。通过这些小礼物，店主除了把自己的喜气分享给顾客之外，还能将感恩之意传递给顾客。

您知道吗　微店主可以定制专属货卡

在一些重要节日到来时，可以挑选几个重要的客户进行专属贺卡的发送。根据客户的特点进行别出心裁的文字策划，花点心思。在人与人的相处之中，而且还是在一个虚拟的网络空间中，当你对别人真情相待，回报你的也会是真情。假设微店的受众主要是女性，那就抓住女性的特点——感性。在编写文字时配以感性的话语，背景音乐采用抒情的基调来煽情。笔者曾经将这样的货卡发给几个女性客户，过后的成交率非常可观。笔者曾问过她们：是什么促成了这次成交？她们说，其实她们对笔者的信任度比对产品的信任度高，而且她们从没想过笔者会如此用心地赠送如此与众不同的礼物。

本章小结

本章详细介绍了如何对微店铺进行管理，首先对微店的购买流程进行了讲解，随后对微店的付款方式进行了介绍，其中包括微信支付和支付宝钱包支付，最后介绍了微店的订单系统及微店的售后服务等知识。

微信，看看怎么用

第6章

本章导读

移动互联网的快速发展，给予传统媒体营销从业者巨大的营销舞台，以及展示自己营销思想与才情的机会。留意周边，随时随地都能发现使用微信的用户。微信作为新型电子商务产业的兴起，给不少企业、个人开辟了营销渠道。在本章中将会详细介绍微信的使用知识。

知识要点

通过本章内容的学习，读者能够了解微信账号的申请及微信的正确使用方法。学完后能够掌握的相关技能和知识如下。

- 微信的营销常识
- 微信的多个功能
- 朋友圈的使用技巧
- 微信消息的发送技巧

中国移动 4G
13:49
朋友圈
橘色大花小蝙蝠袖真丝雪纺上衣，微透，里面需要打底。均码，衣长52cm胸围84cm，91128～浅绿色高档蕾丝包裙，S'M码，S裙长56cm腰围68cm，120148～
2天前
波点上衣两件套配吊带，白色浅蓝色，均码衣长58cm胸围108cm，102340～。拼色纯棉半身裙，黄色边和橘红色边两色，SM码，S裙长51cm腰围64cm，95548～

中国移动 4G
14:08
位置
发送
金沙遗址博物馆
腾讯地图
[位置]
青羊区金沙乔力花园内(锦西路南)
金沙遗址博物馆
四川省成都市青羊区青羊大道227
金沙
四川省成都市青羊区金沙
蜀风花园城
四川省成都市青羊区金沙遗址路8
燕沙庭院

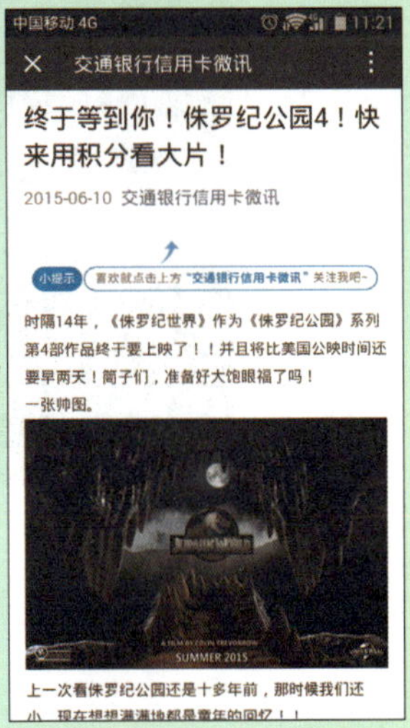

中国移动 4G
11:21
交通银行信用卡微讯
终于等到你！侏罗纪公园4！快来用积分看大片！
2015-06-10 交通银行信用卡微讯
小提示
时隔14年，《侏罗纪世界》作为《侏罗纪公园》系列第4部作品终于要上映了！！并且将比美国公映时间还要早两天！筒子们，准备好大饱眼福了吗！
一张帅图。
SUMMER 2015
上一次看侏罗纪公园还是十多年前，那时候我们还

6.1 微信营销的基本常识

微信是微商的主要营地，要充分利用微信累积信用、做大品牌，然后利用微商独特的碎片化特性持续地影响客户，在这个持续过程中不断产出效益。

因为我们的微信中聚集了一群信任度高、相互了解的朋友，所以成为口碑营销的最佳场地。微信朋友圈的高关注度和高转发率，为营销提供了快速发展的机会。虽然有人反感朋友圈营销，但如果用得恰当，能给他人带来知识和乐趣，甚至带来好处，那么他人也会欣然接受。

6.1.1 申请微信账号

微信是与手机号、QQ 号捆绑的一个手机端即时聊天软件，可以通过网络快速发送语音短信、视频、图片和文字，支持多人群聊。微信分为网页版和手机版，通常是在手机上使用。首先我们需要申请微信账号，具体操作方法如下。

第 1 步：❶ 单击下方“注册”按钮，如下左图所示。在手机端下载并安装微信后，启动微信软件，

第 2 步：❷ 设置昵称并上传微信头像，❸ 输入手机号码，设定微信的登录密码，❹ 单击“注册”按钮，如下右图所示。

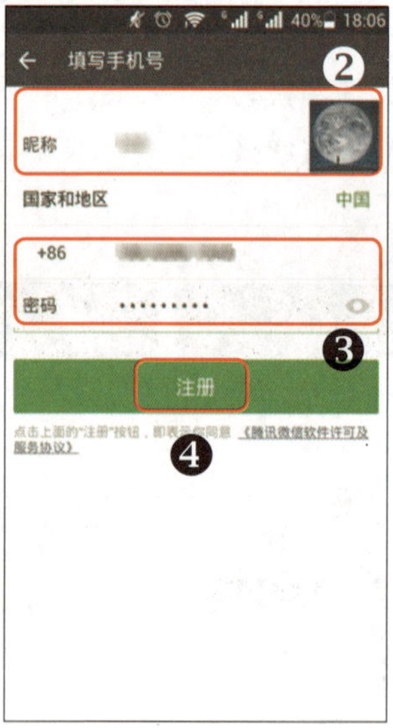

您知道吗 **微信手机版与网页版的区别**

目前，微信有手机版和网页版两种，两者区别如下。

- 网页版微信的通讯录和聊天记录在同一个界面中，而在手机版中需要上翻。
- 网页版需要手机登录微信后才可以使用。
- 网页版只有常用的文字和语音聊天功能，且没有朋友圈功能。

第 4 步：弹出“确认手机号码”提示面板，确认无误后，单击“确定”按钮，如下左图所示。

第 5 步：此时，微信平台会对手机号进行验证，如下中图所示。验证时间很短，同时手机也会收到注册微信验证短信的提示。

第 6 步：❶ 输入验证码，❷ 单击“下一步”按钮，即可完成微信账号的注册，如下右图所示。微信账号注册成功，就会进入微信的注册成功界面。

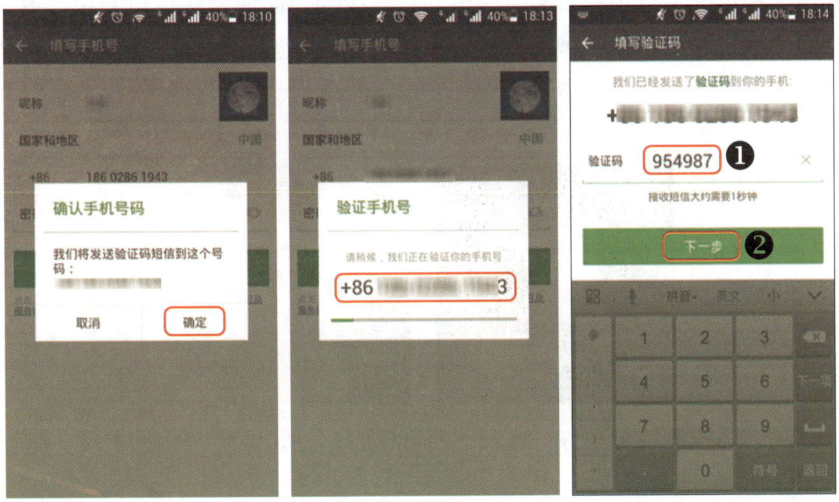

您知道吗 **微信账号的登录技巧**

如果我们拥有 QQ 号，可以直接使用 QQ 号登录微信。若不想使用 QQ 号，可以使用手机号码进行快捷注册。只要选择自己所在的国家，然后填写手机号码和登录密码即可。注册成功后，我们就将拥有一个微信账号，使用此账号可以直接登录。

6.1.2 微信账号的定位与设置

在微信营销过程中，不管是开设账号还是撰写文字，所有的活动一定要围绕着我们的核心信用和品牌来开展，这样才能达到树立品牌、产生效益的目的。

1. 账号的定位

作为微商，决定做某个产品时，必须就给自己虚拟一个与产品对应的形象，也就是我们所说的微信账号名称。这样，每次在与客户交流时，就会润物细无声地将自己的形象标签映入客户的脑海中。

在体现形象时，我们不仅要丰满他的性格，而且要丰满他的血肉。单是名字说服力不够，还需要一些场景去丰满他的个性，让形象更立体。例如，我们从“新肌达人”的微信账号中，可以了解此微商经营的产品主要是护肤方面的，使用其产品后能让肌肤如新生婴儿般白嫩。

2. 头像的选择

头像如封面，可选项非常多，一般建议选择与产品或者账号相关联的图片，同时也不能忽略美感。人是视觉动物，在不是特别生硬、有一定美感的情况下，图片可以与产品相关联，如下左图所示的护肤、化妆品微商头像，以及如下右图所示的婴儿奶粉微商头像。

这里我们选择的头像最好与账号名称相呼应，让形象更加贴近定位，更加吸引眼球。

3. 个性签名

我们在编写个性签名时，一定要将广告植入得深一点，把自己所要展现的东西与当今的流行趋势结合在一起，这样才能使商品显得新颖，引人关注。不应拘泥于传统形式，要有创新的理念。有位名人说：“成功的微信营销，是用微信引起共鸣，同时让别人觉得这不是广告，还很有趣。”这样才能使自己的产品得到客户的信任。如下图所示为两位微商的个性签名。

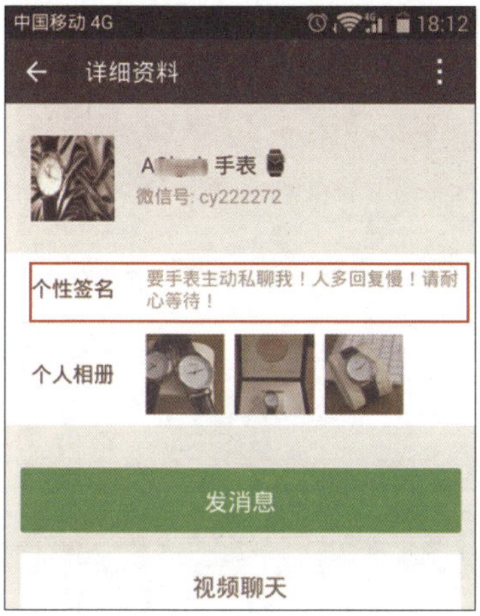

6.2 微信的多个商机入口

微信丰富多样的功能使其比传统的短信、QQ 的沟通方式更加灵活和智能，所以微信推出后，很快就得到了众多用户的青睐。微信改变了人们的社交方式，丰富了社交网络，在营销领域也蕴含着巨大的商业价值。这里主要介绍微信的几个功能及隐藏在其背后的商机入口。

6.2.1 扫一扫

扫一扫功能是微信 2012 年推出的，并向第三方应用开放了应用程序编辑接口。现在，微信不仅可以扫描二维码，还可以扫描快递单号、海报封面、街景及单词等。

在微信中，用户可以通过“扫一扫”功能来添加朋友、关注公众号、查询产品信息、搜索附近街景信息等。商家利用二维码功能，设置属于自己的二维码，可以让更多用户关注自己。使用“扫一扫”功能扫描二维码和封面，具体操作方法如下。

第 1 步：进入微信界面，❶ 单击下方的“发现”图标，❷ 在该页面单击“扫一扫”选项，如下左图所示。

第 2 步：默认进入“二维码 / 条码”扫描状态，将需要扫描的二维码放置到二维码扫描框中，即可对该二维码进行扫描，如下右图所示。

中国移动 4G 14:37
微信
朋友圈
扫一扫
❷
摇一摇
附近的人
漂流瓶
购物
游戏
❶
微信
通讯录
发现
我

中国移动 4G 14:42
二维码/条码
将二维码/条码放入框内，即可自动扫描
扫码
封面
街景
翻译

第 3 步：扫描完成后，会显示所扫描用户的详细资料，单击下方的“关注”按钮，如下左图所示。

第 4 步：此时，即可关注该用户，并接收该用户发送的消息，如下右图所示。

中国移动 4G 14:43
详细资料
好耕农业
功能介绍
好耕健康厨房是好耕集团下致力于提供,健康、安全、绿色、快捷的食品的品牌,品牌崇尚着亲近·生态的理念,提供"从田间到餐桌"的全产业链食品服务模式.
帐号主体
成都市好耕农业有限公司
客服电话
400-849-0029
查看历史消息
查看地理位置
关注

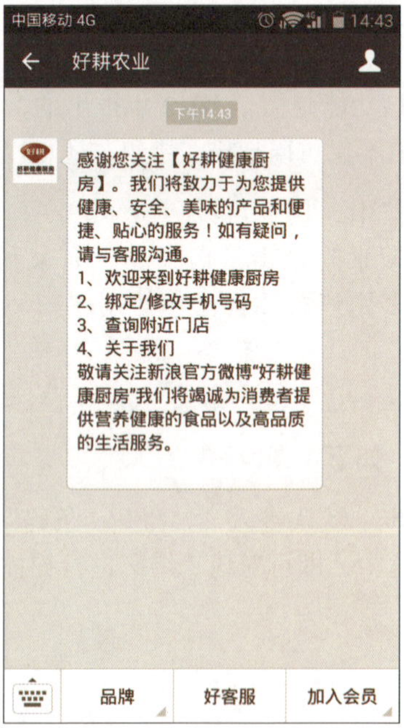

中国移动 4G 14:43
好耕农业
下午14:43
感谢您关注【好耕健康厨房】。我们将致力于为您提供健康、安全、美味的产品和便捷、贴心的服务！如有疑问，请与客服沟通。
1、欢迎来到好耕健康厨房
2、绑定/修改手机号码
3、查询附近门店
4、关于我们
敬请关注新浪官方微博"好耕健康厨房"我们将竭诚为消费者提供营养健康的食品以及高品质的生活服务。
品牌
好客服
加入会员

第 5 步：在“扫一扫”页面中单击下方的“封面”图标，将商品封面放入封面框中进行扫描，如下左图所示。

第 6 步：扫描完成后，自动进入该商品主页，会显示商品的属性及各大网上商城中该商品的价格等，如下右图所示。

6.2.2 摇一摇

“摇一摇”是微信推出的一个随机交友应用，通过摇晃手机可以匹配同一时段使用该功能的微信用户，从而增强用户之间的互动。

“摇一摇”是移动社交的新方式，极大地丰富和拓展了人际关系平台。在手机上使用微信“摇一摇”功能，微信会将用户的地理位置暴露给周边的人，如此一来，只要微信用户希望自己被搜索到，就可以与周边的人形成社交网络，扩展商机。

使用“摇一摇”功能搜索微信用户，具体操作方法如下。

第 1 步：在微信的“发现”页面单击“摇一摇”选项，默认进入“摇一摇”中的“人”状态，如下左图所示。

第 2 步：摇动手机，系统会自动搜索同一时间段摇晃手机的用户，并在界面中显示出来，单击用户图标，如下右图所示。

第 3 步：打开该用户的“详细资料”页面，❶ 单击“打招呼”按钮，如下左图所示。

第 4 步：❷ 输入消息内容，❸ 单击“发送”按钮，如下右图所示。待对方通过认证后，即可与之交流互动。

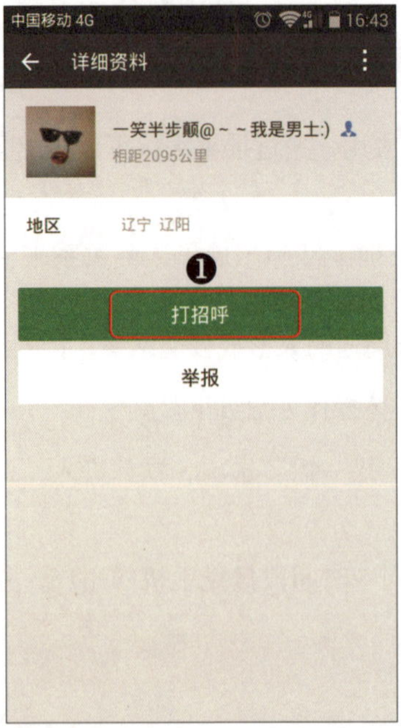

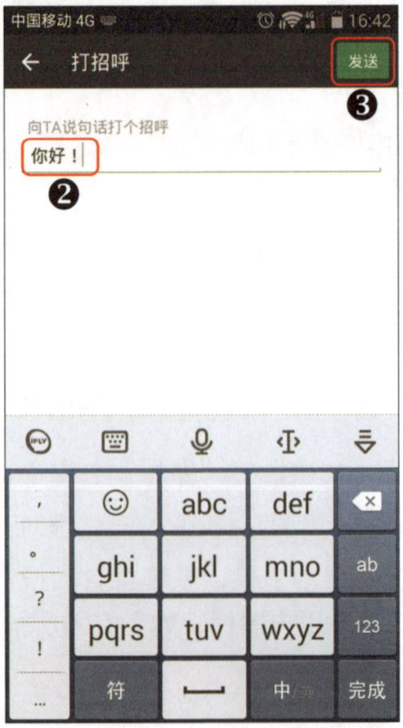

您知道吗　**“摇一摇”还可以识别正在收听的歌曲和正在收看的电视节目**

在“摇一摇”的页面下方单击“歌曲”图标，接着摇晃手机，微信系统会自动识别听到的声音，然后播放该音乐；若单击“电视”图标，接着摇晃手机，微信系统会自动识别听到的电视节目，然后播放该节目。

6.2.3 附近的人

“附近的人”是微信 2011 年 8 月推出的 LBS 社交功能，通过该功能，微信用户可以找到自己所在地理位置附近开启本功能的人。此项功能的推出带来了微信用户数量的一次大爆发。

签名栏是腾讯产品的一大特色，用户可以随时在签名栏里更新自己的状态，自然也可以打广告，但只有自己账号的联系人或者好友才能看到，而微信中基于定位服务的功能“附近的人”，可以使更多陌生人看到这种“强制性”的广告。

通过“附近的人”功能，用户可以找到身边的微信用户。如果附近微信用户足够多，微商就可以充分利用这个功能免费打广告。

通过“附近的人”功能与他人打招呼，具体操作方法如下。

第 1 步：在微信的“发现”页面单击“附近的人”按钮，进入“附近的人”页面，系统会提示用户可以查看附近的人并留下地理位置信息。❶ 单击“开始查看”按钮，如下左图所示。

第 2 步：此时，系统会弹出提示面板，提示使用该功能会获取用户的位置信息。❷ 单击勾选“下次不提示”复选框，❸ 单击“确定”按钮，如下右图所示。

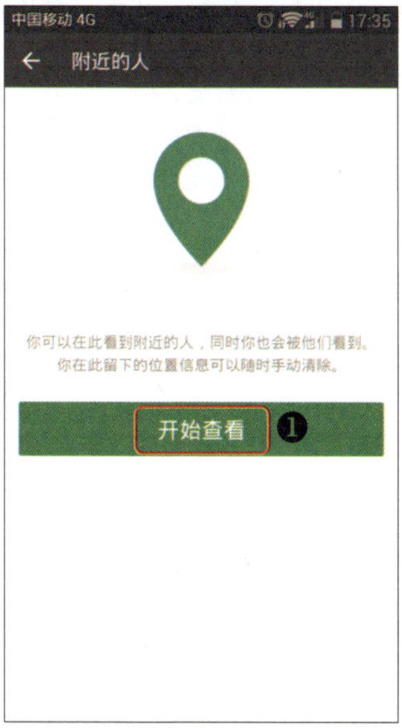
中国移动 4G
17:35
附近的人
你可以在此看到附近的人，同时你也会被他们看到。
你在此留下的位置信息可以随时手动清除。
开始查看
1

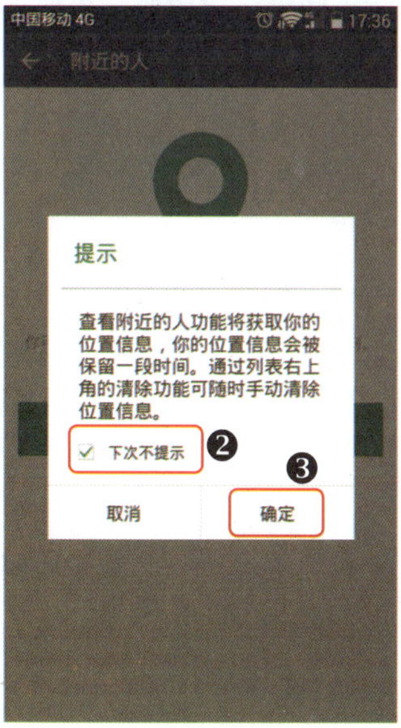
中国移动 4G
17:36
附近的人
提示
查看附近的人功能将获取你的位置信息，你的位置信息会被保留一段时间。通过列表右上角的清除功能可随时手动清除位置信息。
下次不提示
2
3
取消
确定

第 3 步：此时系统会显示出附近的人及他们与自己的距离。❶ 单击目标对象的头像，如下左图所示。

第 4 步：进入该对象的“详细资料”页面，❷ 单击“打招呼”按钮，如下右图所示。对方通过验证后，即可与之交流互动。

6.2.4 漂流瓶

微信中的“漂流瓶”和 QQ 邮箱中的“漂流瓶”功能与操作模式几乎是一样的，不同的地方在于，微信“漂流瓶”可以通过语音消息发送。微信“漂流瓶”是从 QQ 邮箱移植过来的一款应用，移植到微信上以后，“漂流瓶”基本保持了原始、简单、易于上手的风格。

“漂流瓶”会随机推送信息、文字、语音或视频。它的主要功能有“扔一个”和“捡一个”。

- “扔一个”：用户可以发布语音或者文字，然后将其投入“大海”中，如果有其他用户“捞”到，就可以展开对话。
- “捡一个”：从“大海”中用户投放的无数个“漂流瓶”中捞起来一个，捞到后也可以和对方展开对话，但是每个用户每天只有 20 次捡“漂流瓶”的机会。

扔一个漂流瓶出去，捡一个漂流瓶回来，具体操作方法如下。

第 1 步：在微信的“发现”界面单击“漂流瓶”按钮，❶ 进入“漂流瓶”页面，单击下方的“扔一个”图标，如下左图所示。

第 2 步：❷ 进入“写漂流瓶”页面，可以输入文字或录入语音，❸ 完成后单击“扔出去”按钮，如下右图所示。

第 3 步：在“漂流瓶”页面单击下方的“捡一个”图标，此时，系统进入“大海”，可随机捞取“漂流瓶”。单击“打开瓶子”按钮，如下左图所示。

第 4 步：查看瓶中的内容，单击“回应”按钮进行回复，如下右图所示。

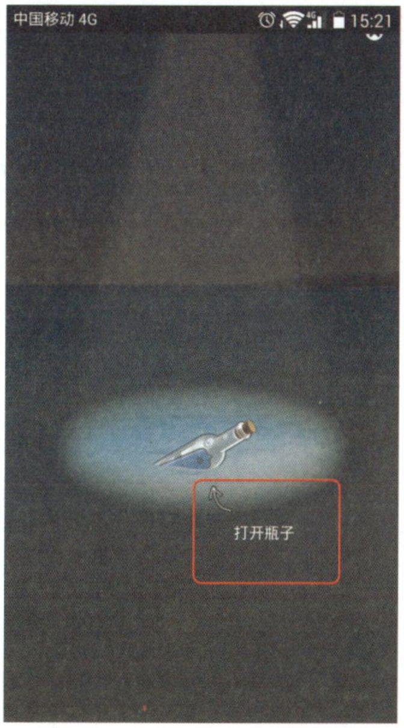

您知道吗　还可以使用微信“购物”功能售卖商品

在“发现”界面中单击下方的“购物”图标，卖家可以在微信中上传自己的商品，买家则通过微信购物功能在其主页上搜索要购买的商品。这对于卖家来说无疑是营销的绝佳渠道。

6.3 朋友圈的应用

微信朋友圈是腾讯微信的一个社交功能，用户可以通过朋友圈发表文字和图片，同时通过其他软件将文章或者音乐分享到朋友圈。用户可以对好友新发的状态进行“评论”、“赞”及分享操作。

6.3.1 朋友圈内容发布有讲究

对于微商来说，朋友圈就像一个市场，产品能不能第一时间吸引顾客注意、受到顾客的喜爱，就看怎么“叫卖”了。所谓的“叫卖”就是指发布产品信息。在这里，主要介绍一些撰写朋友圈内容的经验，以帮助微商打造精彩、吸睛的产品信息，快速获得关注。

1. 标题主旨新颖

若是发布文章式的内容，那么标题就是必不可少的部分。可以说，一篇文章能否吸引关注，首先要看标题是否吸引人。因此，我们在写标题时要突出核心词、热点词等，让无心的用户从题目中看到这篇文章可以为其带来哪些好处，从而激发用户的兴趣。

2. 内容要注意原创

有些人在朋友圈中发布产品信息时，常常会直接复制厂家提供的内容。要知道，这种死板、没有新意的内容很容易引起好友的反感，久而久之就有可能陷入被好友屏蔽的局面。所以，要多写原创的、高质量的、新颖的内容，少抄袭。

3. 内容要图文并茂

一般来说，在一段文字后搭配图片可以为读者带来更好的阅读感受，如下左图所示。如果文字比较多，要注意分段，用一些可爱的符号进行引导，尤其是那些带有标题的内容，使用符号可以缓解读者的阅读疲劳，有助于读者快速浏览全文，如下右图所示。一篇文章如果能够让读者浏览完毕，并快速了解内容宗旨，就算是成功了。

中国移动 4G 13:49
朋友圈
橘色大花小蝙蝠袖真丝雪纺上衣，微透，里面需要打底。均码，衣长52cm胸围84cm，91128～浅绿色高档蕾丝包裙，S'M码，S裙长56cm腰围68cm，120148～
2天前
波点上衣两件套配吊带，白色浅蓝色，均码衣长58cm胸围108cm，102340～。拼色纯棉半身裙，黄色边和橘红色边两色，SM码，S裙长51cm腰围64cm，95548～

中国移动 4G 12:09
朋友圈
饭前一颗净颜梅
健脾开胃防积食..
饭后一颗净颜梅
脂肪垃圾不吸收..
夜宵一颗净颜梅
排油排毒不长肉..
钰盈堂净颜梅 你今天吃了"梅"..
收起
你"中毒"了吗？
1小时前
分享了一个链接
大妮儿棒棒哒

4. 内容具有专业性

在现今这个网络越来越发达的时代，人们对电商、营销等事情更加注重专业性。因此，无论在微信上介绍什么产品，我们都要注意讲究专业性，尤其是在介绍产品功效、特点、用法等方面。

朋友圈
【护肤秘籍！】女人的第一道皱纹长在夏天，夏季的高温对皮肤具有极大的杀伤力！有研究表明：暴晒10分钟，皮肤会早衰10天；无论工作还是家里，有空调伴随入睡的你，皮肤更是缺水！夏季不好好保养，你的皮肤会衰老3年！别让自己老的太快！68%的人长出第一道皱纹。就是夏天不护肤！爱美女性朋友，夏天来啦，请不要放弃护肤
收起

朋友圈
解
【下午学】
女人是水做的
1、真皮层缺水 -皱纹、松弛、毛孔粗大..
2、基底层缺水 -代谢不畅，长斑点..
3、颗粒层缺水 -折射紫外线功能丧失..
4、角质层缺水 -敏感、粗糙、吸收差..
照照镜子，看看你的皮肤哪里缺水了
收起

5. 内容具有使用价值

内容要简洁、明了。微信毕竟不是万能的应用平台，所以在朋友圈发中布内容时，要避免枯燥、冗长的内容，而是要用简洁、活泼的语言来编写内容。一般来说，文章的字数在 300~500 字为宜。内容要有一定的互动性、趣味性，容易引起读

者思考。

图要精选。如果是根据文字来配图，要注意图片的相关性。如果只是用图片来装饰版面，那么图片的选择余地就比较大了。在选择图片时，我们要注意一些细节，一般来说，底色深的图片、夜景、明星图、精致的手绘图等更容易获得关注，如下左图所示。

推送时间要合适。一般来说，白天比较适合推送产品活动信息，11 点至 12 点、16 点至 18 点等都是适宜的时间段，晚上则比较适合阅读，可以推送一些具有娱乐性、亲和力和生活气息的内容，20 点至 22 点是较为适宜的时间段，如下右图所示的产品推送时间为 17 点 18 分。

中国移动 4G 17:21
朋友圈
【植美村防晒】....大黑牛
李晨......植美村防晒，能有效阻挡7小时紫
外线，防水防汗防晒三效合一！怪不得李晨
说他录制跑男时都用植美村呢！今天老板心
情好，买植美村198元防晒套盒，送价
值299的防晒衣，别问为什么，思埠就是这
全文
昨天
: 我想要红色
分享了一个链接

中国移动 17:20
朋友圈
思埠活动日 今天是黛莱美代言人
秦岚的生日，祝秦岚姐生日快乐，只
要396即可获得两盒黛莱美+98牛逼美容
仪器一个再加98黛莱美洁面乳一盒+姨妈
巾一盒~~~思埠史上最强活动，还不快
行动？机不可失，失不再来，买贵我退
全文
2分钟前
视觉最新出品

6.3.2 发布朋友圈

在朋友圈中推广产品信息时，我们经常会用到图片、图文、纯文本等格式。发布“图片 + 文字”的产品宣传资料至朋友圈，具体操作方法如下。

第 1 步：在微信的“发现”界面中单击“朋友圈”选项，❶ 进入“朋友圈”页面，单击右上方的📷图标，❷ 在打开的面板中单击“照片”命令，如下左图所示。

第 2 步：❸ 进入“图片”页面，在手机图库中选择所需的图片（也可以现场拍摄照片），❹ 单击“完成”按钮，如下右图所示。

第 3 步：❶ 输入文字内容；❷ 单击右上方的“发送”按钮，如下左图所示。

第 4 步：返回“朋友圈”，即可查看到自己发布的动态消息，如下右图所示。

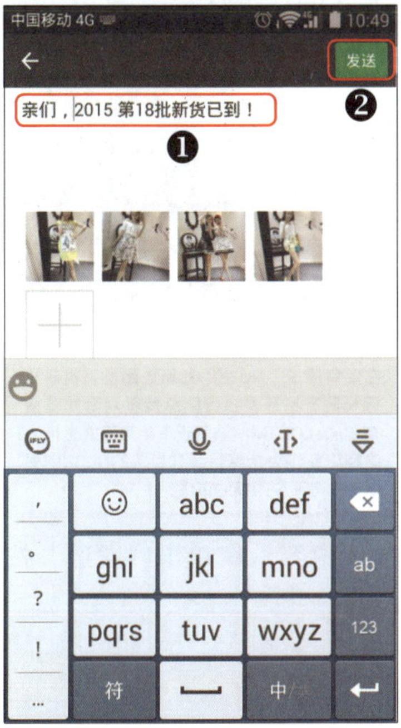

您知道吗　朋友圈也可以只发纯文字和小视频

在“朋友圈”页面的右上方长按◎图标，进入“发表文字”页面，输入文字内容，单击“发送”按钮即可。

在单击◎图标后打开的面板中选择“小视频”命令，可以拍摄视频发布到朋友圈。

6.3.3 分享内容

看到朋友圈内他人发出的某些有价值或有意义的信息时，我们可以将该内容分享到自己的朋友圈，供好友查看与了解，具体操作方法如下。

第 1 步：进入“朋友圈”页面，❶ 单击需要分享的内容的链接，如下左图所示。

第 2 步：打开该链接，❷ 单击右上角的⋮图标，❸ 在打开的面板中单击“分享到朋友圈”命令，如下右图所示。

中国移动 4G
11:17
朋友圈
昨天香港思埠与郑明明的发布会刚结束，吴大今天又紧赶着回来参加下午的2015广东品牌创新大会，牛逼的几个人的讲述，演讲，无一例外，都提到了，8090后的崛起，再次改变着这个时代，其实我们才是这个时代的主角了！今天老吴说了一句话，我
全文
昨天
分享了一个链接
这是我的供应商，如新中国将是最大的市场。
❶
ageLOCTM精油即将上市NUSKIN如新 正式进军中国精油市场
昨天
分享了一个链接

中国移动 4G
11:18
腾讯新闻
②
发送给朋友
分享到朋友圈
收藏
③
复制链接
在浏览器中打开
分享到手机QQ
Aa 调整字体
ageLOCTM精
如新 正式进军
2015-07-16
中国经济的持续发
层和拥有强大消费
妆品，特别是基础
求精。精油产品凭
松身心、缓解压力
功效，成为这个群
统计，精油市场在
个化妆品市场的3
1%。由此推测，
大。
在此背景下，NUSKIN如新集团首席科研执行长暨产品开发执行副总裁曾润海郑重宣布，ageLOCTM精油将于下半年正式上市。这标志着作为全球抗衰老巨头的NUSKIN如新正式进军中国精油市场。

第 3 步：进入消息发送页面，❶ 输入描述内容，❷ 单击“发送”按钮，如下图所示，即可成功分享至自己的朋友圈。

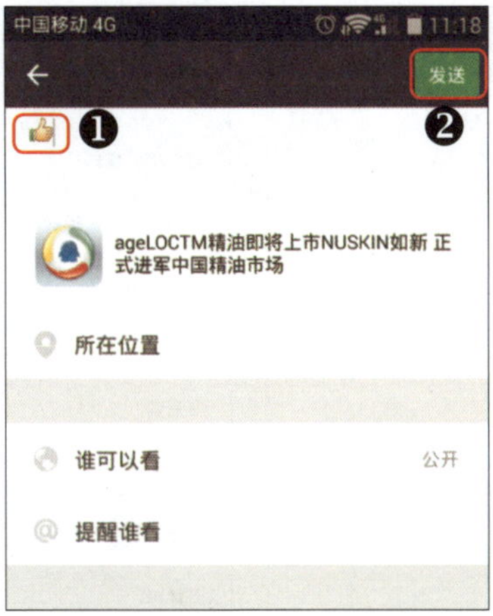

您知道吗　通过点赞、评论与圈内好友互动

在微信朋友圈中，点赞、评论好友的动态也是很好的互动方式。我们在点赞的同时，配以恰到好处的评论，很容易提升自己在好友心中的好感度，间接为产品的营销打下基础。

6.4 微信的应用

微信的聊天交流方式与 QQ 大致相同，也包括文字聊天、语音聊天、发送图片等，这里讲述微信的几个特殊应用。

6.4.1 群发消息给精准好友

有时候，我们会因为需要，将一条消息发送给多个微信好友。此时，为了避免一个一个发送，可以考虑使用群发助手，具体操作方法如下。

第 1 步：在微信首页下方单击“我”图标，在打开的页面中单击“设置”选项，❶ 在“设置”界面中单击“通用”选项，如下左图所示。

第 2 步：进入“通用”页面，❷ 单击“功能”选项，如下右图所示。

第 3 步：进入“功能”页面，❶ 单击“群发助手”选项，如下左图所示。

第 4 步：进入“功能设置”页面，群发助手已经开启。❷ 单击“开始群发”命令，如下右图所示。

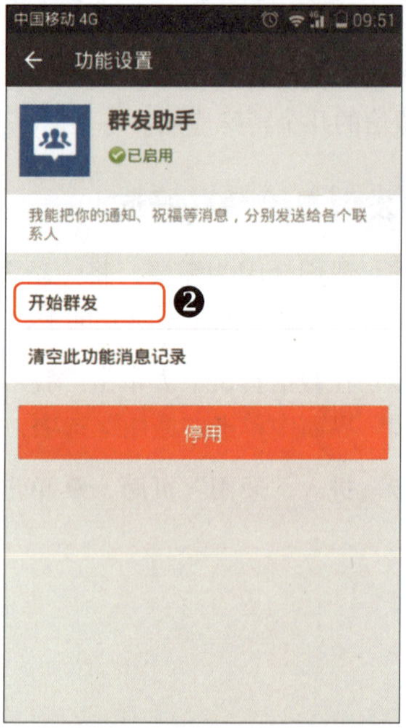

第 5 步：❶ 单击“新建群发”按钮，如下左图所示。

第 6 步：❷ 单击勾选接收消息的微信好友，❸ 完成后单击“下一步”按钮，如下右图所示。

第 7 步：此时，会显示即将收到消息的多个好友的名称。❶ 输入消息内容，❷ 单击“发送”按钮，如下图所示。

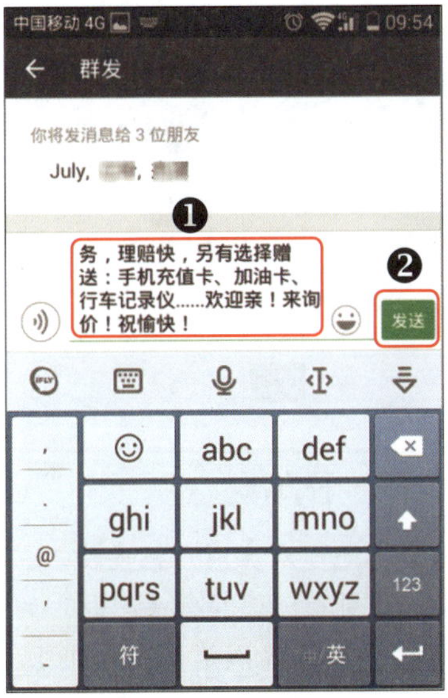

您知道吗　复制与粘贴文字内容

大部分软件有复制与粘贴功能，在微信中同样可以。在需要复制的文字内容处长按，即会弹出选择面板，单击“复制”命令，在目标位置处长按，会显示出“粘贴”字样，单击“粘贴”命令即可。

6.4.2 在群聊中快速“@”某人

“@”功能在微博上我们可能经常用到，这个方便的符号也可以用到微信群聊上。在微信群聊中快速呼叫某个好友，具体操作方法如下。

第 1 步：❶ 在群聊中长时间按住需要精准呼叫的某个好友的头像，消息框中将自动出现“@ XXX”，如下左图所示。

第 2 步：❷ 输入消息内容发送，如下右图所示。

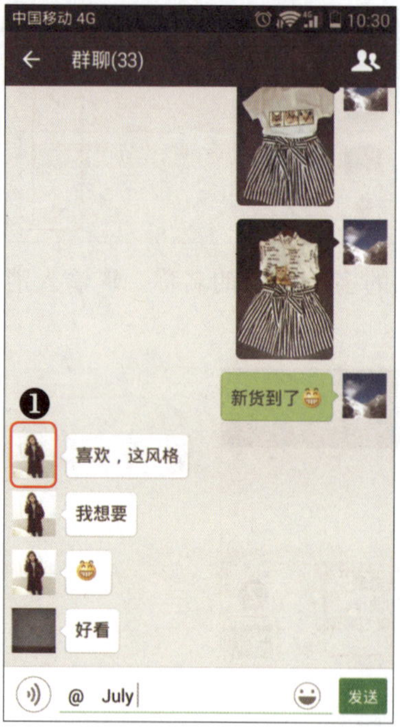
中国移动 4G
10:30
群聊(33)
新货到了
❶
喜欢，这风格
我想要
好看
@ July
发送

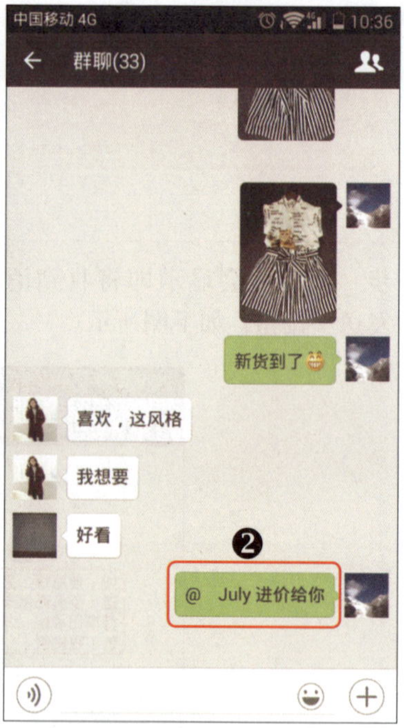
中国移动 4G
10:36
群聊(33)
新货到了
喜欢，这风格
我想要
好看
❷
@ July 进价给你

您知道吗　快速“@”某人的另一种方法

在微信群聊中，还可以在消息框内输入“@”符号，界面会直接跳转到“选择回复人”页面。选择需要“@”的好友，回到聊天页面，消息框中将显示“@XXX”，输入消息内容即可。

6.4.3 修改“我”的位置

在推送产品美图信息时，如果可以附上自己所在的地理位置，那么获得同城好友的关注往往会变得更容易一些。灵活修改朋友圈中“我”的位置，具体操作方法如下。

第 1 步：在微信首页通过“发现”功能进入“朋友圈”页面，❶ 单击右上角的“相机”图标，❷ 在弹出的提示面板中单击“照片”命令，如下左图所示。

第 2 步：从手机中选择要发送的图片，❸ 单击下方的“所在位置”选项，如下右图所示。

中国移动 4G
15:31
朋友圈
1
韩国原单。专柜品质，条纹荷叶边袖宽松上衣，复合面料，袖口的荷叶边有点像绸缎那种感觉，有点亮丝，均码。高级进口棉荷叶边背带裙，设计独特，面料柔软很舒服，透气，均码。条纹T衣长57cm胸围92cm背带裙长74cm，肩带长度可调节，腰围70cm弹
全文
照片
2
小视频

中国移动 4G
15:33
发送
这一刻的想法...
所在位置
3
谁可以看
公开
提醒谁看

第 3 步：❶ 此时，界面中会出现当前地理位置，可以根据自己的情况选择相应的位置（也可以单击右上角的“放大镜”标志，输入自定义地理位置名称），如下左图所示。

第 4 步：❷ 选择好后，单击右上角的“发送”按钮，如下右图所示，自己的地理位置就会显示在朋友圈的下方。

经验与实战分享

前面给初学者介绍了相关知识的应用，下面给微信营销新手分享一些感悟和技巧内容。

主题 01 换机同步聊天记录

正在微信上与顾客谈生意，手机却提示电量不足，当务之急就是换一部手机继续谈。为了交流能够顺利进行，可以将一部手机上的聊天记录转移到另一部手机上，以保证聊天顺畅、内容无遗漏，具体操作方法如下。

第 1 步：❶ 在“微信”首页下方单击“我”图标；❶ 在该页面中单击“设置”选项，如下左图所示。

第 2 步：❷ 进入“设置”页面，单击“聊天”选项，❸ 在“聊天”页面中单击“聊天记录备份和恢复”命令，如下右图所示。

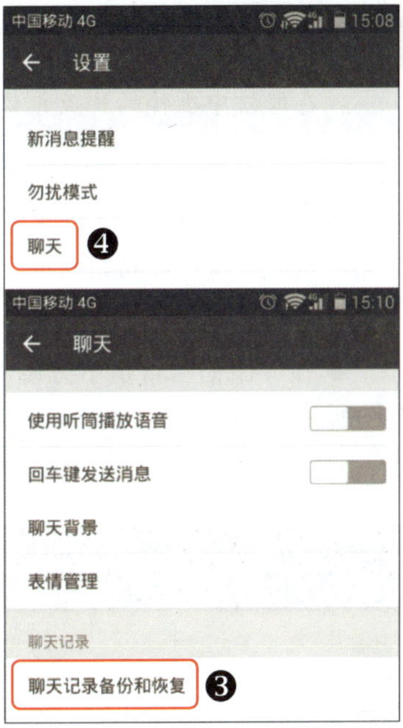

第 3 步：在打开的页面中单击下方的“通过云端迁移”命令，如下左图所示。

第 4 步：单击“开始备份”命令，即可备份当前微信账号中的聊天记录，如下右图所示。在另一部手机上登录本微信账号，单击“开始恢复”命令即可。

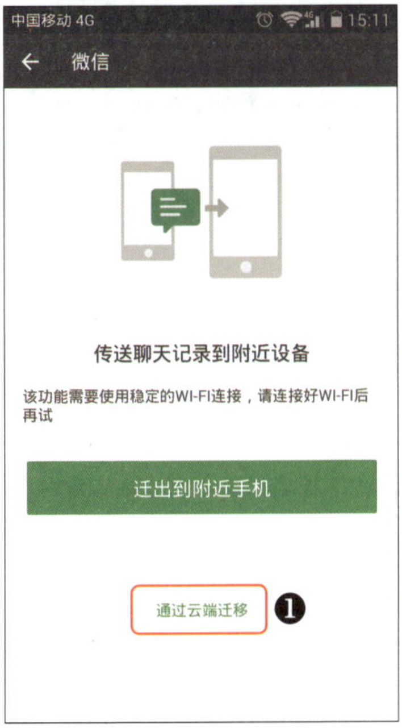

您知道吗 **备份的聊天记录是有保存期限的**

在微信中上传的聊天记录在云端只能保存 7 天，过期将自动清除。

主题 02 更改共享位置

在微信上，我们不仅可以将自己的地理位置分享给好友，还可以随时更改位置，以便对方查看，具体操作方法如下。

第 1 步：❶ 在“微信”首页下方单击“通讯录”图标，❷ 选择要分享位置的好友，如下左图所示。

第 2 步：❸ 在该好友的“详细资料”页面单击“发消息”按钮，如下右图所示。

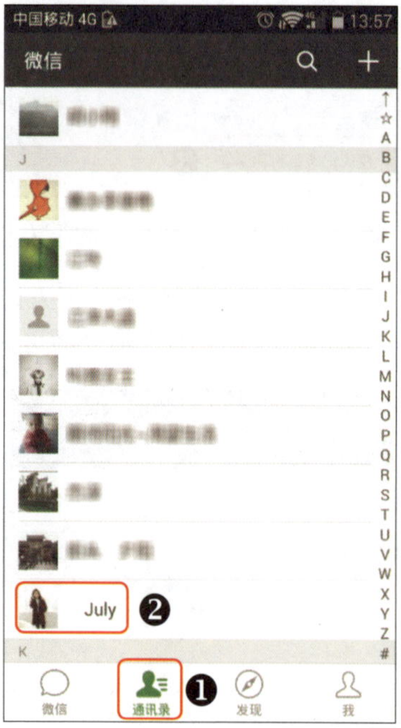

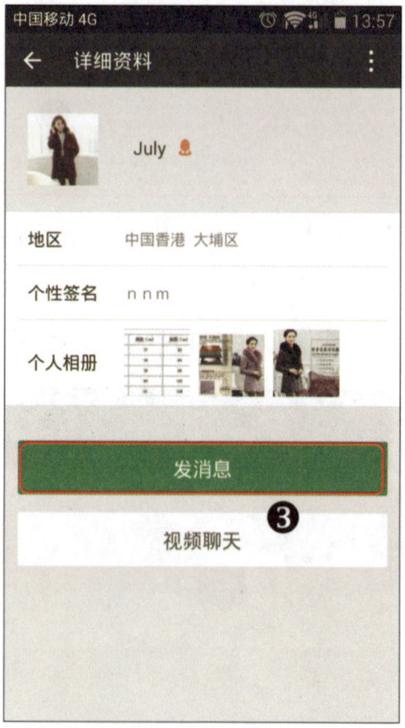

第 3 步：进入聊天界面，❶ 选择界面中的⊕图标，❷ 在打开的面板中单击“位置”标志，❸ 在弹出的提示面板中单击“发送位置”命令，如下左图所示。

第 4 步：进入“位置”界面，❹ 通过移动地图中的定位点来选择新的位置（也可以在下方的附近位置列表中选择），❺ 单击“发送”按钮即可，如下右图所示。

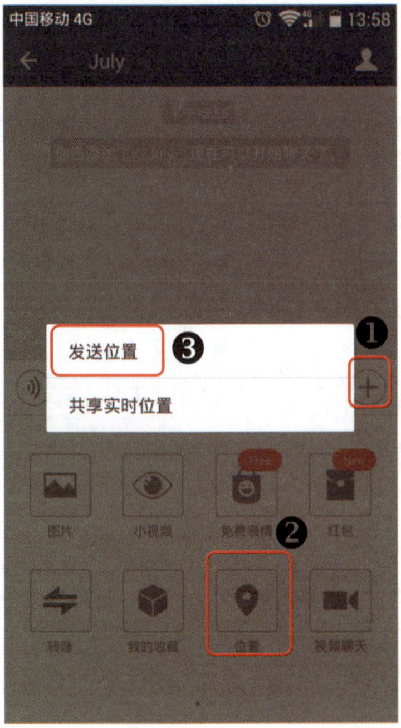

主题 03　微信加粉的有效方法

使用微信推广产品时，建议对越是熟悉的人越要用“加粉”的思路去操作，也就是说，越是熟悉的朋友我们越要主动出击。常用的方法有以下两种。

1. 用 360 手机助手同步通讯录

在用 360 手机助手同步通讯录的过程中，一个账号只能同步 100 个手机号码。如果我们有 10 个微信号，在操作第一个账号的时候清空通讯录，然后同步 100 个手机号码，打开微信同步软件识别这 100 个号码，然后将这 100 个人中开通微信的好友“加粉”。一天“加粉”30 ~ 40 个是比较安全的，通常情况下这样操作不会被屏蔽。100 个号码能加多少加多少，加完之后先退出——一定要记得退出登录。

退出登录之后，在打开第二个微信账号时，如果已经登录了也没关系，如果还没登录就要打开飞行模式，切换 IP 地址，然后重复操作前面的步骤。需要注意的是，第一个账号“加粉”完成之后，登录微信之前，要清空手机通讯录，然后重新同步通讯录，登录第二个微信账号时再识别另一个手机号码，这样就可以识别多个手机号码。这种方式对比其他的方式，最大的好处就是可以获得部分精准客户。

2. 微信群“吸粉”

“吸粉”是一种被动的操作方式。因为双方互不认识，所以我们需要给对方发送一条有关我们的信息，然后利用这条信息触动他，让他觉得有价值，获得他的认可之后关注我们的主账号。这个过程就叫“吸粉”。针对“吸粉”，又可以分为线上和线下两种。“吸粉”的最终目的其实就是产生裂变以达成交易。

我们没办法将具有同样特性的目标用户（如容易疲劳的人群）集中在一个微信群，但是我们可以通过社会地位、消费习惯和性别筛选出具有某一特性的人群，首选社会地位比较高的微信群。什么是社会地位比较高的微信群？例如，高尔夫球友会，这种群组的社会地位相对高一点。但并不是说我们要找一个高尔夫球友会，而是说我们要利用自己的关系去挖掘，尽可能搜集质量比较高的微信群，然后调动资源进入微信群。当然，进入这些微信群需要一个噱头。这个噱头是什么呢？就是我们要对自己进行包装，用互联网的语言来说就是“格调”。如何提高格调很重要。

第一步是用学到的东西武装自己，让别人觉得我们很专业、很牛。我们可能只是一个大学生，但是为了提升格调，打入圈子，从这一刻开始我们要给自己贴一个“导师”的标签，因为我们确实学到了一些“干货”，对没有学过这些内容的人来说，我们已经可以当他们的老师了。哪怕只是分享几个要点，对他们来说都是有帮助的。接下来我们就要保持这种领先性，不断地丰富和建立“导师”这个“形象”，最终打响自己的名声，这样就回到了我们前面提到的个人品牌形象。只要稍加经营，我们就会是这个方面的专家了。

第二步就是撬动这个微信群的资源。前提是提升自己，等提升到一定程度后，就可以找到很多跳板，或者有很多人会主动联系我们，这样就达到了加群的目的。得到一个高质量的微信群之后，无非就那么几点：要么成为这个群里的“明星”，要么成为这个群里的活跃分子，要么成为这个群里的价值贡献分子，然后制造话题，调动气氛。

您知道吗　线下同样可以吸粉

实体店也可以自己做微商，自己开店铺，然后利用微商思维积累客流量。

主题 04　微信营销的误区

当今时代，微信营销受到越来越多人的欢迎，各行各业都希望通过微信营销达到预期目的。在这种蜂拥而至的状况下，很多使用微信营销的用户往往走入营销误区，最终适得其反。对营销的误区，有以下几方面总结。

1. 过分依赖微信营销

现在是一个多元化的时代，线上营销需要配合线下营销。同样，微信营销也不能仅靠微信来完成营销的全部过程。微信营销应结合视频营销、软文营销、电话营销等一系列营销手段达到想要的效果。毕竟各种营销方式都有它们的特点，只有运用一系列的营销组合，才能使微信营销更有威力。

2．内容做得像宣传单一样

创作内容只有一个目的，就是获取更多粉丝的关注。如果每一篇文章后面都有很多推销广告，就是没有照顾他人的感受，更别希望他人将内容再次分享到朋友圈中了。

朋友圈里都是我们的朋友和家人，我们分享什么样的内容，朋友就会怎样看待我们。要想更好地使用微信营销，请先打造完美阅读的体验，放弃所有推销用语，不要将营销内容变成广告宣传单。

3．不考虑读者的感受

用利益促使读者分享文章，分享就可以得到免费的赠品，这是一个错误的选择。微信朋友圈里都是熟人，想用利益达到分享的效果很难，因为如果我们分享的内容都带有广告的性质，那么即使朋友会看，也不会进行二次宣传。一定要注意，不要用自己的熟人圈子肆意传播广告，这样做会让我们失去很多朋友。站在读者的立场，考虑他们的感受，我们创作的内容就会得到更多人的无私分享，获得更多的关注。

4．不重视粉丝的质量

围绕微信粉丝的灰色产业链非常红火，各种微信“加粉”软件满天飞，价格在100~10000 元的软件都有。但是研究过营销的用户就知道，只有目标客户才能对商家产生价值，成交的 80% 取决于顾客对产品需求的强度。所以，购买再多的客户都没有价值和意义，重视粉丝数量的同时更要重视粉丝的质量。只有高质量的粉丝才能带来价值，才能真正转化为利润。

5．频繁发布内容

频繁发布内容的做法很常见，就是看见好内容立刻连续发布。对于这种“刷屏”行为，不管消息内容如何，别人都会觉得很烦。

遇见好的内容可以存起来，最好将其整合成自己的内容。要善于利用收藏夹，当没有什么内容可发时再转发。每天发布的内容尽量控制在 5 条以内，这样可以与受众保持较长的“蜜月期”。在发微信时，最好将相近的内容穿插发送，不要每天发送雷同的内容，让受众觉得单调。

6．消息内容编辑不到位

很多人除了看消息标题之外，更关注的是图片，因为图片表达直接、受众面广，而且比文字更易于传播。微信用户在编辑内容时用图片将文字一段一段分开，多用一些与内容搭配或者相互衬托的图片，一定会为内容添色不少。

另外，微信用户在编辑内容时插图必须要有规律，一段一幅，不要一会儿一段一幅，一会儿两段一幅，这样看起来会比较杂乱。

本章小结

本章详细介绍了微信的使用，先讲解了微信账号的申请和设置，然后介绍了微信的应用及朋友圈的有效利用等，最后总结了使用时应注意的方法与技巧，促使微信营销达成。

第7章

微信，产品“神推广”

本章导读

微信作为时下最热门的社交信息平台，也是移动端的一大入口，正在演变成为商业交易平台，其对营销行业带来的颠覆性变化开始显现，微信商城的开发也随之兴起。微信商城是基于微信而研发的一款社会化电子商务系统，消费者只要通过微信平台，就可以得到商品查询、选购、体验、互动、订购与支付的线上线下一体化服务。

知识要点

通过本章内容的学习，读者能够利用微信来推广自己的微店，需要掌握的相关技能和知识如下。

- 粉丝团的建立方法
- 打造个人品牌的方法
- 公众平台的注册与应用
- 发展代理商的技巧

7.1 拥有被信任的粉丝团

我们开微店，最核心的是一定要有一批信任我们的粉丝，正所谓“没有关系就没有买卖”。原因在哪里呢？我们需要先分析一下用户一般是在什么情况下购物的，然后才能有针对性地进行宣传推广。

7.1.1 在亲友推荐后决定购买

相对来说，现在人们相信广告的不是很多，但对亲友的推荐却非常信任。多个调查数据显示，社会化媒体是影响现代消费者购物决策的关键因素。我们可以来看国外的一些调查数据。

- 当消费者从自己的朋友那里了解到某个品牌后，会驱动他们以平常情况下 2 倍的意愿与该品牌接触，4 倍的意愿想去购买该品牌。
- 50% 左右的消息者认为网络上的正面评论会促使他们更愿意去当地的实体店消费。
- 70% 左右的消费者相信在线评论如同亲友们的亲自推荐。
- 60% 左右的消费者会因为网上的正面评论而对该企业和品牌有信心。
- 95% 左右的消费者会根据在线评论而购物，发现在线评论是正确的。
- 在消费阶段，有 50% 左右的用户会到微博看评论。
- 80% 左右的消费者在第一次光顾某餐厅前会上网查询餐厅的信息，更有 90% 左右的人会根据网上对餐厅的评价来决定是否前往。

也有不少数据指出，我国内地社交媒体粉丝最为活跃，并在很大程度上影响着消费。

我国内地拥有全球数量最多、最活跃的社交媒体，社交媒体对我国消费者购买决定的影响比其他国家和地区更大。

7.1.2 在看到广告后决定购买

以前，电视、报纸、网络、电梯间、地铁、高速公路、电线杆等地方充斥着各种广告，因为商家们都知道，很多人是看到广告之后才购买的。但是，现在这个情况发生了一些变化，人们已经不太相信传统的电视、明星代言、报纸等广告，更别说街头广告和传单了。

有数据显示，实际上，单一的广告已经很难起到较大的作用了。笔者曾看到网上一段引发无数转载的“吐槽”：“为什么我喝雪碧没有水从我背后淋下来啊？为什么我喝伊利奶没有变帅啊？为什么我吃德芙没有黑丝绸飘来飘去啊？为什么穿特步也没有飞一般的感觉啊？”

虽然广告效果越来越不好，但现在的广告费却越来越贵了。例如，在淘宝上做广告，一个点击平均要 3 ~ 4 元，对于一些比较热门的关键词，要 10 多元，甚至更高。而通常情况下，30 多次点击才可能产生 1 次成功的交易。也就是说，通过广告产生一次交易行为，需要 100 多元的广告费。这样算下来，在淘宝上做广告基本上是得不偿失的。

当然，请的明星越大牌，广告的呈现平台越高，用户就越信任。但是，笔者不认为开微店的人有这个必要和这个实力去做这样的广告，而且很可能没有什么效果。因为就算通过广告的方式告诉别人你的微店在哪里，别人来你的微店后也不一定真的会购买。

所以，做微店不适合花巨资去打广告，而发传单之类的小广告别人又无法信任。不要想着通过广告的方式把微店做起来，不管是大广告还是小广告，都不要做。

7.1.3 在明确需求后决定购买

家里没有米煮饭了，跑到超市去买袋米。先逛书店，记下书名，然后到网上去买书。也就是说，用户明确想好了要买什么，才会去网络购物平台搜索一下再买。

笔者曾看到过一个数据：淘宝网 40% 以上的订单来源于搜索。也就是说，淘宝是“搜索购物”的。其实不仅是淘宝，包括天猫、京东、当当等都是“搜索购物”的。有人会逛街购物，但很少有人会通过逛淘宝、京东、当当等直接购物。

如果消费者搜索的东西恰好在你的淘宝店里有，也不代表他就会在你的店里购买，除非他所要的东西只有你的店里有。但说实话，现在什么商品是独有的呢？同一商品很多淘宝店都在卖，那就得拼价格。所以说，现在的淘宝店并不像我们想象中那样轻松赚钱。

但是微店不一样。微店甚至没有一个集中展示所有微店店铺商品的平台，如果非得说有的话，那就是如下图所示的“口袋购物”。但如果你想让买家下载一个“口袋购物”的手机应用，在上面搜索需要的商品，然后到你的微店里来买，这绝对是一件不太靠谱的事。

这样看来，虽然用户无法搜索到微店和里面的产品，但是微店主还是应该知道购买行为背后的真正需求是什么。这可以让微店主好好定位自己的商品，明确知道自己的微店是卖什么的，并且也要让用户知道。这样的话，一旦用户在微店产生过购物行为，而且体验尚好，就有可能形成路径依赖。也就是说，以后用户凡是想要购买同一类商品，他首先想到的可能就是你的微店。

而如果你的微店里的产品类别较多，或者没有主推产品，用户就无法对你的产品产生认知。说得学术一点，你的微店没有抢占用户的心理，也就是没有在他的脑海里占居一席之地。

7.1.4 信任粉丝很重要

微店主应该怎么做？就是要积累粉丝，把粉丝当朋友。只要你把粉丝当朋友，粉丝自然就能够感受到你的用心，就会对你产生信任。有了信任你的粉丝，微店看起来的那些缺陷，如没有办法搜索、没有商品评论等，都不是什么问题。

也可以说，这是“口袋购物”故意所为，是他们对移动电商深刻理解之后的决定。例如，微店没有办法搜索，对微店主来说或许是一件好事——用户就不需要花时间通过搜索去比价。当用户真的货比三家时，你的商品在价格上其实很难有优势。

微店没有商品评论或许也是好事。现在的商品评论又有多大的真实性呢？如果你的微店里的商品确实好，你需要的其实不是用户在你的微店里评论，而是在自己的社交媒体上评论。这种评论往往更为真实，这就是真正的口碑相传。

微店虽然没有商品评论，但是微店极其重视社交媒体。所以，做微店不要只盯着微店。哪个人愿意一天到晚在店铺里流连忘返呢？但却有数亿人每天在社交媒体上活跃着。现在的人越来越离不开手机，似乎手机就是生命里不可缺少的一部分。

所以，要认真运营社交媒体，客户都是从社交媒体上引来的，把微店当做一个交易平台、一个支付页面就好。其实，哪怕没有微店，只要有信任你的粉丝，有粉丝需要的产品，照样可以把产品卖给粉丝。

7.2 通过个人品牌吸引粉丝

将微店做大做强，就需要有粉丝。那么粉丝从哪里来呢？例如，微博中粉丝最多的肯定是明星或一些专业人士。同理，微店想要拥有大量粉丝，也得有个人品牌。在今天这个网络时代，尤其是移动互联网时代，我们可以借助网络工具积累个人品牌，特别是一些主流的社交媒体工具。

7.2.1 打造个人品牌

在社交媒体平台上发布微店的链接或产品信息，不一定会有很多人去关注与了解。要通过这些社交媒体平台，把自己打造成某个领域的名人。这个“名人”的意思不是大家都知道的名人，而是成为粉丝眼中的名人，也就是说，让粉丝知道你。一句话，让粉丝认可你的个人品牌。

有了社交媒体，想打造个人品牌非常简单，就是坚持分享高质量的内容，也就是所谓的“干货”。这个内容的表现形式最简单的就是文章，也可以是语音、视频、图片等。

千万不要以为你打理了自己的社交媒体平台，你的粉丝自然就会知道你。如果你整天发布产品和微店链接，不但不是在打造个人品牌，甚至是在毁坏自己的形象，别人会直接把你“拉黑”。不是说不可以发布关于微店的内容，也不是说不能转载别人的文章，而是要更多地把自己亮出来，把自己的名字、自己的生活、自己的观点和自己的特长亮出来。

7.2.2 学习、分享、互动

如果找到了自己的兴趣点，就要把握时间，充分利用一切资源学习，专注学习，坚持学习。因为在学习的同时，可以把所学内容分享到社交媒体平台。也就是说，你不必等到变成专家再运用社交媒体平台打造自己的个人品牌，因为我们等不起。打造个人品牌，至少需要一年时间，千万别奢望“一夜爆红”。

其实你只要在某个领域稍微比你的粉丝多知道一点，更专业一点就可以了。仔细观察一下网络上的知名人士，就会发现大多数出名的人都专注于某个特定的方向，所以，一定要把精力和时间放在最擅长的地方，别分心，专注，坚持。

如果你发现自己没有什么专长的话，就去找一个自己感兴趣的领域；如果你有感兴趣的领域，就在这个领域里不断学习进步，自然就能成为这个领域的专业人士。如下图所示是成熟的卖家在派代网上分享的经验与技巧。

Paidai 派代
微电商 上派代
转让 淘宝天猫店
评估 网店价值
网店 低息贷款
中国最大 网店交易平台
前往电商学院
手机派代
注册
登录
微博登录
QQ登录
直通车
首页
论坛
商道
招聘
活动
我的首页
2015年会
论坛
5个选款技巧，让你卖的比别人多10倍！
CK韩国女装 昨天 19:07 1525 9
+ 收藏 8
淘宝天猫
女装
选款
起点已经决定了终点，选款就错了，所有的努力都会打水漂。
如果转化低，买家吐槽，回购率低，不能留驻老客户。原因就是选款错了。
而如果你选对款，你就发现，转化率超高，口碑回头客都有了。
所以，要卖的比别人更多更快，下面5个女装选款技巧你必须懂。
1：选时尚款，不选基本款。
基本款是拼品牌，拼实力的店铺做的，基本款特色不明显，买家要么在意价格，要么在意品牌。如果你的价格和品牌还不够强的话。最好避开基本款竞争选择时尚款。
2：时尚款选择关注两个点：
CK韩国女装
+ 关注 66粉丝
vivikr.lofter.com
作者其他文章
小白也能每天100单，怎么做到的？
7天免费流量过万，店群运营趋势解析！
你的摄影伙伴
决定你的
爆款短板
电商加油站 • 为梦想加油
淘宝天猫店长班［31期］
上海

7.2.3 微信公众平台

一般情况下，一个人的精力是有限的。如果你没有过多的精力，那么建议你只运营微信公众平台，界面如下图所示。因为微信公众号最容易被用户订阅，一旦订阅了，用户往往会经常阅读和分享。如果你的内容被用户认可、分享，那么粉丝的增长速度就会加快。而且，在微信公众号上很容易与粉丝互动交流。

微信 · 公众平台
第一次使用公众平台？立即注册
再小的个体，也有自己的品牌
登录
邮箱/微信号/QQ号
密码
记住帐号
无法登录？
登录
扫描并关注
微信公众平台

虽然社交媒体平台比较多，但可以同时学习、分享、互动的并不多，微信公众号是其中做得最好的。微信公众平台本身给自己的定位就是：“再小的个体，也有自己的品牌。”

微信现在的发展用“如日中天”来形容一点都不为过。腾讯在 2014 年 5 月成立了微信事业群，事业群总裁张小龙在内部邮件里说到：“2010 年 10 月微信立项，2011 年 1 月微信发布第一版。公司从 QQ 邮箱团队分出一支 10 个人的小团队开始起步，成长到现在的微信事业群。微信的用户量，也成长到几亿之巨。我们欣喜地看到，在移动互联时代，微信融入了几亿人日常的线上生活，让时间和空间在这个时代有了新的涵义。”

微信用户有几亿？据说有 6 亿，差不多相当于中国人口总人数的一半。这是一个非常庞大的数字。而且，腾讯非常重视微信（成立微信事业群就是表现之一），微信还处于上升阶段。而微信公众平台对微信的发展起着至关重要的作用，据说 2012 年 8 月正式上线后一年，微信公众号的数量已经超过了 600 万。

虽然已经有这么多公众号，但红利时期已经过去了，而且官方政策一步步规范，不允许引导关注，不允许过度营销，不允许简单互推。再者，微信上的用户可以选择的公众号越来越多，很多内容已经泛滥成灾，增粉确实越来越难了。不过，要想做好微店，积累粉丝，开通微信公众号还是首选。

很多人都有微信号，而且微信上的人都很活跃。微信还有一个非常重要的功能就是有很多的互动交流机制。虽然中国人口很多，但我们能与其中的多少人建立关系呢？极少。为什么？因为没有互动交流。所以，就算人再多，如果没有办法与之互动交流，就无法建立关系。正如前面所说的，“没有关系就没有买卖”。

除了公众号，朋友圈、个人微信、微信群都是非常值得重视的。也可以说，综合运营微信公众号、个人微信、微信朋友圈、微信群，能够更加快速地打造自己的个人品牌。

下面详细介绍如何开通微信公众号（也就是开通微信商店），并设置账号信息等。

1. 开通微信公众号

目前在电商圈里最火的话题就是“微信商店”了，随着使用微信的人越来越多，想在微信上“掘金”的人也越来越多。下面介绍开通微信商店的操作技巧。

第 1 步：进入微信的官方网站 https://mp.weixin.qq.com/，❶ 单击右上方的“立即注册”超链接，如下左图所示。

第 2 步：在“1 基本信息”界面中，❷ 输入邮箱、密码、确认密码及验证码，勾选“我同意并遵守《微信公众平台服务协议》”复选框；❸ 单击“注册”按钮，如下右图所示。

第一次使用公众平台？立即注册 使用帮助
❶
登录
邮箱/微信号/QQ号
密码
记住帐号
无法登录？
登录
扫描并关注
微信公众平台

1 基本信息
2 邮箱激活
每个邮箱仅能申请一种帐号：服务号、订阅号或企业号
邮箱
作为登录帐号，请填写未被微信公众平台注册，未被微信开放平台注册，未被个人微信号绑定的邮箱
密码
字母、数字或者英文符号，最短6位，区分大小写
确认密码
请再次输入密码
验证码
muwy
❷
换一张
我同意并遵守《微信公众平台服务协议》
注册
❸

第 3 步：在“2 邮箱激活”界面中，❶ 单击“登录邮箱”按钮，如下左图所示。

第 4 步：❷ 进入邮箱后，单击提示超链接进入，如下右图所示。

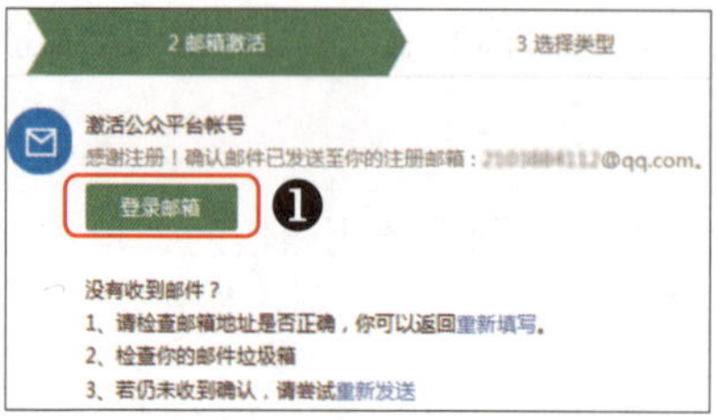
2 邮箱激活
3 选择类型
激活公众平台帐号
登录邮箱
❶
没有收到邮件？
1、请检查邮箱地址是否正确，你可以返回重新填写。
2、检查你的邮件垃圾箱
3、若仍未收到确认，请尝试重新发送

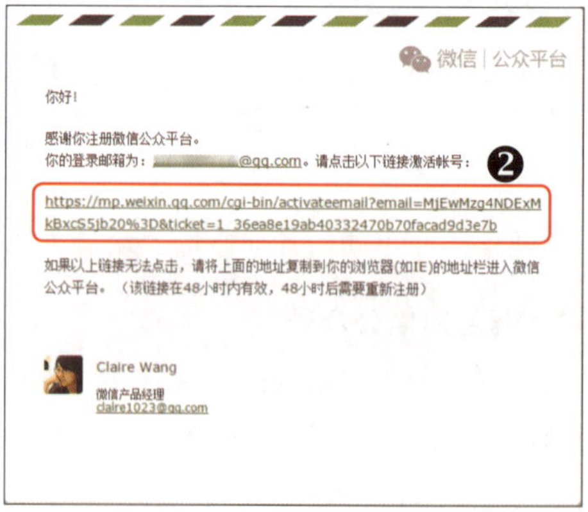
微信 | 公众平台
你好！
感谢你注册微信公众平台。
❷
https://mp.weixin.qq.com/cgi-bin/activateemail?email=MjEwMzg4NDExM
kBxcS5jb20%3D&ticket=1_36ea8e19ab40332470b70facad9d3e7b
如果以上链接无法点击，请将上面的地址复制到你的浏览器(如IE)的地址栏进入微信公众平台。（该链接在48小时内有效，48小时后需要重新注册）
Claire Wang
微信产品经理
claire1023@qq.com

第 5 步：❶ 在“3 选择类型”界面中选择“订阅号”选项，❷ 单击“选择并继续”超链接，如下左图所示。

第 6 步：系统会自动弹出提示对话框，❸ 单击“确定”按钮，如下右图所示。

1 基本信息
2 邮箱激活
3 选择类型
请选择帐号类型，一旦成功建立帐号，类型不可更改
订阅号
为媒体和个人提供一种新的信息传播方式，构建与读者之间更好的沟通与管理模式。
适用于个人和组织
群发消息 1条/天
消息显示位置 订阅号列表
基础消息接口 有
自定义菜单 有
微信支付 无
了解详情
选择并继续
服务号
给企业和组织提供更强大的业务服务与用户管理能力，帮助企业快速实现全新的公众号服务平台。
不适用于个人
群发消息 4条/月
消息显示位置 会话列表
基础消息接口/自定义菜单 有
高级接口能力 有
微信支付 可申请
了解详情
选择并继续

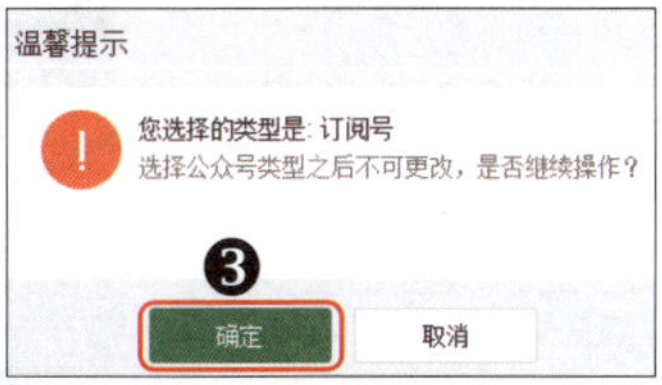
温馨提示
您选择的类型是：订阅号
选择公众号类型之后不可更改，是否继续操作？
确定
取消

第 7 步：在“4 信息登记”界面中，单击“个人”类型，如下图所示。

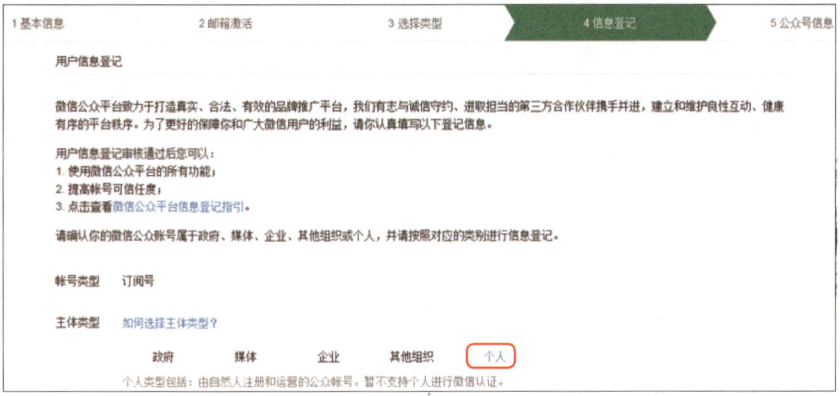
1 基本信息
2 邮箱激活
3 选择类型
4 信息登记
5 公众号信息
用户信息登记
微信公众平台致力于打造真实、合法、有效的品牌推广平台，我们有志与诚信守约、进取担当的第三方合作伙伴携手并进，建立和维护良性互动、健康有序的平台秩序。为了更好的保障你和广大微信用户的利益，请你认真填写以下登记信息。
用户信息登记审核通过后您可以：
1. 使用微信公众平台的所有功能；
2. 提高帐号可信任度；
3. 点击查看微信公众平台信息登记指引。
请确认你的微信公众账号属于政府、媒体、企业、其他组织或个人，并请按照对应的类别进行信息登记。
帐号类型 订阅号
主体类型 如何选择主体类型？
政府 媒体 企业 其他组织 个人
个人类型包括：由自然人注册和运营的公众帐号。暂不支持个人进行微信认证。

第 8 步：❶ 在“4 信息登记”界面中输入姓名、身份证号，根据要求上传证件照，❷ 单击“继续”按钮，如下左图所示。

第 9 步：❸ 系统自动弹出提示对话框，单击“确定”按钮，如下右图所示。

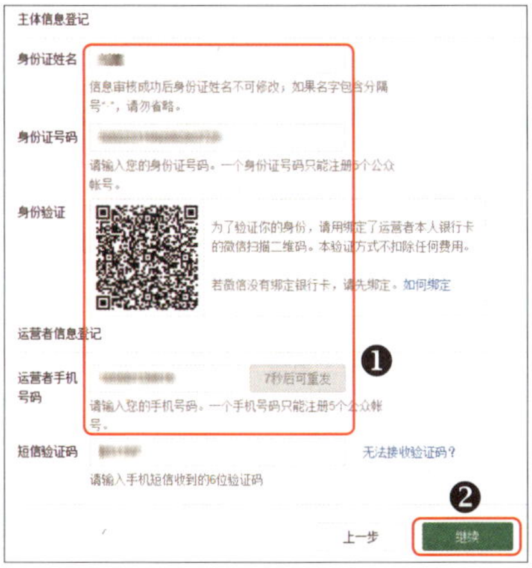
主体信息登记
身份证姓名
信息审核成功后身份证姓名不可修改；如果名字包含分隔号“·”，请勿省略。
身份证号码
请输入您的身份证号码。一个身份证号码只能注册5个公众帐号。
身份验证
为了验证你的身份，请用绑定了运营者本人银行卡的微信扫描二维码。本验证方式不扣除任何费用。
若微信没有绑定银行卡，请先绑定。如何绑定
运营者信息登记
运营者手机号码
请输入您的手机号码。一个手机号码只能注册5个公众帐号。
短信验证码
无法接收验证码？
请输入手机短信收到的6位验证码
上一步
继续

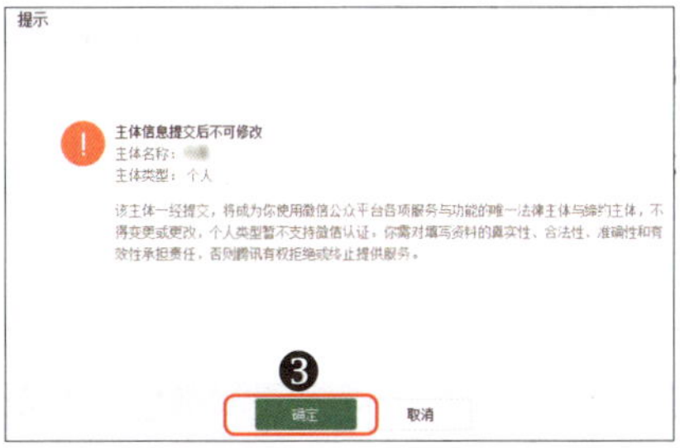
提示
主体信息提交后不可修改
确定
取消

第 10 步：❶ 在“4 公众账号信息”界面中输入账号名称、功能介绍等，❷ 单击“完成”按钮，如下左图所示。

第 11 步：系统会自动提示注册微信公众账号成功，如下右图所示。

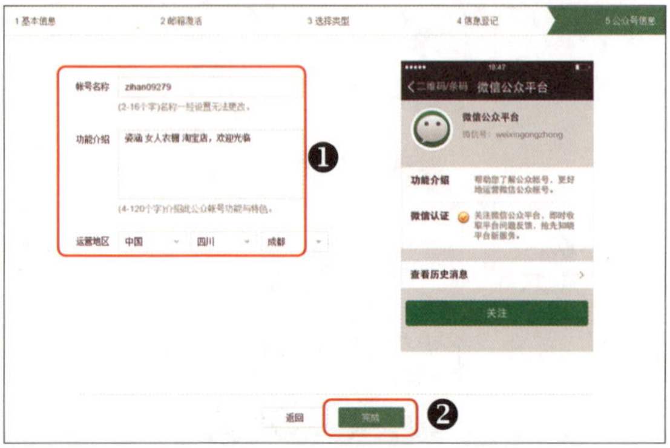

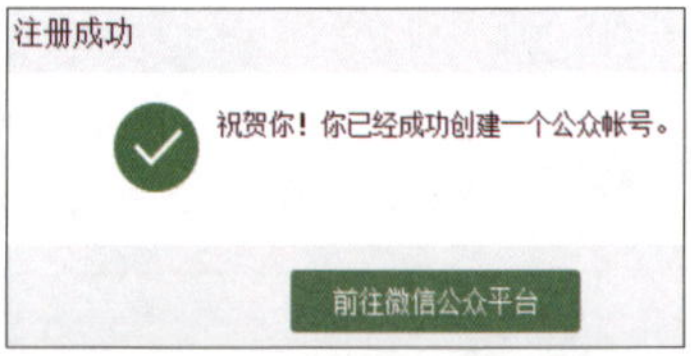

您知道吗　使用微信公众号的注意事项

在选择账号类型时，微信公众号、服务号和订阅号均可接入微信商店。

2. 设置账号信息

注册微信订阅号后，还需要对注册账号信息进行补充和完善，如设置头像、微信号等，具体操作方法如下。

第 1 步：进入微信公众平台主页，❶ 在“头像”区域单击“修改头像”超链接，如下左图所示。

第 2 步：在电脑上选择相应的图片并上传，即可为账号设置头像，设置后的效果图如下右图所示。

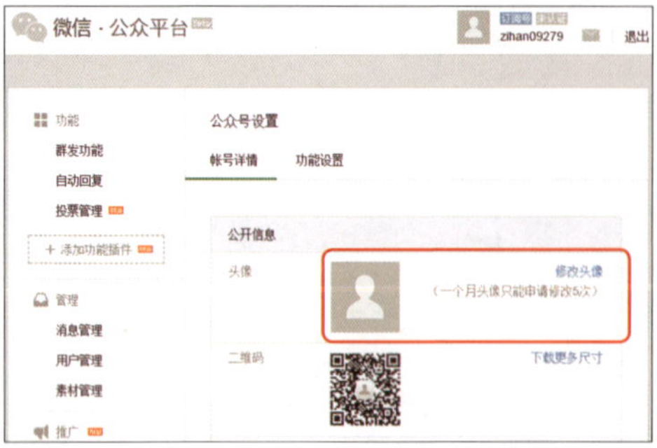

第 3 步：❶ 在“头像”区域以下单击“设置微信号”超链接，如下左图所示。

第 4 步：❷ 在“设置微信号”对话框中输入自己的微信号，❸ 单击“确定”按钮，如下右图所示。

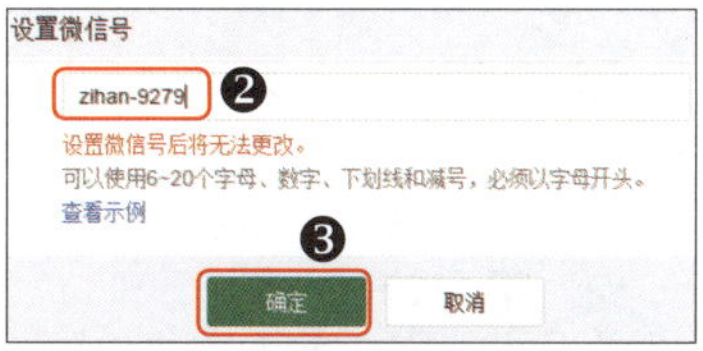

第 5 步：在弹出的提示对话框中单击“确定”按钮，如下左图所示。

第 6 步：设置微信账号，效果如下右图所示。

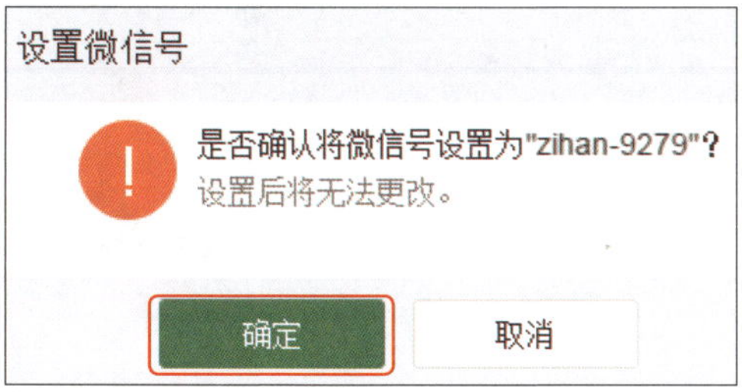

7.2.4 微信商店常用功能模块的应用

微信商店包含了很多功能模块，用户可以先了解这些功能模块，以便更好地利用微信商店进行营销管理。

1. 消息管理

消息管理是微信商店最重要的部分，这里会直接反映微信商店的活跃度。在此界面中，能够看到订阅用户发过来的实时消息，可以在此与其互动。在右侧顶部的导航栏可以查看“全部消息”、“今天”、“昨天”、“前天”和“更早”的消息，还有“星标消息”，如下图所示。

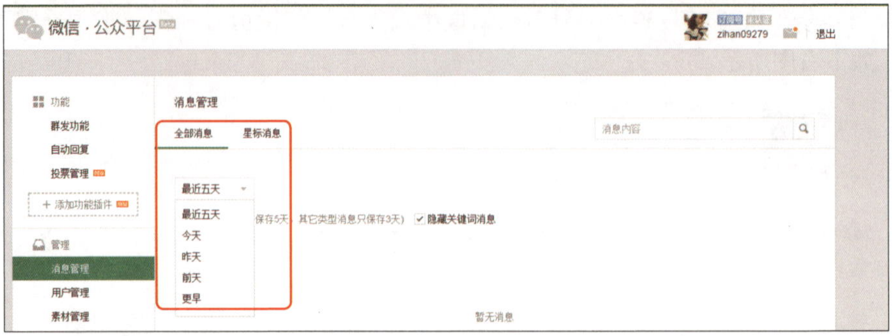

2. 用户管理

微信商店的一项重要功能就是用户管理。微信商店的用户界面为我们提供了一个简单的分组功能，默认有3个分组：未分组、黑名单和星标分组。同时，我们也可以新建自定义分组。选中用户分组后，单击“放入”按钮即可完成分组。建立分组是进行消息群发的基础。同时，也可以按照性别、地区或者兴趣爱好进行用户分组，以实现精准营销。

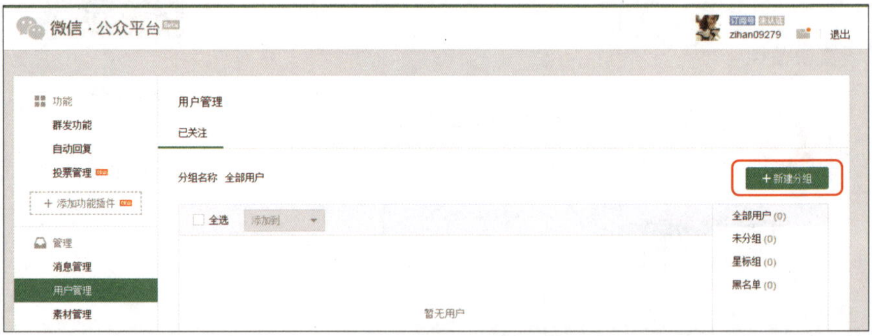

- 黑名单：如果用户位于黑名单内，我们的微信商店将不接收此订阅用户发送的消息，但是用户仍然可以接收公众号的消息。
- 未分组：新增订阅用户，默认进入此组别。
- 星标组：被标记为星标的订阅用户。

3. 素材管理

微信商店提供了素材管理功能，可以将常用的图片、视频、语音、图文消息保存起来，方便日后复制回复的内容。

在素材管理页面中罗列了素材的分类，包括图文消息、图片库、语音、视频，发送过的素材都会在这里显示。当然，也可以先上传一些好的素材，为以后发消息做准备。以图片为例，可以看到图片文件，也可以单击灰色笔图标进行编辑操作，还可以下载和删除，如下图所示。

4. 消息群发功能

消息群发功能是微信商店最核心的营销功能之一，也是微信商店最吸引人的地方，相当于群发短信，营销效果十分强大，但也需要谨慎使用，不建议群发垃圾信息或广告进行营销，应该推送对订阅用户有价值的东西，并且要进行精准的分类。

微信商店群发消息有一个比较人性化的功能，就是可以按分组、性别、地区群发，以便进行精准营销。

7.3 快速发展微商代理

微商营销的本质是个人品牌营销、口碑营销。微商代理就是拥有产品授权，货源可以直接从厂家拿或者自己寻找。做微商代理可以发展下级代理，把货发给下家赚差价，也可以自己拿来卖。

7.3.1 发展代理商的常用渠道

发展代理商向来是一件让人比较头痛的事情。随着网络的快速发展，越来越多的传统企业都想开启网络营销之门。

当下企业发展代理商的常用渠道有以下几个。

1. 百度竞价

百度竞价这一渠道需要花费高额的资金，但是其效果通常也是十分显著的。客户也许不会对企业的产品产生依赖，但是很容易依赖百度。有数据表明，目前有超过 80% 的网民会通过百度查找资料、产品、服务等各种资讯。由此可见，百度竞价潜在的客户市场是非常可观的，如下图所示。

2. B2B 网站

B2B 网站是一种商家对商家的营销模式，它将企业与企业紧密结合起来，同时也将客户放在了一张关系网中。借助网络的快速反应，促使企业更好地服务客户。阿里巴巴、慧聪网是典型的 B2B 网站代表。除此之外，网上还有其他一些做得比较不错的网站。我们可以根据自身需要灵活选择适宜的网站来发展微商代理，增加产品曝光率。

3．B2C 网站

B2C 网站是一种商家对客户的营销模式，简单地说就是人们常见的零售商业。通过这一渠道，商家可以直接面对客户，将展品快速展现在客户面前，从而迅速提高品牌知名度。淘宝网、京东商城等都是 B2C 网站的代表，如下图所示。与这些网站合作，费用适中，效果也不错，适合普通微商选用 。

4．搭建专属的分销平台

据了解，目前有不少传统企业通过这种方式来扩大自己的销售渠道，如小商品行业、服装行业等。在自己搭建的分销平台上，企业可以根据自身的需要发展代理商，但是这种方式往往需要技术和资金的支持，普通的中小企业或个人操作起来比较吃力，这种渠道的推广成本也比较高。

百度竞价、B2B 网站、B2C 网站及搭建专属分销平台，这些渠道虽然具有较好的推广效果，但是费用较高、管理烦琐，这也成为制约众多中小企业发展的关键因素。鉴于此，我们不妨选择一键开店代理商推广平台，只要一键转发就能实现快速开店，并建立信任度高的代理商，让销售渠道无限扩大，如下图所示。

7.3.2 发展代理做分销

因为朋友圈没有完善的交易机制，微信小店、京东微店推广起来比较麻烦且转化率低，所以目前一些做得早的微商纷纷开始发展代理做分销。

分销有两大特点：分享和推荐。分享将成为微商盈利的最重要模式之一。例如，知名“大 V”、行业达人等，他们有一定的影响力，在某个领域又经过深耕，随便分享、点赞一条消息都可能引来大批粉丝围观，粉丝会通过他们的评论对产品产生信任，从而转化成购买力。一个人分享给两个人，两个人分享给四个人，而且可以从分享中拿到佣金，谁不愿意去做呢？

除了分享，推荐也是一种重要的微商裂变方式。随着科技的发展，人们的购物场景和方式都将改变，基于 PC 和移动终端的搜索可能不再重要。相反，人们更愿意相信朋友的推荐，且这种信任会一直持续下去。利用“转发”、“加好友”、“兴趣小组”、“推荐”等方式，微商的去中心化也让购物变得随时随地。

不管是分享还是推荐，它们都是口碑营销在线上的体现。发展代理能快速提高团队的外部力量，实现快速扩张。

7.3.3 招代理的朋友圈推送技巧

以招代理发展渠道为核心目标的微商针对的目标客户是其他微商或者想做微商的人，我们的策略就要根据这两个群体的特点来制定，主要有以下几个方面。

1. 最佳推送时间

通常情况下，微商的生活规律是晚睡晚起，针对已经是微商的人群，最佳的推送时间是早上 10 点后、下午除 4 点到 6 点之外的时间（这个时间一般微商都在忙着发货）、晚上 10 点后（大部分人都不发朋友圈了，微商还没有休息，都在看朋友圈，传播率比较高）。

对于希望加入微商创业的人来说，他们更多的是听说微商前景很好，赚钱很轻松，因此要展现给他们的是微商的生活方式——很休闲，很惬意，一般上班族都达不到的生活状态。针对微商一定不能太早发朋友圈，要在早上 10 点之后，让他们看到你每天都可以“睡到自然醒”。

微商群体里很大一部分是全职妈妈，她们中的很多人不是因为缺钱，而是需要填补空虚的精神，希望找到充实感、成就感。同时，这个群体因为有了一定的资源和经验积累，做微商是最容易成功。针对她们的最佳时间也是早上 10 点之后（太早要照顾孩子、料理家庭事务）、下午除 4 点到 6 点之外的时间（要照顾孩子、做晚饭），以及晚上 10 点之后（一般到这个时间孩子都休息了，她们的注意力也最集中）。

2. 最佳推送次数

微商发展代理，要招募的是微商的创业者。对于创业者或者希望创业的人来说，关注点并不是你刷朋友圈的多少，而是你的内容是否能够吸引他，你是否能带着他入门，帮助他成功创业。所以，对于推送的频次没有上限，可以根据自己的需要决定。但是，为了达到影响他们的效果，反而有下限——一天不能少于 10 条，因为只有这样才能不断强化。如果有些人因此屏蔽你，说明他不是你要找的对象。招募代理商，重要的不是数量，而是质量。

3. 最佳内容组合

最能吸引微商加入你的团队、跟着你干的因素大部分源自你的成功。如果你成为他心目中的“明星”，成为他的偶像，使他感到跟着你能看到希望与未来，并能感到自豪，有机会成为像你一样的人，他就会坚定地加入。所以，你的内容组合需要各种“高”、“大”、“上”。可以用一句话来概括，就是各种“晒”——晒自己、晒豪车、晒奢侈品、晒旅游、晒美食、晒品牌、晒团队、晒新代理业绩、晒存款余额、晒流水等。

总之，就是聚焦，什么是焦点就晒什么，什么能引起他们的注意就晒什么，一直晒到他们心动，成为代理商为止。

7.4 微信数据分析

在今天这个数据时代，每一个微信账号的背后都是一个活灵活现的人，而每一个人都会产生一些行为，每一个行为又都会被记录成数据，我们可以从中找到规律并进行分析。微信数据营销的具体方法主要有以下几个方面。

7.4.1 客户关系的管理

微信在本质上是一个一对一的通信工具，公众平台上的商家与用户可以进行一对一的交流，因此，微信可以帮助商家实现客户关系管理。用户关注商家的微信之后，商家可以通过 CRM 插件对每一个关注它的用户进行打标签、分类等操作，从而形成动态的客户关系管理，这样商家就可以随时掌握客户的变化并维护客户了。

利用这个动态的客户关系管理机制，商家可以完成以前难以做到的客户调研、用户结构等调查。

7.4.2 富媒体的应用

富媒体应用是指含有动画、声音、视频或者交互性信息的传播方法。微信的出现，让手机增加了兑奖功能，随着视频功能的完善，彻底开启了移动终端的富媒体沟通时代。企业可以依托微信富媒体沟通渠道，搭建企业客服与营销平台，提高企业的服务水平。

在这个微信时代，用户可以全面使用多媒体功能、语音、图片、视频，并设置地址、名片信息，从而分享其所见所闻。同时，用户除了使用聊天功能外，还可以通过微信的朋友圈进行转载、转发，对内容进行分享。

7.4.3 关系链管理

微信关系链强化了社交功能，让企业的品牌可以不断传转播，让用户多渠道、多场景、全方位了解企业的方方面面。在微信 6.2 中，微信的通讯录成为手机通讯录和 QQ 通讯录的集合体，里面不仅有好友和家人，还有同事、客户等社会关系，以及微信群、公众号等。

在微信“新的朋友”界面中，可以查看哪些人已经添加你为好友，哪些联系人开通了微信，可以添加为好友，如下左图所示。单击“添加好友”按钮，可以选择不同的方式添加好友，如下右图所示。

中国移动 4G 11:17
新的朋友
添加朋友
微信号/QQ号/手机号
添加手机联系人
添加QQ好友
新的朋友
July
我是
接受
圆圆
你好！我们是专业从事股票配资的
已添加
ai-8023
对方请求添加你为朋友
已添加
杀妻的银行家
我是
已添加
我是
已添加
我是
已添加

中国移动 4G 11:17
添加朋友
微信号/QQ号/手机号
我的手机号：136
雷达加朋友
添加身边的朋友
面对面建群
与身边的朋友进入同一个群聊
扫一扫
扫描二维码名片
QQ/手机联系人
添加或邀请通讯录中的朋友
公众号
获取更多资讯和服务

7.4.4 线下数据分析和商业决策指导

企业利用微信可以组织线下活动，从而对客户的线上与线下数据进行全面分析。有了“客户数据库”之后，企业可以利用微信与顾客保持沟通、接近客户并掌握客户需求的变化，甚至利用数据库对顾客进行差异化分析，进而进行分类。

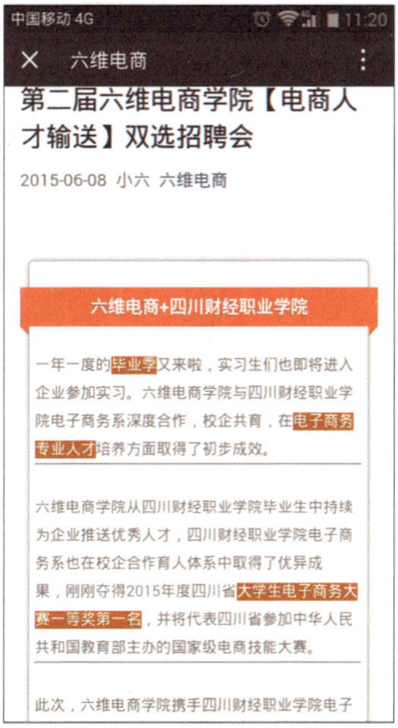
中国移动 4G 11:20
六维电商
第二届六维电商学院【电商人才输送】双选招聘会
2015-06-08 小六 六维电商
六维电商+四川财经职业学院
一年一度的毕业季又来啦，实习生们也即将进入企业参加实习。六维电商学院与四川财经职业学院电子商务系深度合作，校企共育，在电子商务专业人才培养方面取得了初步成效。
六维电商学院从四川财经职业学院毕业生中持续为企业推送优秀人才，四川财经职业学院电子商务系也在校企合作育人体系中取得了优异成果，刚刚夺得2015年度四川省大学生电子商务大赛一等奖第一名，并将代表四川省参加中华人民共和国教育部主办的国家级电商技能大赛。
此次，六维电商学院携手四川财经职业学院电子

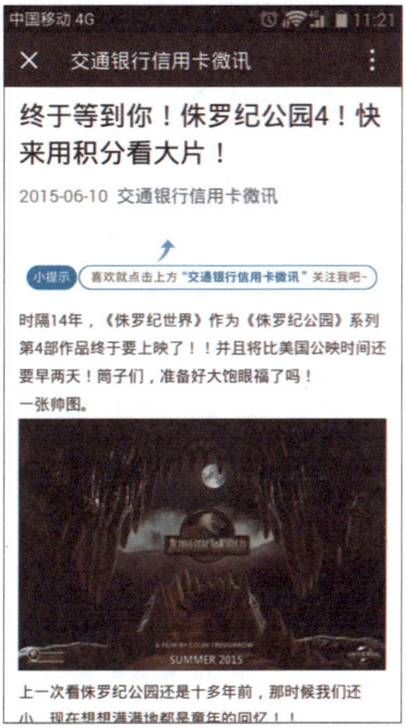
中国移动 4G 11:21
交通银行信用卡微讯
终于等到你！侏罗纪公园4！快来用积分看大片！
2015-06-10 交通银行信用卡微讯
小提示
喜欢就点击上方“交通银行信用卡微讯”关注我吧~
时隔14年，《侏罗纪世界》作为《侏罗纪公园》系列第4部作品终于要上映了！！并且将比美国公映时间还要早两天！筒子们，准备好大饱眼福了吗！
一张帅图。
SUMMER 2015
上一次看侏罗纪公园还是十多年前，那时候我们还小，现在想想满满地都是童年的回忆！！

经验与实战分享

前面给初学者介绍了相关知识的应用，下面分享一些感悟和技巧。

主题 01 利用用户体验，刺激下次消费

让客户提前感受产品的效果，用自身的体验来带动下一次的购买，是微商最高效、最直接的营销方式。

1. 用集赞的方式赠送体验产品

先给自己所卖的产品拍上几张好看的图片，在条件允许的情况下，将产品的包装弄得好看一些，让产品看起来比较上档次，跟市面上的同类产品区分开来。然后，为产品编写一段诱人的文案描述，让别人一看到你的文案就有想要拥有这款产品的冲动。

2. 将自有产品与知名品牌搭配销售

先买一批日常生活中比较知名的品牌产品，这部分支出以不超出个人预算为宜。购买这些新产品之后，以比原价低一点的价格出售，并与自有产品进行组合。例如，某品牌洗面奶市场零售价是 120 元，那就以 99 元卖出去，同时推荐自有的产品一起销售，将自有产品价格定为 120 元，这样可以树立自有产品的价值，让别人买了搭配组合产品感觉非常划算。当然，这个度的把握，要根据商家的实际预算去执行。

3. 用体验产品来做促销

如果你已经是一名微商，而且也做了一段时间，但业绩就是上不去，这个时候就必须思考一下：你的好友数量目前有多少？他们当中有多少人是你的目标客户？如果好友数量比较多，而且基本都是目标客户，但销量就是上不去，可以考虑做促销活动。需要注意的是，活动不要跟传统线下的促销或者 PC 端电商的促销雷同，要做就做不一样的。例如，拿出 50 份产品，按照成本价去做促销，并且包邮。如果条件允许，可以拿更多的产品进行操作。例如，某产品平时卖 180 元一件，成本价是 130 元，这个时候就按照 130 元卖，并且包邮。不过，操作过程中需要一定的技巧。这个技巧应该如何去把握呢？这里给出一些建议。

- 策划一个抢购活动，让好友去参与抢购，如果客户当天就把你预定的名额抢购完了，那么第二天拿出一些名额再做一次，以此来提高朋友的活跃度。同时，这种方法也能够增强朋友圈好友的黏性。需要注意的是，要保持高频率的互动，阶段性地直播活动效果。因为微信朋友圈私密性比较强，如果双方不是好友，那么其他人就看不到你与其他好友之间的互动，所以，要阶段性地发布朋友圈直播活动的进展与效果，将其作为活动的补充。

- 活动之后要写感谢语，把感谢语和卖出去的产品截图，用图文并茂的形式发布到朋友圈。在编辑文案时，要以感恩的方式特别提到那些购买了产品的朋友的名字或他们的微信昵称。活动结束之后，你可能没赚到什么钱，甚至还自己出了运费。不过，别太计较这些，因为初期营销的目的就是打响微店和产品的名气。
- 通过这次活动，你必须做一份详细的总结，为二次营销做好准备。在这里要注意，后期在朋友圈中发布产品宣传时，要给客户留下一种“我的产品很畅销并且限量”的印象，这样容易激发大家的购买欲。

4. 将体验产品赠送给微信达人

在自己的微信上加一些自媒体名人的微信或者成功微商的微信，在微信营销前期经常与这些人互动，给他们点赞、回复。

当你给他们留下了一定的好印象之后，就可以选择性地挑选 2~3 个特别合拍的人，向他们赠送体验产品。切记，送出去的产品品质必须要有保障，而且外包装要精致、高档。接着，将这些送出去的产品拍成照片，然后编写一段精彩的文案，发布到朋友圈中。在写文案时，要特别提及赠送对象，如“非常感谢 ×× 好友的厚爱，献您小礼一份。”当朋友圈中的好友看到你发布这样的消息时，很容易想到——原来你认识这么多厉害的人啊，你送给他们的产品一定非常棒！这样一来，不仅你的个人形象在好友心中得到提升，而且你的产品知名度也会有所提高，这就相当于请名人给自己的产品打了广告。另外，如果那些自媒体名人或成功的微商使用你的产品后感觉不错，他们也有可能会在自己的朋友圈推广你的产品呢！

主题 02　收集用户反馈，带动新的消费

对于刚踏入微商的创业者来说，收集用户使用产品后的反馈是一项十分重要的基础工作。之所以要这么做，目的是要打造第一批用户口碑，为接下来的朋友圈营销打好基础。在日常生活中，许多人都有这样的心理：在购买某个产品之前，要先了解购买该产品的人多不多，如果没人买或者买的人很少，那么自己也不会轻易去买；如果看到很多人买，自己才会考虑选购。我们将这种心理称之为“从众心理”。从这里我们也可以看出，客户的产品反馈对于微商来说是非常重要的。

众所周知，微信的私密性较强，那么我们应该如何搜集客户评论呢？一般来说有两种方式：一种是客户主动评论，如下左图所示；另一种是卖家向客户做回访，如下右图所示。我们可以将第一种方式称为“被动式搜集”，因为它是客户主动找到卖家来反馈的，而现实当中这种情况比较少，通常都是需要卖家主动去做回访的。

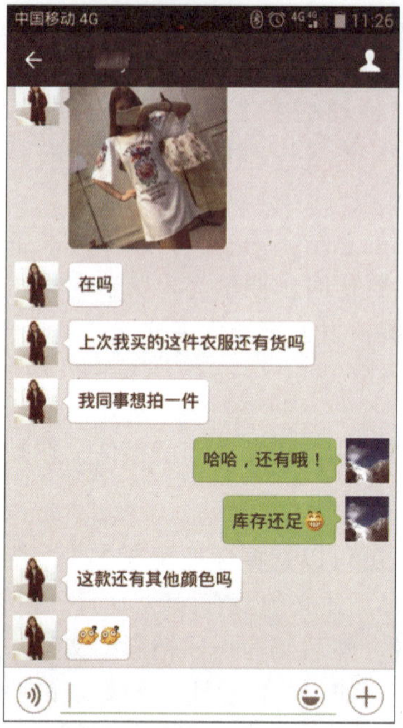
中国移动 4G
11:26
在吗
上次我买的这件衣服还有货吗
我同事想拍一件
哈哈，还有哦！
库存还足
这款还有其他颜色吗

中国移动 4G
11:21
早上11:17
亲，在吗？
上周发你的衣服收到了没
在的
衣服很不错，今天正穿上呢
上身效果怎么样啊！
很修身，要不拍两张给你看

除了被动搜集客户的产品使用感受之外，在尚未正式进入产品销售时，卖家向好友赠送产品进行体验，由此搜集用户信息，是很多新创业的微商十分关注的一个问题。那么，怎样巧妙地主动与那些领到体验产品的好友进行沟通，从而取得他们的反馈信息呢？

向好友赠送体验产品时，要把对方的名字、相关信息统计出来，这些信息会给卖家提供依据，方便卖家与客户一个一个私聊，然后在私聊过程中获取好友使用产品后的感受，并将聊天记录截图保存下来，这样就可以将客户试用产品后的体验及感受信息搜集到手了。关于私聊的技巧，不同行业所使用的话术不同，所以，卖家应根据自己所卖的产品属性来确定沟通话术的方向，再与客户进行私聊。有目的、有计划的沟通，反馈效果才会更好。

掌握了赠送体验产品、收集客户反馈的方法后，接下来要做的工作就是撰写产品宣传文案。那么，具体应该怎么做呢？在这里，笔者提供一些撰写文案的思路。

我们可以将每个好友反馈的信息截图，撰写不同的传播文案，核心内容以感谢对方为主，并结合幽默的元素，不要过分、夸张地介绍自己的产品，因为在好友反馈的消息中已经阐述过产品效果了，如果再夸大自己的产品，反而会给客户造成华而不实的印象。用实诚的心撰写的文案，通常要比自吹自擂更有利于产品的推广。

主题 03 发现潜在客户，激发其成交意向

微商在面对前来咨询的客户时，如何快速判断对方是否是我们的潜在客户，是

一个非常重要的环节。

如果对方只是随便跟你聊聊，根本没有购买的意向，那么你们的沟通其实就是在浪费你的时间。当然，对方现在不买不代表下次不买，或者可能推荐自己的朋友来买。可以花上一些时间和他进行沟通，回答他的问题，并给对方树立良好的形象。在这里给出几个快速判断潜在客户的技巧。

1. 抛砖引玉

先试探对方，向对方抛出一个话题，问对方之前是否购买过同类的产品。如果对方之前买过，就可以接着询问之前买的是什么品牌，质量、价格、售后怎么样。这个时候，如果对方能详细地阐述之前的消费感受，那么这样的客户就可能是潜在客户，我们也可以根据对方的使用感受向其推荐相关产品。如果对方之前没买过，但是现在想买，我们可以询问对方购买的理由，如果对方说不出真实的理由，那他可能只是随便聊一聊，还有可能是我们竞争对手，扮成客户与我们进行沟通。

2. 价格询问

在了解的过程中，不是所有的人都会成为我们的客户，这个道理相信生意人都懂。在与客户沟通的过程中，要有应对的策略，可以根据自己所卖的产品定位一个目标群体，试探一下对方属于什么类型的消费群体。如果产品定位是中高端的，那么低端的消费群体就不是我们的精准客户了。另外，在与客户沟通的过程中，尽量不要直接谈价格，而要谈产品对客户的好处，对方如果一味看重价格，也很可能不是我们的精准客户。可以看到，通过微商销售的产品，大部分的价格比淘宝或者天猫要高，只是他对做微商的人有认可，通过这层信任背书来进行销售。

3. 侧面追击

有的客户本身不是最终的购买决策者，或者自己不是最终的产品消费者，购买决策可能掌握在他的家人、朋友或者上司的手里，此类客户本身对产品并无需求，而是他们身边的人有需求。这个时候，我们可以从侧面询问客户对产品有什么需求，如果客户拿不准的话，可以建议他让我们直接和他的最终决策人进行沟通，这样做可以让客户感受到我们的专业，同时也可以让我们的订单快速达成。

本章小结

本章详细介绍了利用微信来推广和营销微店的方法与技巧，先讲解了如何拥有一批信任自己的粉丝，接着介绍了“吸粉”的一些方式及微信商店的注册与设置，最后介绍了发展代理商及分析微信数据的方式。读者学习后可以更准确、更有效地推广自己的微站，为自己带来更高的经济效益。

第8章

营销，多个引流端

本章导读

营销的本质就是：客户在哪里，信息就覆盖到哪里，然后把他吸引过来并进行转化。在手机网民数量超过 PC 端之后，网民常用的社交软件除了微信之外，就是 QQ、陌陌、微视、微博等。这些软件也就自然成为重要的营销平台。

知识要点

通过本章内容的学习，读者能够学到如何用 QQ、陌陌、微视、微博等社交具来推广自己的产品，从中引流。学完后需要掌握的相关技能和知识如下。

- QQ 营销
- 陌陌营销
- 微视营销
- 微博营销

8.1 QQ 营销

从整体数据来看，QQ 的营销能力绝对不能小看。不管是原始的以文字为载体的博客形式，还是如今集文字、图片、音视频等丰富多彩的展现方式于一身的交友互动平台，抑或是对比微博的言简意赅和微信的朋友圈营销，QQ 集两者之大成且有着自己独特的优势。这种灵活性和时代性使 QQ 有了非常强大的生命力。

8.1.1 QQ 的基本设置

既然要进行 QQ 营销，那么一些细节问题就显得尤为重要。所谓细节决定成败，说的就是这个道理。尤其是利用 QQ 做生意的微商们，在一些设置方面肯定不能像一般用户那样全凭个人喜好，更不能不设置。

1．QQ 昵称

关于 QQ 昵称的设计，最好直接设置成与我们所做行业相关的名字，这样便于大家知道这个 QQ 是干什么的。例如，“微商社 - 自媒体”这个名字给人的第一印象就是这个 QQ 是做微商自媒体的；第二印象是这个品牌可能就是“微商社”；第三印象是这可能是一个发布微商相关资讯的 QQ 号。这样设置的目的，一是更加直接明了，二是更具真实性和利于建立信任感。

2．QQ 头像

无论是在虚拟网络还是在现实生活中，以貌取人都相当常见，QQ 头像是我们给别人的第一印象，最好使用真人头像或者与行业相关的图像，如前面提到的“微商社 - 自媒体”QQ 号所使用的头像就是专门针对微商这个品牌设计的适用于头像的 Logo，这个 QQ 空间就是做微商自媒体的营销账号。所以，这样的 QQ 头像非常直观，可以提高印象分和可信度。例如，销售面膜，完全可以放上面膜的图片或者美女的照片。总之，头像一定要结合行业，因地制宜，如下图所示。

减肥顾问：琳达
人的一生，其实所需要的并不多。

帕芮特长沙总代
你这样好吗[表情][表情]口水直流

3．QQ 签名

将店铺的地址设置为 QQ 签名，如“我的微店 http://weidian.com/s/322393734?wfr=c”或是产品相关信息等，如下图所示。这样，好友通过好友列表或者聊天窗口就能看到我们的店铺地址了，如果感兴趣的话，就会进入店铺去看看。

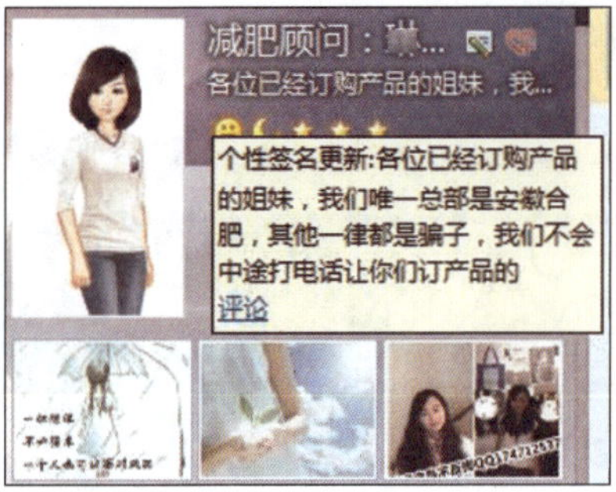

4．性别和地址设置

想做好 QQ 营销，对于性别和所在地等似乎看起来不是那么重要的信息也要好好把握，最大限度地做到给访客真实感和信任感。

关于性别，不管是男性还是女性，最好将性别设置成女性，如下图所示。为什么呢？根据心理学的相关研究发现，如果我们的生意与男性有关，一般情况下女士与男士打交道相对会容易一些。可以说，对男性而言，异性相吸的影响可能更加明显。如果做的生意与女性有关，如护肤品、鞋、包、服装等，女人也更能理解女人的心思，便于沟通。

所在地址最好直接写成发货所在地，这样便于顾客知道我们的发货地。真实的地址更容易让人产生信任感。毕竟是网络交易，信任的培养非常重要。

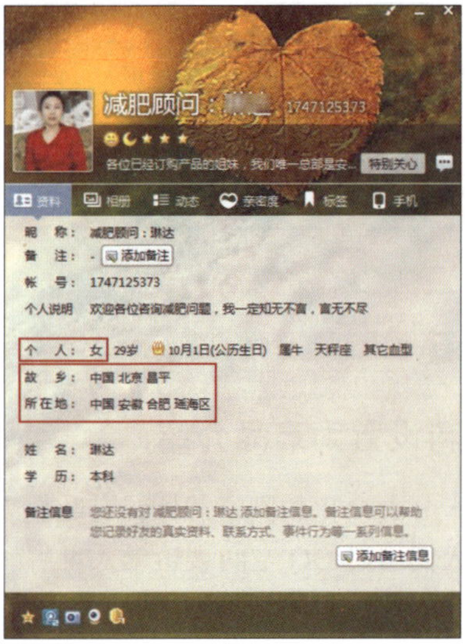

8.1.2 将产品信息发送给好友

将产品相关信息发送给自己的 QQ 好友，如“这是我的微店，有空去看看”或“刚到的新款，有空去看看”等，如下图所示。

由于 QQ 中的好友大多为熟人，因此宣传内容不必太过华丽，简单、直观即可。当然，卖家也可以让自己的朋友继续为自己宣传。

8.1.3 将产品信息发送到 QQ 群

QQ 群也是宣传微店非常好的途径，只要编辑一个宣传信息，就可以让群里面的所有成员都看到，至于采用哪种宣传方式，则需要根据 QQ 群的类型来决定。可以将如下左图所示发送店铺链接至群中，也可以如下右图所示发送产品图片至群中。

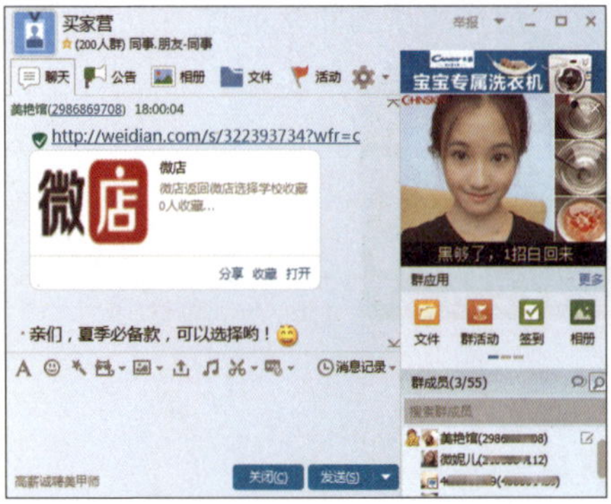

8.1.4 将 QQ 空间资料设置为产品介绍

QQ 空间是当下一种十分大众化的网络载体，有数据表明，其下载次数高达 7 亿次，玩家人数近 6.3 亿。人们通过 QQ 空间表达个人见解、抒发情感、与网友分享自己对生活及工作的感悟，同时通过浏览他人的 QQ 空间去发现自己需要的东西，结交更多的朋友。这些都是 QQ 空间带给人们的便利。

帕芮特长沙总代　微商不丢人，不管线上线下，只要努力做，没有做不好的，微商成就了一大批家庭主妇，她们一天的收入，够大部分人一年赚的了。
我是微商，我骄傲。微商不分年龄，看到这么励志的画面，我们更得努力了，
2015年，是微商的时代~加油我的小伙伴们，这将是趋势！
六旬老太微信卖棉衣
招代理
微商的时代
你不抓住机会
别人就抓走机会
赞(1)　评论　转发　更多

中国移动 4G　13:51
动态
好友动态
今天10:12
超补水　永恒的经典　出门在外也要随手带一瓶子　像碧蓝晴空的膏体，抹在脸上冰冰凉凉~不油不腻，让肌肤保持很舒适的状态~在夜间悄然无息持续补水锁水　早上起来，肌肤是润润的，滑滑的，弹弹的~让人爱不释手　这就是兰芝睡眠面膜的魅力　新款现货，喜欢就来询价吧~
浏览23次
我也说一句...

然而，随着使用者越来越多，QQ 空间的内容也变得越来越杂乱。之所以会出现这种现象，主要是因为缺乏定位，所以在发展过程中失去了方向。因此，无论是企业还是个人，如果想通过 QQ 空间这个超级社区把品牌做好、把产品卖好，要先想清楚如何定位。

1. 明确 QQ 空间潜在客户的类型

俗话说，“知己知彼，百战百胜”，做生意也是如此。我们要知道自己的目标客户群是怎样的一群人、具备什么特点等。只有掌握足够的目标客户信息，才能很好地为他们提供相应的产品及服务。

2. 明确 QQ 空间的内容来源

如果 QQ 空间是个人的，那么内容最好是由自己来写，如果是企业官方空间，那么需要有一个明确的计划，制定相应的要求，让公司的每个部门都参与到文章的写作中来。其中，最核心的人物——公司的最高决策者，非常有必要加入 QQ 空间文章的写作队伍，哪怕只是偶尔写一两篇文章。因为，最高决策者通常是公司的灵魂与首脑，是公司文化、理念、精神的最高传授者，会对客户产生正面、积极的影响力。

对于喜欢写作的人来说，尤其是企业 QQ 空间，每周最好保持 3 ~ 4 篇文章的更新。当然，有些人不喜欢或不善于写作，那么每周最少也要更新 2 篇内容。假如哪天心血来潮，一口气写了 5 篇文章，建议先保存起来，然后每周发 2 篇左右，不需要一次发完。大家应该明白，QQ 空间营销是一件需要长期坚持的事情，我们宁可减少更新次数，也要保证持续更新，这样才能让潜在客户和老客户看到我们的 QQ

空间时始终是有新鲜血液注入的。如果只靠当初刹那间的热情，写一段时间后就不再更新，那么营销就会变得事倍功半。

3. 明确空间的发展目标

商场如战场，我们要打有目标的仗，否则成功的机率就会很低。如果不知道自己的目标是什么，人们很容易陷入蛮干的境地，由此导致的结果可想而知。那么，在借助 QQ 空间推广微店时，我们应如何确定自己的发展目标呢。在这里，为新卖家提供以下发展方向。

- 创造并增加空间流量
- 打造独具特色的品牌
- 提高与客户的互动频率
- 提升产品成交率

最后，以产品的销量作为最终的目标及主要考核指标，因为只有将产品卖出去，才能创造利润，而其他的目标都是为之服务的。

8.1.5 QQ 空间的非常规设置技巧

主页、日志、相册、留言板、说说、个人档、音乐等都要设置完善。既然要做微商，那么一定要有“所有的交流互动工具都是我们的营销工具”这样的观念。如果我们想在 QQ 空间中做好营销，那么相关的设置都要精益求精并充分利用。在产品的推广过程中，需要掌握以下几个设置技巧。

- 使用 QQ 空间的生日功能：这是一个非常巧妙的方法，可以有效增加 QQ 空间的曝光率。我们可以随时修改资料中的生日，将日期改成最近几天，这样可以使自己出现在好友的生日提醒中，从而使一些人点击查看。
- 借助 QQ 空间名人的名气：此技巧需要卖家提前添加一些 QQ 空间达人的账号，经常关注这些人的活动，适时为对方点赞、回复、赠送礼物，这样能提高自己的曝光率，吸引对方的关注，借助对方的名气来增加自己空间的流量，从而起到推广产品的作用。

- 巧设空间名称与头像：如果自己的产品有明星代言，可以将该明星的名字融入到自己的空间名称中，并将空间头像改为明星头像，这样可以起到一定的明星效应。
- 分享链接：QQ 空间有分享的功能，我们可以通过这一功能，向好友分享视频、网站等有趣的内容。需要注意的是，要想增加好友的互动率，就要选择对方喜闻乐见的内容，这样可以培养好友的忠实度，为产品积累稳固的客户基础。
- 转载文章：转载他人空间中有价值的文章，然后对该文章进行编辑，在文章末尾附上自己产品的推广链接。这样一来，当这篇文章被大量转载时，产品信息的曝光率也就相应增加，从而形成一种隐形的产品推广模式。
- 保持 QQ 空间的新鲜度：除了发布说说、分享或转载文章外，卖家也要注重原创并经常与空间好友互动，这样可以有效提升空间的活跃度，增加产品的曝光率。

8.2 陌陌社交营销

陌陌是一种类似微信的社交工具，但是它又有别于微信。同样都是做社交关系，微信是做熟人关系的，也就是说，微信中的好友彼此认识、觉得靠谱才会保持联系。但是，陌陌更多的是倾向与陌生人的交流，这是陌陌的一个标签和特性。在 QQ 营销中，说到要做异性流量，陌陌就是很好的引流渠道。

8.2.1 通过与周边的人聊天介绍微店

为什么都说陌陌能弥补微信的不足呢？玩过陌陌的人都知道它的“TA 附近”功能，它类似于微信的“附近的人”功能。陌陌的主界面中就包括这个功能，说明这是陌陌的主打功能。这给我们一个什么信号呢？这个功能是开放的，起码不会像微信那样打开次数多了就被屏蔽。所以，接下来我们可以利用这个功能引导流量。

与周边的人聊天，介绍自己的微店，具体操作方法如下。

第 1 步：进入陌陌界面，❶ 单击下方的“发现”图标，❷ 在该页面中单击“附近的人”选项，如下左图所示。

第 2 步：默认进入“附近”页面，会显示当前位置附近的陌陌用户。❸ 单击右上角的“筛选”按钮，❹ 在打开的面板中选择条件，❺ 单击“确认”按钮，如下右图所示。

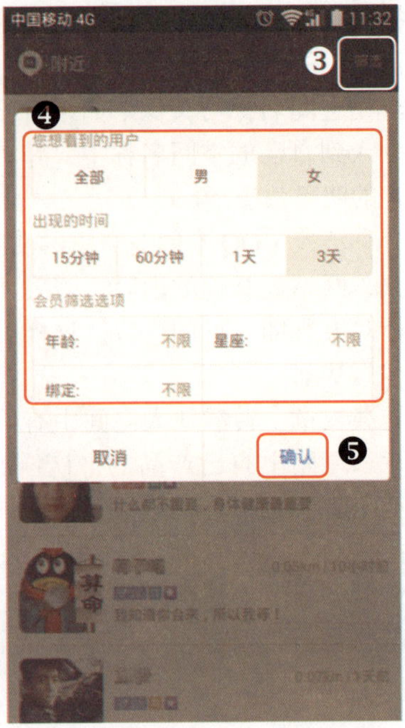

第 3 步：此时会筛选出符合条件的用户，❶ 单击需要进行聊天的用户头像，如下左图所示。

第 4 步：进入该陌友的资料页面，❷ 单击下方的“对话”按钮，如下右图所示。

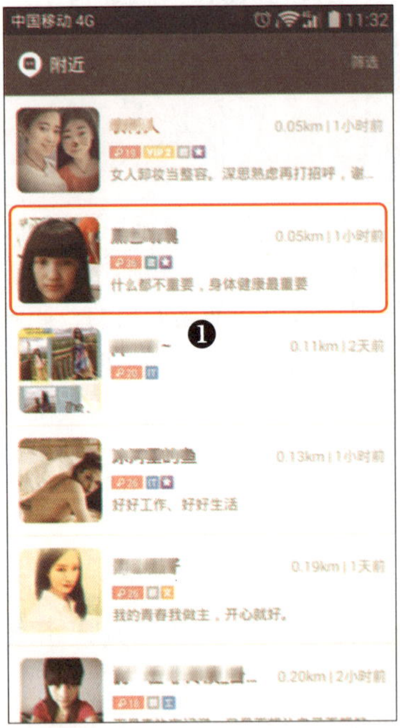

第 5 步：从聊天中取得对方信任后，可以将自己微信的链接或是产品资料发送给对方，如下左图所示，达到为微店引流的目的。

第 6 步：返回“附近”页面下方，可以与系统“为你推荐”列表中的好友聊天交流，如下右图所示。

8.2.2 在资料页存放产品图片

利用陌陌引流，首先是账号名称应给人一些悬念，给那些需要产品的人留下想象空间；然后就是头像，可以结合微信头像，不仅要美观，还应突出特色；最后是签名。不管是头像还是签名，都要针对账号名称做好关联。

1. 设置账号头像为产品图

在这里，我们可以将与微店产品相关的图片设置为账号头像，突出产品，具体操作方法如下。

第 1 步：在“陌陌”首页下方单击“个人”图标，进入自己的资料页。❶ 单击右上方的“编辑”图标，如下左图所示。

第 2 步：进入“编辑资料”页面，❷ 单击头像图像右侧的“添加”按钮，如下右图所示。

第 3 步：在手机相册中选择需要设置为头像的图片，❶ 默认进入“裁切图片”页面，拖动定界框调整头像区域，❷ 单击“确认”按钮，如下左图所示。

第 4 步：❸ 选择滤镜效果，❹ 单击“完成”按钮，如下右图所示。

第 5 步：返回“编辑资料”页，❶ 长按原账号头像图片，❷ 在弹出的面板中单击“删除”命令，❸ 单击右上方的“完成”图标，如下左图所示。

第 6 步：此时即可看到账号头像已被更改，如下右图所示。

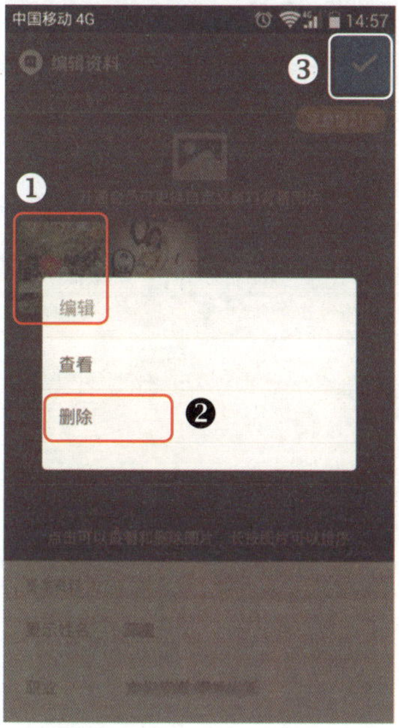

2. 发布产品留言

在陌陌的留言板中，可以查看附近人的动态和自己好友的最新动态，还可以评论。微商也可以给附近的人或者好友留言，宣传自己的产品。发布产品相关信息留言的具体操作方法如下。

第 1 步：进入微信界面，❶ 单击下方的“留言板”图标，❷ 在该页面右上方单击 + 按钮，如下左图所示。

第 2 步：在打开的面板中单击“发布留言”选项，如下右图所示。

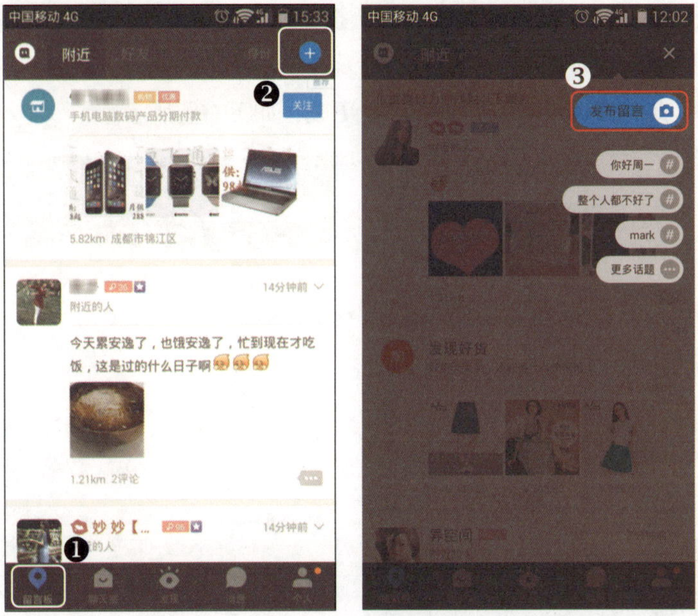

第 3 步：进入“发布留言”页面，❶ 输入内容，❷ 选择手机相册中相关产品的图片，❸ 选择地理位置，❹ 选择需要同时分享的平台（新浪微博、QQ 空间、朋友圈），❺ 单击右上方的✓图标，如下左图所示。

第 4 步：此时即可在留言板中查看自己发布的最新动态消息了，如下右图所示。

您知道吗 发布留言的规则

在陌陌中，个人星级达到三星及以上，发布的留言才会在附近显示。发布广告和其他违规信息会降低个人星级。根据用户的社交表现，将展示不同的星级水平。用户可以在设置页面的“个人星级”里查看自己的当前星级，并可根据系统提示进行升级。

8.2.3 加入群组方便宣传产品

陌陌的群组功能以地理位置为基础，通过丰富的群资料吸引有共同爱好和兴趣的成员加入。当微商遇到有精准客户类型的资料公告时，便可以申请加入群组，这样就可以一起讨论或者聊天了，具体操作方法如下。

第 1 步：进入陌陌界面，❶ 单击下方的“发现”图标，❷ 在该页面中单击“陌陌群组”选项，如下左图所示。

第 2 步：进入“附近群组”页面，可查看到附近的群。❸ 单击想要加入的群名称，如下右图所示。

第 3 步：进入该群的资料页面，可看到群成员、群等级、群留言等相关信息。❶ 单击下方的“申请加入”按钮，如下左图所示。

第 4 步：❷ 输入验证信息，❸ 单击“申请”按钮，如下右图所示。

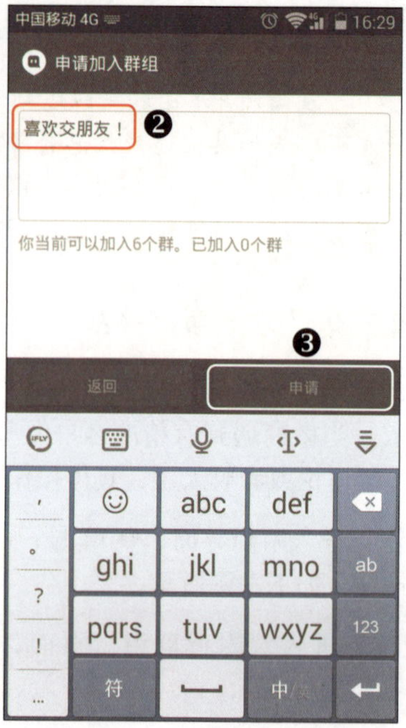

第 5 步：❶ 待群主同意加入后，在通知页面单击“聊天”按钮，如下左图所示。

第 6 步：❷ 进入群聊天面板，输入信息内容进行群聊，如下右图所示。

8.3 微视营销

微视是一个视频入口，由于其内容特点受到很多人的喜爱，因此有特定的粉丝群。微视想要为微店引流，就必须要有粉丝。微店可以通过微视发送产品展示视频或者产品植入式软广，再配合 140 字的产品介绍展示自己的微信号。

8.3.1 使用 QQ 号登录微视

区别于其他社交软件，下载安装微视后，登录方式可授权于微信、QQ 或微博中的任意一个。例如，使用 QQ 登录微视，具体操作方法如下。

第 1 步：打开微视，❶ 在登录界面选择登录方式“QQ 登录”，如下左图所示。

第 2 步：❷ 输入 QQ 账号及密码，❸ 单击“登录”按钮，如下右图所示。

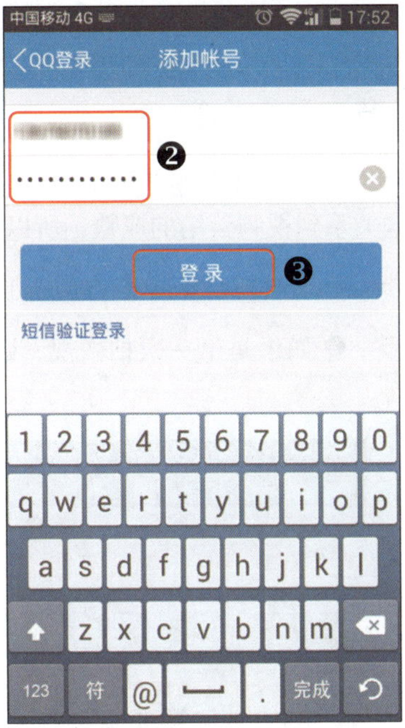

第 3 步：❶ 在“QQ 登录”页面单击“授权并登录”按钮，如下左图所示。

第 4 步：默认进入“编辑资料”页面，❷ 输入昵称，❸ 单击右上方的“完成”按钮即可完成登录，如下右图所示。

8.3.2 发布产品微视频

微商特别适合借助视频获取精准客户。视频营销的第一步就是准备素材，即录制视频，这关系到视频营销的成败，所以我们要引起重视，具体操作方法如下。

第 1 步：登录微视，❶ 单击首页右上方的“视频”图标，如下左图所示。

第 2 步：❷ 如果是第一次拍微视，则单击“开始吧”按钮，如下右图所示，进入拍摄页面。

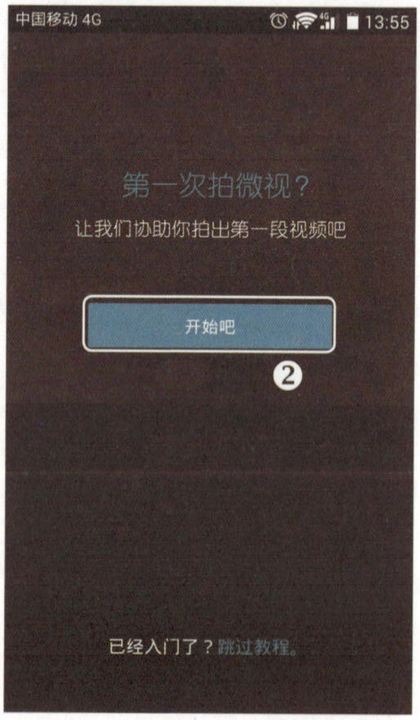

第 3 步：❶ 长按“按住拍”按钮，开始拍摄视频，最短为 2 秒，最长为 8 秒。❷ 拍摄完成后松开手指，单击图标，如下左图所示。

第 4 步：❸ 为视频添加系统自带的特效，❹ 单击右上方的“使用”按钮，如下右图所示。

第 5 步：❶ 写下视频描述内容，❷ 设置视频权限，❸ 单击“同时分享到”下方的“新浪微博”图标，如下左图所示，将视频分享到新浪微博。

第 6 步：进入微博登录页面，❹ 输入微博账号及密码，❺ 单击“登录”按钮，如下右图所示。

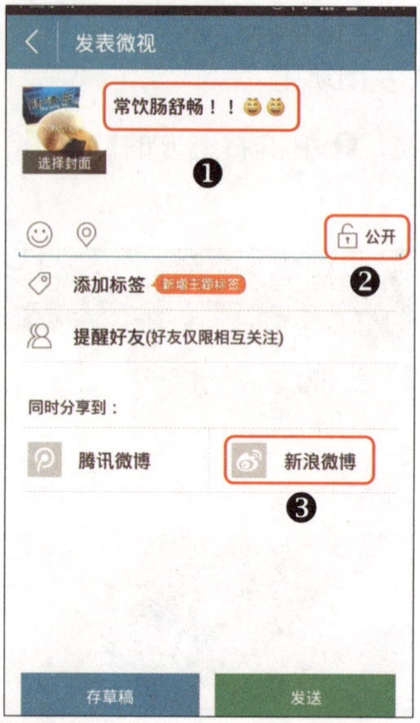

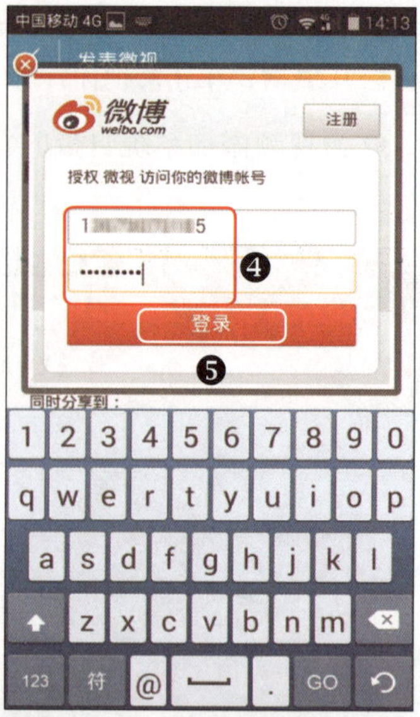

第 7 步：若允许微视对微博执行相关操作，❶ 单击“授权”按钮即可，如下左图所示。

第 8 步：此时，即可看到微博图标已点亮。❷ 单击“发送”按钮，如下右图所示。

第 9 步：开始合成视频并显示进度，如下左图所示。合成完毕即可上传视频。

第 10 步：稍等片刻，即显示视频上传成功，如下右图所示。

8.3.3 将视频分享给 QQ 好友

为了将视频引流做到更广泛的区域，我们可以将视频分享到多个能够关联的平台，或单独发给某好友。将视频发送给某个 QQ 好友，具体操作方法如下。

第 1 步：进入视频详情页，❶ 在页面下方单击“分享”按钮，如下左图所示。

第 2 步：❷ 在打开的面板中单击“手机 QQ”图标，如下右图所示。

第 3 步：❶ 选择需要发送视频的 QQ 好友，如下左图所示。

第 4 步：❷ 在弹出的面板中输入文字评论或表情图，❸ 单击“发送”按钮，如下右图所示，即可将视频发送给选择的 QQ 好友。

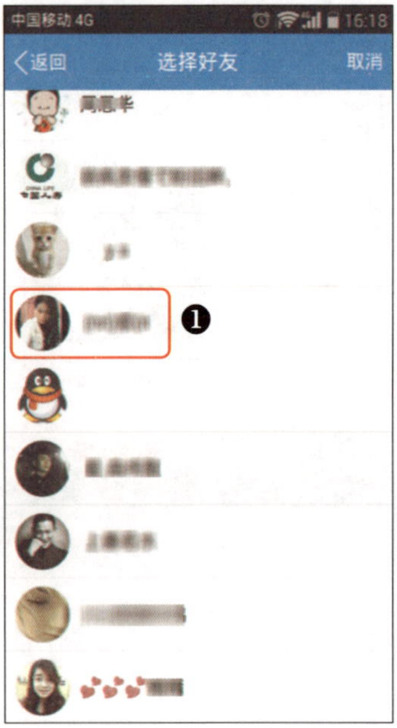

8.3.4 在微视中快速增加粉丝的技巧

只要粉丝喜欢视频中展示的产品，就会添加我们的微信，这样我们就可以通过微信进行更深层次的交流和产品买卖。

1. 制作高质量微视内容

首先需要有高质量的视频，这是最关键的。没有好的视频，其他都是“浮云”。这里说的高质量视频并不是说一定要有高档的器材和专业的制作，主要还是创意——能让大家笑了、感动了、还想再看几遍，那就是高质量。如果你有特长，如唱歌、跳舞、魔术、车技等，都可以“秀”出来。

2. 积极关注热门标签

每天关注微视的热门标签，按标签的主题拍视频上传并添加相应的标签，如果得到官员方推荐，播放量和粉丝数也会大幅度提高。

3. 互动——最快速的增粉

新手除了做好视频，最主要的还是要勤于互动。所谓互动就是和别人互粉、互转、互赞，这也是有技巧的。

先说互粉，找和你等级差不多的人互粉，一般粉丝数 100 以内的回粉率最高。每个账号每天可以关注 200 人。如何最大程度地利用好这 200 个名额呢？就是要找实时在线的。在动态里找正在转发别人视频的账号，这些人都是在线的，在这些人里再找同等级的关注。关注就完成了吗？还没有。再去他的粉丝里，关注他的粉丝前 10 名，这些都是很愿意互粉的人群。这样的话，回粉率会达到 40% ~ 50%。一天关注 200 人，10 天后你的粉丝数就会过千——当然，关注数也封顶了，因为一个账号最多只能关注 2000 人。

8.4 微博营销

微博是一个用户量极为庞大的线上社交平台，有着数以亿计的活跃用户。微博用户可以以文字、音频、视频等多种形式直接发布微博及长微博，凭借一定的粉丝数量及转发率，微博内容便可以在互联网上得到迅速、广泛的传播。

微博的这一传播特性，为微店店主推广产品提供了大好机会。很多店主利用微博平台进行营销推广活动，都收到了不错的效果。

8.4.1 分享我的微店至微博

利用微博的开放性引流。微商可以将自己的微店分享至微博，具体操作方法如下。

第 1 步：打开“微店”，❶ 单击“我的微店”图标，如下左图所示。

第 2 步：❷ 进入“我的微店”页面，单击“分享”图标，如下右图所示。

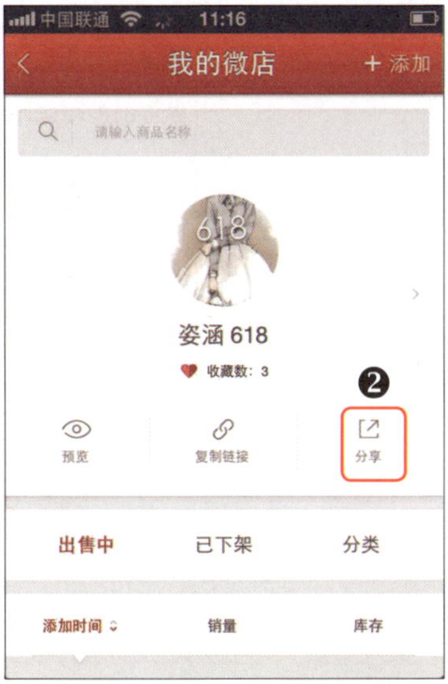

第 3 步：❶ 在打开的“通过社交软件分享”面板中单击“新浪微博”图标，如下左图所示。

第 4 步：❷ 即可将微店超链接转发到微博，单击右上方“发送”按钮，如下右图所示。

第 5 步：打开微博，即可看到分享的微店链接动态，如下图所示。

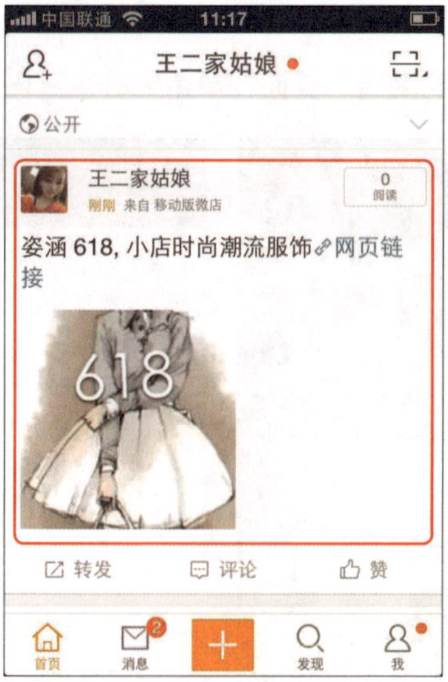

您知道吗　微博引流对微信的限制

微博虽然不像淘宝那样抵制微信，但也在尽量限制微信。例如，只要在微博文章中提到“微信”二字，那么很多重要的微博推广功能就都不能使用，包括粉丝通、微博私信自动回复、微博私信群发等。

8.4.2 在微博中推广的方式

微店店主在做微博推广时，不付费的方式大致有两种：一是自己建立个人微博进行推广；二是在一些人气超强的名博中以评论的形式做推广。

若微博处于开通初期，就需要在内容上多花心思，多发一些大家喜闻乐见的原创贴或转贴，不要整天张贴“牛皮癣”一样的硬广告，即使是软广告，也不要太密集。总之，先把人气提升上来，再去做广告。一般来说，这个提升人气的过程是缓慢的，需要耐心经营。

8.4.3 做好“大 V”转发

新浪微博上线至今已有 6 年时间，常规的推广方法已经难以取得效果。目前，如果希望在新浪微博上快速覆盖大量用户，则需要付费推广，特别是做“大 V”的付费转发。当然，我们不需要一个一个去找，然后分别投放。这里向大家介绍微博投放的中间平台，即微博易。

微博易是目前国内最大的微博精准广告自助投放平台。该平台利用大数据分析技术对各社交媒体账号进行评估，对用户和群受众进行分析，确定各类账号的隐形属性，可以帮助我们找到最匹配的账号进行广告信息“直发 / 转发”，简单 4 步就可以完成微博精准广告投放。

注册微博易账号，然后充值，接下来就可以像逛超市一样进行选择了。该平台会列出很多微博账号，这些账号都经过分类，可以通过搜索、排名、推荐等方式筛选出我们想要投放的渠道。接着，给这些微博主下单，下单的价格也是像超市一样明码标价，其中注明了硬广和软广的价格。

微博主会关注这个平台。一旦产生订单，微博主就会审核这个订单，判断是否接单。微博主也可以直接拒绝接单。这是第一个渠道。

第二个渠道就是任务通。任务通与微博易最大的区别就是，任务通是新浪官方的推广产品，只能投放新浪微博，而微博易则横跨新浪微博、腾讯微博、美丽说、QQ 空间、蘑菇街等多个平台。

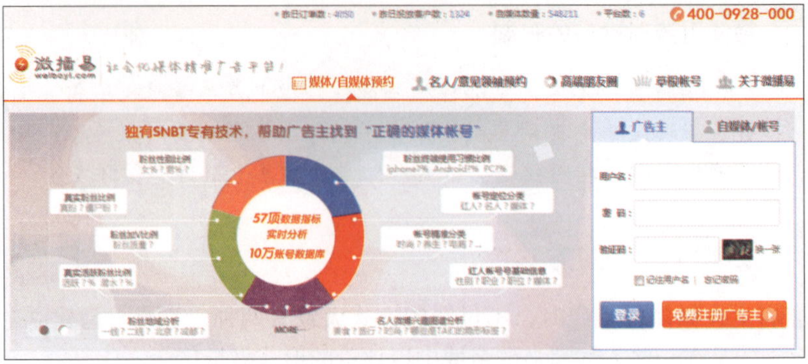

然后，就是选择账号。在选择一个微博账号进行推广时，除了分析他的客户群体与我们的产品、用户群的匹配度以外，就是判断性价比，也就是这个账号的用户活跃度与他在微博易或者任务通上标出的价钱是不是成正比。

通常情况下，粉丝里面当然会有很多“水军”、“僵尸粉”等，但是我们需要的是真真正正的粉丝，对这一点我们可能根本无法准确判断。所以，判断这个账号活跃度的一个重要指数就是评论数和转发量。通过观察评论数和转发量可以大致知道我们选择的这个账号是否活跃。

您知道吗　判断活跃度的方法

要想判断一个账号真正的活跃度是多少，可以先花一笔钱测试一下这个账号。通常情况下，一般 100 万粉丝的微博账号转发一条广告的费用是 300 元左右，直接发广告信息的价格相对较高。

最后，需要精准导入流量。清楚投放平台后，还需要精心准备真实的、有感染力的文案内容，文案也要根据转化率不断修改和完善。大量投放文案，将粉丝吸引到我们先前准备的微信账号上，最后通过微信成交。

经验与实战分享

前面给初学者介绍了相关知识的应用，下面给新手介绍一些感悟和技巧。

主题 01　在论坛上推广微信号

单靠微信来增加好友数量是有局限性的。想要快速、有效地拓宽朋友圈，我们还需要从多种渠道入手。卖家要根据自己的产品定位锁定目标客户群，然后根据客户群的特点选择相关的网站和论坛。

例如，卖家经营时尚女装，那么对应的客户群就是年轻女性，需要选择的推广论坛就是人气较高的时尚论坛，而不是游戏、财经等论坛。

在论坛里，可以发布自己的产品信息、微信号，如果价格和产品信息十分诱人的话，相信一定会有人关注。论坛上通常有许多版块，我们可以模仿其他人的发贴方式来推广自己的商品。在初期推广，主要目的是增加微信好友数量，所以大可不必为订单少而忧心忡忡，只要朋友圈有所扩大，那么我们的推广就算是成功了。

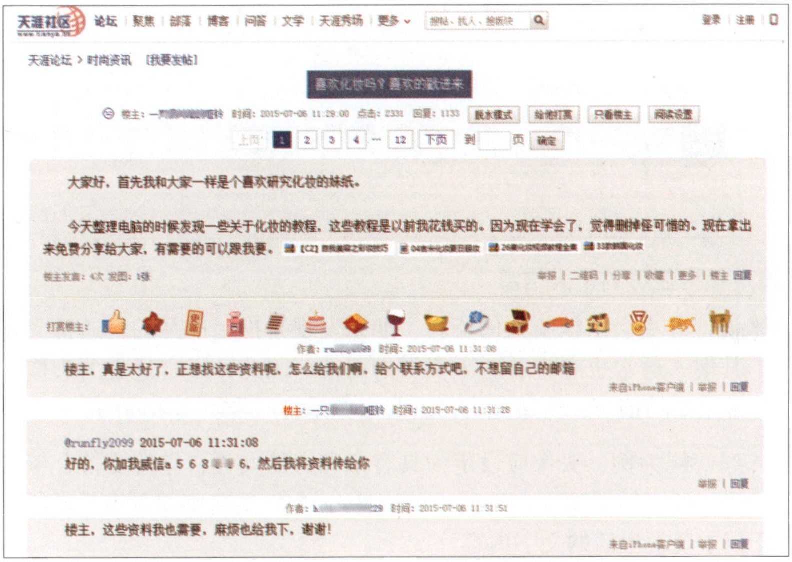
天涯社区
论坛 | 聚焦 | 部落 | 博客 | 问答 | 文学 | 天涯秀场 | 更多
登录 | 注册
天涯论坛 > 时尚资讯 [我要发帖]
喜欢化妆吗？喜欢的戳进来
时间：2015-07-06 11:29:00 点击：2331 回复：1133
脱水模式
给他打赏
只看楼主
阅读设置
上页 1 2 3 4 … 12 下页 到 页 确定
大家好，首先我和大家一样是个喜欢研究化妆的妹纸。
今天整理电脑的时候发现一些关于化妆的教程，这些教程是以前我花钱买的。因为现在学会了，觉得删掉怪可惜的。现在拿出来免费分享给大家，有需要的可以跟我要。
举报 | 二维码 | 分享 | 收藏 | 更多 | 楼主 回复
打赏楼主：
时间：2015-07-06 11:31:08
楼主，真是太好了，正想找这些资料呢，怎么给我们啊，给个联系方式吧，不想留自己的邮箱
来自iPhone客户端 | 举报 | 回复
楼主：
时间：2015-07-06 11:31:28
@runfly2099 2015-07-06 11:31:08
好的，你加我威信a 5 6 8 6，然后我将资料传给你
举报 | 回复
时间：2015-07-06 11:31:51
楼主，这些资料我也需要，麻烦也给我下，谢谢！
来自iPhone客户端 | 举报 | 回复

此外，有些网站专门做微信推广，卖家可以根据情况通过付费来推广自己的微信号。

主题 02 通过 QQ 群扩展微信群

利用 QQ 群来扩展微信群，前提也是要根据产品锁定目标客户群。卖家可以创建一个新的 QQ 账号，然后用关键词来搜索拥有潜在客户的 QQ 群。在这里，需要注意以下几个问题。

1. 搜索范围宜精不宜广

简单来说，就是我们在搜索 QQ 群时要缩小范围，优先选择地方群、同城群等，这样更有助于锁定目标客户群。

以母婴产品为例，我们可以在 QQ 上搜索“上海妈妈”、“深圳妈妈”等，而不要搜索全国性的群。

2. 选择适合营销的 QQ 群

首先，群需要有人气，通常成员超过 200 人、同时在线的人数在 100 人以上、

群内常驻的活跃会员超过 20 人的群比较有市场。尽量避免加入那些人数特别少的、活跃度差的群，这样的群死气沉沉，不值得我们花时间与精力做营销。

3. 设定相得益彰的个人信息

一般来说，群主会审核新人的资料，如果发现是推销产品的，通常会将这样的人踢出去。其他人通常也有查看新人资料的习惯。因此，设定适宜的头像、个性签名等都是非常重要的细节，要避免自己看起来像是打广告、卖东西的。

以加入妈妈群为例，头像应设定为具有亲和力的女性，年龄要符合年轻妈妈的特点（有些妈妈群还需要填入完善的小孩信息），个性签名则要具有生活气息，可以写一些关于孩子日常生活的文字内容。

4. 互动要巧妙

成功入群后，就要学会与大家互动、闲聊，不要“潜水”（只看他人互动，自己隐身、不说话），否则加入群也就没什么意义了。在互动时，可以和群主合作。例如，与群主熟悉后，可以试着间接让群主知道你是一位新妈妈，为了减轻育儿压力正在兼职经营一些小产品，所以想在公告上推一推自己的微信号等。如果群主同意了，就可以大方地在公告上做广告；如果群主没有同意，我们还可以和群内的其他人互动，从孩子的日常生活聊到母婴产品，巧妙地推荐自己的产品，并把自己的微信号介绍给大家。通常情况下，只要真诚对待网友，网友也会乐意回应你的。

5. 灵活运用共享功能

卖家可以精心挑选一些产品美图，将它们上传到群相册中，还可以将精心撰写的产品信息通过邮件群发给群中的好友。此时需要注意，邮件发送次数不要太多，一周或两周发送一次即可。

主题 03 QQ 空间营销注意事项

众所周知，QQ 空间的影响范围非常广，所以自然地成为微商的重要推广平台。这里为新手提出几点注意事项。

1. 访客设置

在 QQ 空间的设置功能里有一个“权限设置”选项，如下图所示。

权限设置包括“谁能看我的空间”、“谁能看我的访客”等。既然是营销性质的 QQ 空间，“谁能看我的空间”选项当然应该设置成“所有人”，如下图所示。

另外，因为很多人会利用软件提取我们的访客数据，所以应该将“谁能看我的访客”选项设置成只有自己能看到访客，如下图所示，以防同行看到我们的访客后关注访客。

在“谁能看我的访客”选项下面有一个“防骚扰”设置，主要用于限制评论和

回复。因为我们要利用 QQ 空间进行营销，所以应该允许所有人评论我们的日志、说说、相册、留言板，千万不要开启评论审核功能，如下图所示。

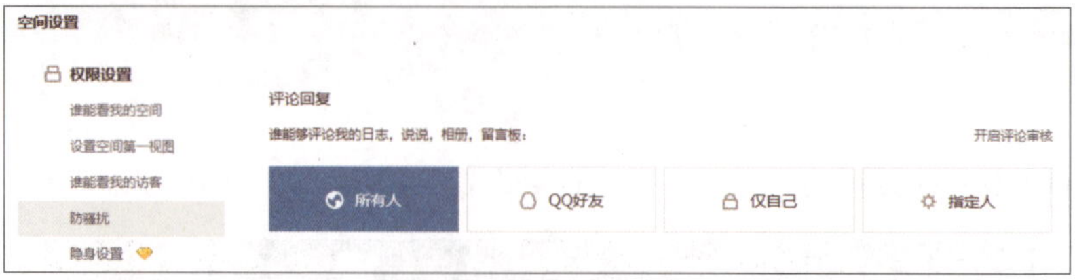

在 QQ 空间中销售产品，就像做淘宝一样，如果不能评价，给人的第一感觉就是这个 QQ 空间没有诚信，或者产品质量不好（因为没有看到评价，没有用户反馈产品质量到底如何）。如果不设置评论审核功能，可以给客户安全感，客户发现我们的说说、日志都可以评论，会觉得这是一个真实的人，是一个值得信赖的卖家。

2. QQ 与微信同步

绑定 QQ 和微信，这样微信里面所有的内容都可以同步到 QQ 空间中，如下左图所示，朋友圈中发布的内容在 QQ 空间同时显示。操作方法很简单，只需在朋友圈发布消息时，在编辑页面下方单击点亮“QQ 空间”图标即可，如下右图所示。

3. 持续提升 QQ 空间的人气

我们是通过 QQ 空间来销售产品的。既然要销售产品，当然要增加人气和点击量，这样才会产生交易。发布一些能够引起共鸣的日志、说说、照片等，让别人产生好感，然后关注我们。

当然，不排除每天确实有一些不相干的人加进来。但是，如果这些人看到我们的 QQ 空间天天在传递正能量，而且发现我们是有诚意、讲信誉的卖家，也会情不自禁地受到感染，有可能变成我们的顾客和粉丝。只要他有要求，就会买东西，就有可能成为我们的客户。所以，不要轻易删除任何一个人。多一个朋友多一条路，多一个朋友多一份商机，只要这个好友存在，未来某一天他就有可能成为我们的合作伙伴。

还要注意，大部分人相当反感 QQ 空间刷屏，这样做尤其容易被朋友或亲戚责问。所以，针对这种情况，建议最好与私人 QQ 空间分开。营销用的 QQ 就是做营销的，只针对客户和有意向的受众；私人 QQ 要和这个营销 QQ 分开，也就是说，生活和生意要区分开。

做 QQ 空间营销操作简单，成本低，回报高，可持续性强。通常一个营销性质的 QQ 从吸引并加满好友到初具人气需要 1~3 个月的时间，所以，需要坚持做，每天进步一点。

本章小结

本章详细介绍了利用现今主流社交软件给微店引流的方法与技巧，主要包括 QQ、陌陌、微视、微博等。通过本章的学习，微商能更好地经营自己的微店，为自己带来更大的利润。

售后，包装与物流

第9章

本章导读

微商的产品在交易时，通常情况下是通过物流公司送到买家手中的，当然卖家也就需要通过物流来发货。物流过程是微店交易中最难控制一个环节，也是卖家需要深入了解的。了解并掌握一些商品包装与物流发货技巧，不但可以节约一定的运费，而且发货也会更加方便、安全。

知识要点

通过本章内容的学习，读者能够了解产品的包装与运输等知识。学完后需要掌握的相关技能和知识如下。

- 产品的包装技巧
- 物流的选择方法
- 产品的发货技巧
- 如何避免在物流运送中出现问题

9.1 商品包装要讲究

微商是否用心在做生意，看看产品的包装就知道了。用包装赢得买家的心是一种简单、实用的销售手段。

9.1.1 产品运输包装的重要性

这里我们所讲的包装，是指为了产品的安全运输而对产品本身进行的二次包装。此环节关系到产品能否完好无损地送到买家手中。如果因包装马虎导致产品在运输途中损坏，那就得不偿失了。

当买家收到产品时，最先看到的就是外包装。所以，要想给买家留下一个非常好的印象，不给他们挑毛病的机会，将产品包装好是很有必要的。包装不仅能保护产品，也能赢得买家的信任和欣赏。因此，产品的包装是店铺服务理念最直接的体现，是与买家最直接的沟通，一个精致、美观、严实的包装是出售产品时必不可少的。

9.1.2 特殊产品的包装技巧

在发货时，明明是完好无损的产品，可是发货出去，买家收到后偏偏说是破烂，这让很多微商头痛不已。究其原因，很多微商在包装一些特殊类型的商品时没有考虑到这种商品的特性，从而导致商品损坏或者挤压变形。因此，掌握各类产品的正确包装方式，有利于减少损失和避免不必要的麻烦。

1. 易变形、易碎的产品

这类产品，对于微商而言可能最多的就是护肤品、化妆品、保健品。对这类产品，包装时要多用一些报纸、泡沫塑料或者泡绵、泡沫网包裹，这些东西不仅重量轻，而且可以缓冲撞击。

另外，一般易碎怕压的物品四周都应用填充物充分填充，这些填充物也比较容易收集，如包水果的泡沫网，电器包装中的泡沫块等。包装完成后，最好在外面贴上“易碎”标签。

2. 皮包、衣服、鞋子类产品

这类产品在包装时可以用不同种类的纸张（牛皮纸、白纸等）单独包好，以防污损。如果用报纸，里面还要加一层塑料袋。

如果我们的产品是形状不规则的商品，如皮包等，可预先用胶带封好口，再用纸包住手提袋并贴胶带固定，以减少磨损。

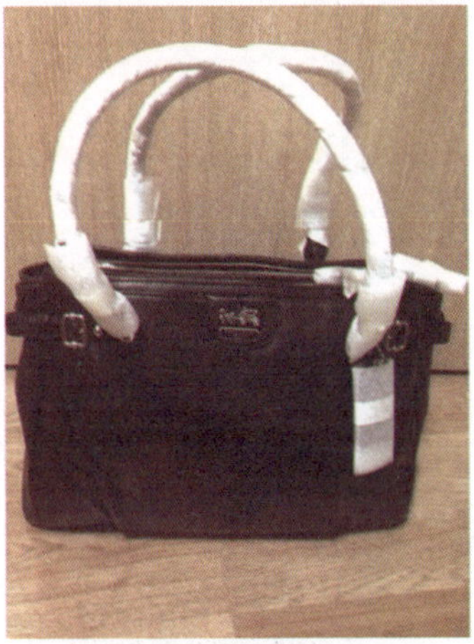

如果是衣服，就要先用防水塑料袋装好，再装入纸盒中。另外，如果用布袋邮寄服装，宜用白色棉布或其他干净、整洁的布。

3. 首饰类产品

首饰类产品一般都需要附送首饰袋或首饰盒，通过以下方法可以让我们的服务显得更贴心。

对于首饰来说，包装盒用 3 层的 12 号纸箱就够了。为了节约成本，可以在网上购买。一个 5 层的 12 号纸箱，在邮局可能要卖到 2 元，而在网上以 0.2 元甚至更低的价格就可以买到。

为了让首饰不在盒子或袋子里晃动，可以使用如下左图所示的泡沫、塑料等作为填充物。如果是比较昂贵的首饰，可以使用专门的首饰盒。

因为邮寄的时候有很多不确定因素，如在运送过程中刚好有一瓶液体商品和你的货品一起运送，一旦这个液体商品的包装不严密，出现泄露，你的货品很可能受到影响或被浸泡，所以，纸箱的四角一定要用宽胶带包好，这样也可以更好地防止撞击。

运送时附带一张产品保养及使用说明书，这样显得比较专业，也会给买家留下好印象。

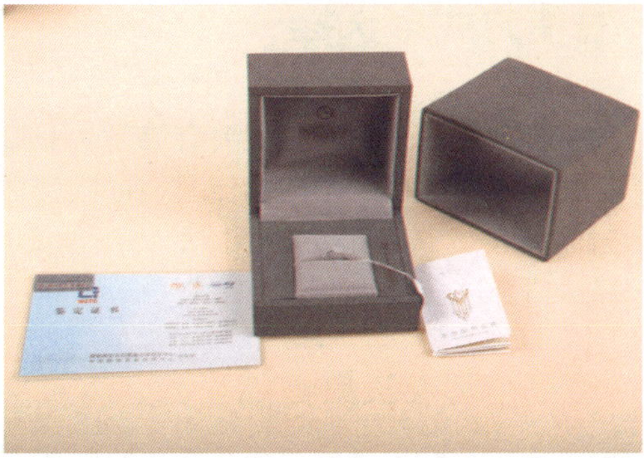

4. 电子产品的包装

比较贵重的精密电子产品，如手表、手机、相机等，包装的主要目的是保护产品不受运输过程中的各种机械因素和气候因素的影响，确保产品完整无损地送到买家手中。

在对这类产品进行包装时，可以用泡沫块、防静电袋等包装材料把物品包装好，用瓦楞纸在商品边角或者容易磨损的地方加强包装保护，并用填充物，如报纸、海绵、防震气泡布这类有弹力的材料将纸箱空隙填满。这些填充物可以阻隔及支撑商品，吸收撞击力，避免产品在纸箱中因摇晃而受损。

5. 液体类产品的包装

液体类产品有专门的邮寄办法：先用棉花裹好，再用胶带缠好。在包裹时一定要封好割口处，可以用透明胶带多绕几圈，然后用棉花整个包住。可以包厚一点，最后再包一层塑料袋，这样即使液体漏出来也会被棉花吸收，并用塑料袋做最后的保护，不会流到纸盒外面污染其他包裹。

6. 食品类产品的包装

食品的包装最重要的是做到干净和抗挤压。某些食品的保质期很短，如巧克力、干果、牛肉干之类的非真空包装食品，发送这类货物要注意以下两点。

一是包装要干净。不管是装食物的袋子，还是邮递用的纸箱，都要干净。如果放在一个脏兮兮的纸箱里，不仅影响食欲，买家收到货后也肯定会质疑食物的卫生安全问题。有了这层阴影，下次肯定不会再光顾了。

二是份量一定要足。微商在发货时，千万不能缺斤少两，最好在货物中附一张清单，注明食品的品名和购买数量。清单一式两份，给客户一份，自己留一份。

9.2 发货方式多选择

目前微商使用的运输方式主要有快递、平邮及 EMS，如果距离较近，也可以同城送货交易。不同地区、不同物流公司的收费标准也不同。对微商来说，由于经常需要通过物流发货，因此要对不同的物流方式、资费标准及服务进行相应的了解，从而选择最适合自己产品的发货方式。

9.2.1 使用平邮发货更省钱

平邮是中国邮政提供的普通包裹运输服务，运输时间较长，一般发货后 7 至 15 天才能到货，唯一的优点就是运费较为低廉。目前，由于快递公司收费较为低廉，平邮已经很少被买家采用了。而且，对于微商来说，发普通包裹需要自己到邮局办理，相对比较麻烦。

9.2.2 使用快递发货更迅速

选择快递公司来配送货品是现在线上交易最主要的物流方式。相比其他物流方式，快递公司的配送比较灵活，而且在价格上也有一定的优势。

1. 普通快递

普通快递公司目前主流的有申通快递、圆通快递、中通快递、韵达快递等，是大部分微商的选择，具有快速、方便、价格合理等特点。

2. 顺丰快递

顺丰快递是目前所有快递里面速度最快的一个，丢失快件的概率也是最低的，但也是价格最高的。

目前顺丰快递发货速度较快，全国范围内一般 2 天左右到货。如果追求更快的速度，且商品利润较高，推荐选择顺丰。如果产品利润不是很高，买家也没有要求必须用顺丰快递发货，则可以选择其他快递公司。

3. 无处不达的邮政 EMS 快递

EMS 是中国邮政的特快专递业务，其速度与快递公司相差不多，但是服务和效率有些地方不如快递公司。EMS 主要采取空运方式，根据距离一般 1 ~ 8 天到达。

由于中国邮政属于国营企业，因此该业务在海关、航空等部门均享有优先处理权，相比其他快递速度更快，能够为用户特快专递国际、国内的紧急信函、文件资料、金融票据、商品货样等。EMS 除了安全性高以外，最大的特色就是能够覆盖全国所有地点，包括比较偏远的山区，这是其他快递公司所不具备的。因此，EMS 相较于其他快递的服务收费都要高一些。

4. 便捷的同城快递配送

作为微商，同城交易在所有交易中往往占据了一定的比例，因为一些买家可能是自己的朋友或附近的人。同城送货运费便宜，如果条件允许的话，还可以让买家上门购买或者卖家送货上门。

在绝大多数城市中，同城快递的费用一般是 5 元左右，而且次日即可到货，这无疑缩短了买家的收货等待时间。而且，由于在同一地区，相互交流起来也会较方便，如果买家在使用过程中遇到了问题，也便于维修和处理。

由于同城交易有着无可比拟的优越性，所以，对微商来说，非常有必要抓住这一顾客群体。

9.2.3 时刻跟踪产品物流情况

使用 EMS 或者物流公司发货后，都会给卖家留有一张发货单，在发货过程中，我们可以随时通过发货单中的订单号登录物流公司网站，跟踪货物的运输进度，或者将订单号告知买家，便于买家跟踪运输进度。快递单号一般为 12 位数字。下面就以在线跟踪韵达快递的运单为例进行具体介绍，操作方法如下。

第 1 步：打开韵达快递网站（http://www.yundaex.com），❶ 在页面右侧的“快件追踪”文本框中输入快递单号，❷ 单击下方的“查询”按钮，如下左图所示。

第 2 步：此时即可查看当前快递到达的地点、时间等运输状态，如下右图所示。

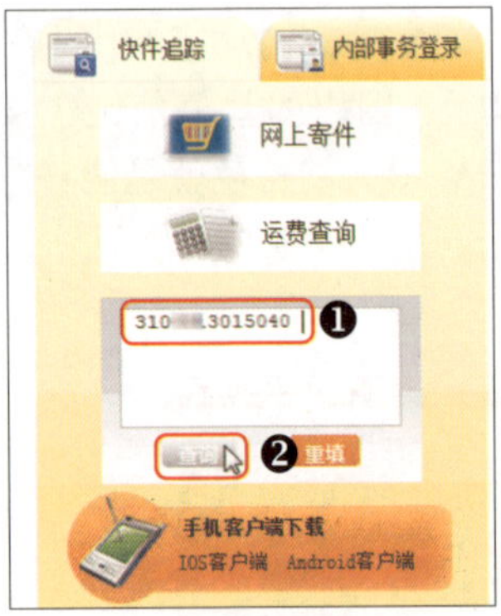

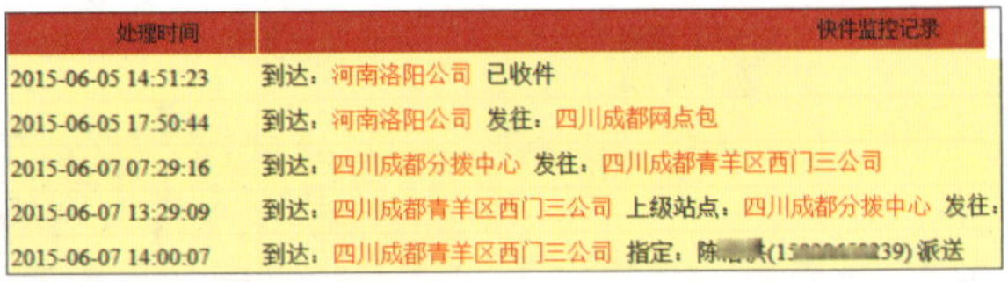

处理时间	快件监控记录
2015-06-05 14:51:23	到达：河南洛阳公司 已收件
2015-06-05 17:50:44	到达：河南洛阳公司 发往：四川成都网点包
2015-06-07 07:29:16	到达：四川成都分拨中心 发往：四川成都青羊区西门三公司
2015-06-07 13:29:09	到达：四川成都青羊区西门三公司 上级站点：四川成都分拨中心 发往：
2015-06-07 14:00:07	到达：四川成都青羊区西门三公司 指定：陈[illegible](15[illegible]39) 派送

9.2.4 专人直送的闪送快递

“闪送”服务是的北京同城必应科技有限公司旗下的一个项目，致力于为用户提供全程可监控的专人直送服务，其首页如下图所示。

闪送是一种新型的快递模式，公司成立于 2014 年 3 月，为用户提供专人直送、限时送达的同城递送服务。客户无论在城市的什么位置，需要递送何种物品，都可以发起闪送服务请求。只要客户在微信、App 或官网成功下单，系统就会把订单推送到客户周围的闪送员的手机上，闪送员就近抢单。从取件到送达，全程只由唯一的闪送员完成，送达时间通常在 60 分钟以内。

您知道吗 闪送的价格

闪送员上门收件或送件时，按公司的收费标准与客人直接结算。

微信首单只需 9 元；5 公里以内，5 公斤以下，19 元；超过 5 公里，每增加 5 公里，增加 10 元；超过 5 公斤，每增加 1 公斤，增加 5 元；5 公里内 60 分钟送达，每增加 5 公里，送达时间延长 30 分钟。

闪送快递避免了传统快递服务的中转、分拣、配送过程中存在的诸多安全性问题。当用户有加急件或者需要专人直送服务时，可通过 Web 在线下单或者通过手机 App 客户端随时随地下单，发出加急送件需求，如下图所示。

闪 送
首页
在线下单
闪送价格
商务合作
闪送员招募
加入我们
FAQ
闪送-微信下单
60分钟送达
北京市
微信下单，
首单9元！
快速响应
您下单后，系统自动将任务发送到离您最近的闪送员手机上，即刻上门为您服务。
专人直送
闪送员从您那里取件后，直接送达到您指定的目的地，无任何中转环节，真正即取即送。
闪电送达
5公里以内60分钟，每增加5公里时间增加半小时。送达时间准时、可预期、无需等待，便于收件人安排时间。

系统根据客户需求，基于位置信息就近分配闪送员上门为其服务，用户可以通过手机客户端全程监控闪送员的位置，闪送员承诺在规定时间内将包裹送达。

订单发出后 30 分钟左右闪送员即可上门，10 公里以内一般在 60 分钟左右送达，安全快捷，方便了当前众多用户对专人和快速的需求。

您知道吗 闪送的地域限制

目前，闪送覆盖的城市有北京、上海、广州、成都、深圳，其他地方暂时无法享受此快递服务。

经验与实战分享

前面给初学者介绍了相关知识的应用，下面给新手介绍一些感悟和技巧。

主题 01 货运方式的择优选择

选择好的运货公司才能保证店铺的日常经营活动更加顺畅。如果遇到不负责任的小公司，那么商品在运输途中或是在买家发起物流投诉时会显得被动。选择好的快递公司的原则大致包括以下几点。

1. 看评价

在选择快递公司时，卖家可以先在网上看看网友对这些公司的评价，这对选择还是有帮助的。网上有各种各样针对快递服务的调查和问答，如可以在百度中搜索，看看有没有比较可信、安全和离自己比较近的快递公司，然后进行筛选，如下图所示。

圆通快递怎么样
百度一下
添加百度到桌面，搜索更便捷！
为您推荐： 申通快递怎么样 圆通 加盟圆通快递怎么样 顺丰快递 圆通快递
别人那里 让我去那里找 我去找别人说没有东西 ... 详情>>
来自百度知道 | 报错
更多相关问答>>
谁用过圆通快递、速度怎么样?服务态度怎样?_les吧_百度贴吧
307条回复 - 发帖时间: 2011年11月13日
谁用过圆通快递、速度怎么样?服务态度怎样?只看楼主收藏 回复 快试试吧,可以对自己使用换尊卡略~ ◆ ◆ 1L给我自己吧 心里TM的不安 回复...
tieba.baidu.com/p/1282... - 78%好评
大家说说 圆通速递怎么样啊?_滕州吧 18条回复 2012-09-22
圆通快递到底怎么样_5233吧 20条回复 2013-03-19
更多贴吧相关帖子>>
【圆通快递怎么样】圆通快递好不好_爱装网家居百科
2014年11月5日 - 其实对于一个快递的好不好,速度快不快,以及服务态度怎么样,大家最想知道的是网友们的意见,下面总结了一些网友们对圆通快递怎么样这个问题的回答,希望...
其他人还搜
展开
顺丰无人机
运输业的改革
最帅快递小哥
帅气快递小哥走红微博
快递爆仓
网络购物节的并发现象
快递中毒事件
同类搜索
展开
申通快递怎么样
国通快递怎么样
优速快递怎么样
百世汇通怎么样

2. 看规模

在查看快递公司信誉的时候，卖家应该选择至少两家以上的公司进行比较，看其在全国的网点规模覆盖率如何，因为这将直接影响卖家的营业范围。

3. 看特点

卖家还需要依照快递公司的特性来选择，如申通快递走江、浙、沪的效率很高，如果卖家的商品大都是发往这个区域就可以考虑。

主题 02 运输过程中货物损坏与丢失的处理方法

店铺的生意日益兴隆，快递会越来越多，在运输过程中，或多或少会有货物损坏和丢件的情况发生。下面就具体介绍运输过程中货物损坏与丢失的处理方法。

1. 货物损坏

通常来说，如果快递公司在运输过程中损坏了商品，那么买家是无论如何也不会签收的，因为一旦买家签收，就意味着快递公司已经完成本次运输，不再负担任何责任。因此，对于易碎类商品，卖家在销售前有必要告知买家损坏拒绝签收。一旦在运输过程中商品发生损坏，就可以与快递公司协商赔偿。

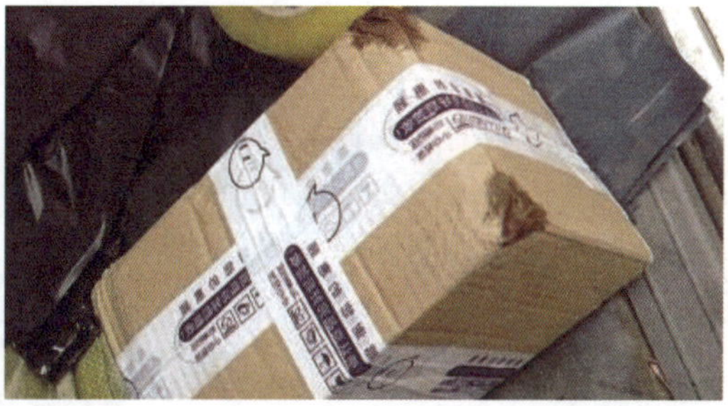

视不同情况，与快递协商赔偿是件非常费时费力的事情。如果发货方没有对商品进行保价，那么最终争取到的赔付金额也不会太高。对于没有保价的商品，赔付通常是根据运费的倍数来决定的，而这个金额可能远远低于商品的价值。由于快递公司丢失或损坏货物的几率非常低，因而多数卖家在发货时一般没有必要对商品进行保价，一旦出现货物损坏情况，也只能尽力与快递公司周旋，争取尽可能高的赔付金额。

另外，一些快递或物流公司对运输过程中的商品损坏是不予赔偿的，如玻璃制品等，卖家在发货时就需要对一些易碎商品进行加固包装，在最大程度上防止运输过程中出现商品损坏。而对一些价值较高的贵重易碎品，通常建议对商品进行保价。

2. 货物丢失

快递出问题，可能最麻烦的就是丢件。在已经确认丢件的情况下，可以按照以下方法处理。

- 表现出你的诚意，压住自己的烦恼，向客户解释。虽然遇到这种情况，卖家比客户更难处理，但是卖家应该第一时间给客户打电话，向客户解释，并保证会给他一个满意的答复，对于造成的不便请他见谅。话中尽可能让客户知道其实你比他更着急，你会有哪些损失等。这样做起码能给客户留下负责任的印象。
- 给快递公司压力，让他们帮你更好地解决。丢了的东西已经找不回来了，所以要想办法解决问题。与客户联系后，就需要与快递公司联系，询问快件出现了什么问题、应该怎么处理等，要求快递公司妥善处理。

如果货物丢失，快递公司派送方一般会被罚款。因此，只要给发件方施压，快递公司就要协调解决，这样就可以得到一定的补偿。

主题 03 快递省钱技巧

选择快递公司发货是目前多数网店卖家主要采用的物流方式。但对于卖家而言，尤其是生意较好的卖家，每个月在运费上的开销也是非常大的，因而卖家有必要考虑如何有效降低快递运费，从而降低店铺开支。

1. 对比多家快递公司

不同快递公司的资费标准各不相同。一般来说，收费越高的快递公司，货物运输速度也就越快。很多卖家在选择快递公司时，往往习惯只选择一家快递公司，这样做不仅无法了解其他快递公司的价格，而且由于不存在竞争，快递公司在运费上也不会让步太多。

选择多家快递公司还有一个好处就是，我们在发货时，可以同时联系多家快递公司的业务员上门取件，故意让快递员知道存在竞争。有些情况下，快递公司业务员之间的价格竞争，最终受益的就是发货人。

2. 时刻关注快递公司的优惠活动

一些快递公司，在不同时期的价格可能会有调整。有时候为了推广，快递公司还会与当地的一些论坛或者网站合作，推广各种优惠活动，如某快递公司曾推出 300 元包 100 件的服务，这样算来下只要每件 3 元，非常划算。

广大卖家在上网的同时，可以利用空闲时间多看看快递公司网站，或者当地知名度较高的交易网站或论坛，一旦有优惠活动就能在第一时间掌握。

3. 快递公司讲价技巧

目前，几乎所有快递公司都可以灵活讲价。不过，要想成功降低快递费用，我们还需要了解一些与快递公司的讲价技巧。下面介绍一些常用的讲价技巧，卖家可根据实际情况运用。

- 直接找快递公司的业务员讲价，而不要找快递公司客服或前台人员讲价。
- 在讲价过程中，适当夸大自己的发货量。因为如果发货量较大的话，业务员为了稳定业务，一般会在价格上有一定让步。
- 用其他快递公司的价格作对比。在讲价时可以和业务员谈及其他快递公司的价格，即使是虚构，也要表现出很真实的样子，一般还是可以降低一部分价格的。

本章小结

本章详细介绍了产品包装和物流方面的内容，先带领读者了解产品的包装，然后介绍了物流的主要方式，以及如何让商品包装更有价值，如何选择运货方式，最后介绍了发货技巧及已发货商品在运输过程中可能出现的问题。对于急需改善商品物流包装的读者，学习本章后可以全面、系统地了解这方面的知识。

第10章

赚钱，也有小窍门

本章导读

在如今这个微时代里，赚钱肯定是有小窍门的。“空手套白狼”显然是不可能的，要把握时机，付诸行动。利用手机开微店创业也是如此，越是赚钱多的牛人，赚钱的窍门也就越多。因此，想要找到赚钱小窍门，就要多向那些赚钱多的成功人士学习。

知识要点

通过本章内容的学习，读者能够向成功人士学到赚钱的小窍门，其中包括构建微商营销模式、学会用故事传播、善于转变微商角色等。学完后需要掌握的相关技能和知识如下。

- 构建微商营销模式
- 营销传播要学会讲故事
- 转变自己的微商角色
- 从量变到质变的微商

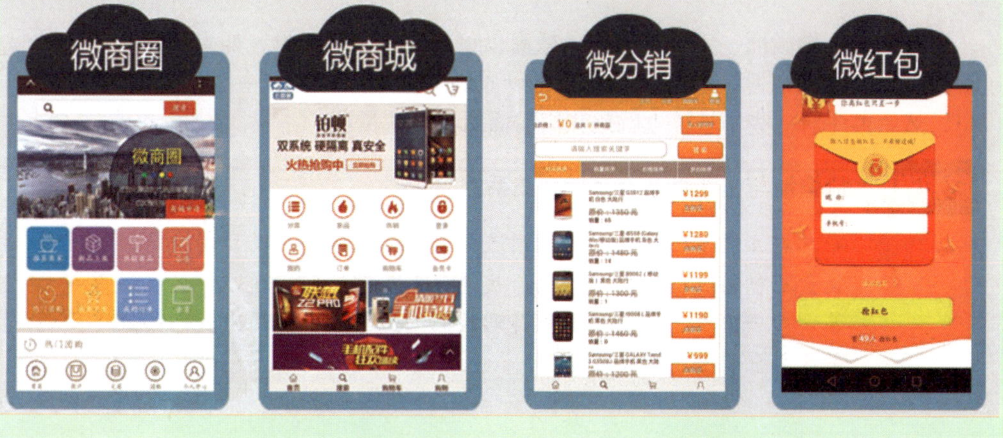

10.1 构建微商营销模型

无论是做电商还是做微商，都离不开推广，推广非常重要，如朋友圈营销、分成推广、口袋直通车等。不管是哪一种推广方式，都脱离不了营销模型。我们把这种推广模式叫做“抓潜”。“抓潜”就是在互联网这个大池子里通过各种推广方式把我们的“诱饵”抛下去之后，如果潜在客户觉得这个东西对他有价值，自然会主动联系我们。推广成功之后，就形成了我们所说的推广模型。

在做推广的时候，针对微商和微信的特点，需要进行一系列的细分。这个细分方向有两种：第一种是我们主动的；第二种是被动的。而在微商这艘大船上，这两种方向的区别其实就是：第一种是“加粉”；第二种是“吸粉”。

1. 创建流量池拉动微店成交

流量池是“引销学”网络成交率倍增体系提出的一个新概念。其实流量池就是蓄积流量的容器，主要是指为了防止有效流量流走而设置的数据库。流量池的建立主要是基于以下几种情况而提出的，下面就来看看流量池的作用。

- 流量的即时效应比例不高：有急迫需求的流量的比例不高，而有兴趣、有意向的流量肯定比有即时需求的多好几倍。
- 可以把有效流量和垃圾流量进行分流：传统的方式无法把有效流量和垃圾流量分离，只能把急迫需求和潜在需求分离，浪费了大量的有效流量。
- 可以多次使用一次营销带来的流量：有了流量池储存流量，我们就可以随时和流量池的对象进行有效沟通。
- 成交量提高非常明显：一般比没有流量池的成交量上升 1 倍以上。
- 人都有选择的习惯：在同等条件下，人们会自动选择感觉更好的那一个。而感觉是对比出来的，因为流量池可以把沟通时间有效延长。人们会下意识选择行为成本最低的行为来执行。流量池是网络成交行为中成本相对较低的行为模式。

在未来，做微商一定要有架构。微商仅仅是一个营销账号，如果只做一个账号，很难做出高效的东西。要怎么做呢？可以先做一个主账号，在主账号上维护精准客户，然后再注册一些小号，也就是我们上面所说的流量池。

您知道吗 流量池与主账号之间有什么关系？

建立流量池后，可以利用流量池加粉、吸粉，其目的就是为了增加流量池中的流量。换句话说，就是有更多的粉丝。通过创建文案或聊天等方式一步步将这些粉丝吸引到我们的主账号上，因为我们的最终目的是在主账号上成交和锁粉。

流量池的运营思路就是比较粗犷地进行管理，不用投入太多的时间成本，先让粉丝流进来，然后将其筛选过的更多粉丝导入我们的主账号。这样，导入主账号的粉丝就会更加精准，而我们也就可以花更多时间来经营主账号，提高商品的成交量。

2. 发布商品信息

当我们建立海量的流量池之后，发布商品信息是非常重要的一个环节。这里推荐以下几种方法。

（1）百度推广

可以上百度上找做保险的人、卖房子的人、租房子的人等，把他们当成自己的客户，也相当于找到一个能消费的群体。采用这种方式进行推广效果很明显，这些人 90% 以上都会同意，因为他们在网上发信息就是为了让别人找到自己。

（2）实体店铺推广

如果你本身有店铺，就更好推广了。只要进店铺浏览的人，无论采用送礼物的方式还是办会员卡的方式，只要留下客户的联系方式，然后加他们的微信成为朋友，在过节、活动、有新款时就可以通知他们。

目越来越多的实体店老板利用微信成就自己的梦想。例如，一个实体老板就利用夏天送矿泉水的方式把这部分客户的微信留下来了，并且加了他们的微信。这样，他的微信好友的数量明显增加。店里有促销活动，上了新款衣服，他都要拍照发到朋友圈里，而他发一条朋友圈就有很多人看到——发一条朋友圈的浏览量就相当于店里一个月的人流量。同时，他还开通了货到付款。通过这种方式，直接从 300 元多的利润上升到上万元的利润，这就是现实生活中的营销，如下图所示。

所以，做微商的，首先要把人的营销做起来，才能更好地营销产品。这就解释了为什么很多微商虽然目前拥有成百上千的用户，但是转化率总是不尽人意。因为别人连你都不曾了解，没有对你产生信任，又怎么能接受你推荐的产品呢？所以，要学会做情感营销。

如今的微信消费者购物时其实更倾向于感情上的满足和心理上的认可，因为微商的本质就是人，一切都以人为基础。

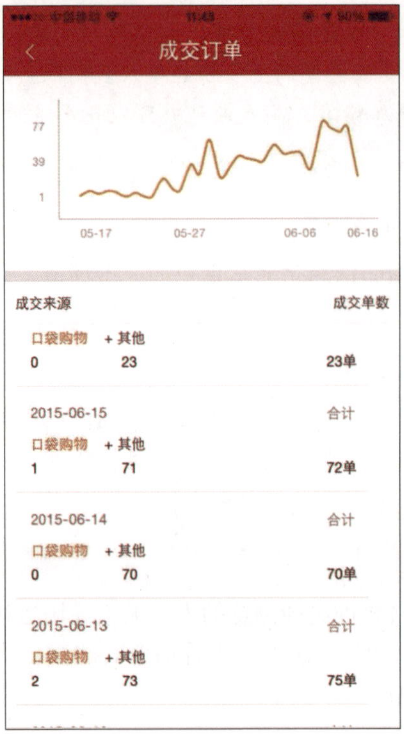

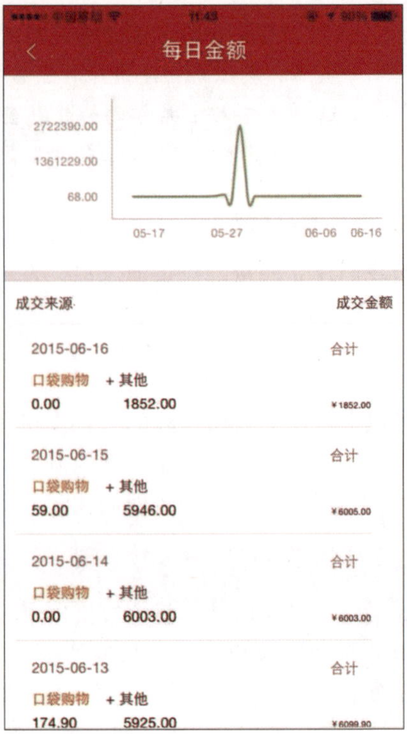

您知道吗　什么是情感营销？

这里所说的情感营销，是从消费者的情感需要出发，唤起和激起消费者的情感需求，诱导消费者产生心灵上的共鸣，寓情感于营销之中，让有情的营销赢得无情的竞争。微信更易于情感营销，因为做微商的本质就是以人为本。

（3）主动联系快递员宣传推广

微店主可以印一些宣传单，放上自己的微信号，和当地的快递协商进行推广。采用这种方式推广商品的效果也很明显。因为快递每天收送货量很大，会接触不同的人，而这些人是非常喜欢购物的。这种方法也适合地区代理——这片区域就是你的市场。

（4）通过游戏添加附近的人做推广

利用腾讯系列的手机游戏来寻找附近的人，“丢纸条”加好友，适合的游戏包括“天天酷跑”、“天天爱消除”、“节奏大师”等。加好友的方法很简单，下载以上游戏，先用自己的个人微信号登录，然后单击“附近的人”，就可以看到附近的其他玩家了。这时你可以给他们“丢纸条”，附上一句话，如“加个微信号 xxxx，一起玩天天酷跑”，发送过去，对方就可以收到了。

这种推广方式的重点是：纸条的发送数量是不受限制的，但一般最多能收到别人发送的 50 张纸条。所以，这种加好友的方式比微信直接打招呼加好友的方式的限制少得多。

（5）利用 QQ 提醒功能推广

登录 QQ，选择一个群，再单击右下角的“+”按钮，就能看到一个提醒功能。可以在群里面创建好友提醒，就能对群友进行 QQ 右下角弹窗信息的提示了，如下图所示。也可以一对一地给好友创建提醒。我们在群里创建提醒时，可以写上一句“我是群里的好友，欢迎大家加我微信号 xxxx”，让别人主动加你的微信。

（6）陌陌吧推广

自己建立或是加入陌陌吧，就可添加一些好友，发布一些互动话题。在微商推广领域，这个方法很有效。

（7）产品包装推广

在产品包装上，可以印上你的微信二维码，说不定哪个人拿到产品时“扫一扫”，顺其自然就是你的客户了。

10.2 营销传播要学会讲故事

营销传播的内容创意多种多样，每一个时代、每一个阶段都应该有不同的营销传播内容。我们发现，进入营销 3.0 时代，面对“80 后”、“90 后”新生代消费群，“讲故事”已经成为营销传播内容创作的首要选择。越来越多的新兴产业企业通过“讲故事”的形式开展营销传播，越来越多的传统企业加入进来，通过“讲故事”的形式进行网络新媒体营销传播。

1. 会讲创业故事

一般来说，创业故事比专业说教更有效。创业，要求创业者有敏锐的头脑。创业是勇者的事业，它要求你果断行动；创业是强者的事业，它要求你不怕失败。创业是一件艰难的事情，它需要坚持、努力，以乐观的心态面对挫折，以淡定的态度面对每个阶段的进步。

选择微店创业也是如此。如下图所示，“山西运城油桃 48 小时就卖了 75 吨”。截至 6 月 26 日 21 点 30 分，微店官方发布卖油桃信息后，超过 22 万位微店店主积极参与微店分销，仅 48 小时总销量已达 75 吨（150 万斤），成交订单近 1.3 万笔。到底是什么让微店油桃如此火爆呢？

卖货商家竟是一个“90 后”小姑娘，名叫余丽丽，山西大同人，她的男朋友是这次油桃的出产地山西运城人，他们相恋于大学，但分隔两地的他们遭到了女方父母的反对。为了维系这段感情，小余不远千里来到男友的家乡运城创业。运城是一个传统的农业城市，但是小余看到一个让人心碎的现象——果农们辛辛苦苦一年种出的油桃，被批发商不断压价，将自己的劳动果实廉价卖给批发商，而这一年，种植面积大，雨水足，产量高，销售模式又太传统，没有新的渠道，批发商价格越压越低，果农们没钱赚，宁可选择让油桃烂在树上。小余看在眼里，急在心里。作为年轻人，她觉得应该干一些有意义的事情，帮助别人的同时也是给自己积累经验。所以，她决定通过微店卖油桃。微店官方通过小余知道了山西运城果农的情况，大力支持小余，一起帮果农们卖油桃。

山西
西安
相爱五年，同班同学只剩下我们一对，我们相隔千里，父母反对，朋友不理解，也想过放弃。

幸好有他，我决定辞职创业，证明给他们看，男友家乡油桃丰产，却被供应商压价，我决心帮助乡里卖出油桃。

48 小时，油桃全卖完了。“真的很震撼，就 2 天时间，75 吨的油桃全部卖完，说实话，我真的有点不敢相信，村里的果农们也很诧异，仅 2 天时间就将一直困扰他们的问题解决了！”余丽丽说。那几天，她都很忙碌，一直在仓库里检验刚摘下来的油桃，分拣、包装、运输一体化操作。为了保证买家能吃到新鲜的油桃，所有油桃都是摘下 3 小时内发货，基本上可以确保在 7 月 3 日左右完成发货。

无独有偶，6月24日小余在微店卖油桃，也是这一天，不少媒体爆料，陕西省周至县受到气候、市场等原因影响，许多果农不得将一些品相略差的油桃倒进村头河道里，这让小余感受到做这件事背后的价值："果农们都很辛苦，他们虽然不是直接接触消费者的人群，但是他们希望自己的劳动果实让每一个吃到的人都满意，所以宁可倒掉也不愿意廉价卖出。如果因为我的这次助农行动，可以让更多果农辛勤耕种的果实不被浪费，让更多的消费者以比较实惠的价格吃到好吃的果实，这也是我做这件事情背后最大的意义。今后我还会拓展运城更多的水果，如苹果、梨子等。让运城的水果走遍全国，这是我最大的愿望。"

同样地，微店成立助农小组，也想为广大农村微店店主打破农产品地域的限制、缩短中间环节，让消费者买到原产地直发的好产品，让农户不再为销路发愁，专心种植、努力创收。这也是微店助农最大的意义。

2. 被别人当成故事讲也是营销

在企业界，很多人非常喜欢制造故事，给媒体和商业圈以讲故事的机会。当然，也有人善于利用已经发生的事实（正面或者负面），给媒体和商业圈以讲故事的机会，这些都可以成为营销传播的有效素材，而且还不用支付成本。品牌策划专家任立军认为，能够给别人创造故事素材，被别人当成故事来讲，无论对于个人，还是对于品牌，如果运用得好，都可以转化成巨大的商机。

例如，雷军从进入智能手机领域到把小米手机做得风风火火，无不渗透并创造着被媒体、商业圈子和"米粉"们讲故事的素材。这些素材在小米运营团队的正确引导下，都变成了为雷军和小米手机免费营销传播的内容，在互联网上被广泛地传播，成就了雷军和小米手机的传奇。如果有兴趣百度一下，就会发现很多相关的文章，如《雷军和小米手机的创业故事》、《小米手机的背后故事》、《小米手机只是通往帝国的桥梁》、《小米供应链故事》等，不计其数。会制造故事，有人愿意免费出来讲这些故事，是雷军的本事，也可以说是小米手机最初取得成功的关键所在。

品牌策划专家任立军认为，大企业有大故事，小企业有小故事，大故事可能传遍世界，小故事也会传遍千里，学会让自己的故事更精彩，学会让别人关注自己的故事，你的品牌就有可能是焦点，企业家也可能成为焦点人物，这种传播的效力远胜于企业的主动传播，他人传播是"口碑"，自己传播是"自吹"。

3. "好故事"与"坏故事"

网络营销时代，有人说你好，就有人说你坏，因此，围绕着企业、企业家、品牌就会出现很多"好故事"，或者由自己编撰，或者由他人采写。当然，如果有人看着不顺眼或者不喜欢，"坏故事"也会跟着出来。好故事和坏故事都有人读，都有其庞大的受众群体，这在营销传播上可谓喜忧参半。

在进行营销传播时，擅用"好故事"重要，借力"坏故事"更重要。当然，我们不赞成像郭某某、甘某某等自我炒作类型的“坏故事”，让人痛恨、让人唾弃就不可取了，在营销传播上，品牌虽然出名了，却毫无品牌价值。品牌策划专家任立军认为：前者是吸引力经济，只要吸引眼球就可创造价值，但企业的品牌营销，不仅是吸引力经济，更要针对目标消费群体打造品牌价值，有“围观”不一定有品牌价值。

您知道吗　适时地讲讲故事

笔者进行了大量的市场调研，试图寻找有关“讲故事”形式的营销传播的能量到底有多大。结论让人惊诧——96% 以上的企业在营销传播过程中运用讲故事的手法，而在世界 500 强和中国 500 强企业中，竟然 100% 都运用过讲故事的手法进行营销传播。当我们对营销传播效果进行调研时发现，纯粹的故事营销传播记忆时长是其他营销传播内容记忆时长的 7 倍，简而言之，如果普通诉求的广告被目标受众记忆 1 年，那么采取讲故事形式讲述诉求的广告就会被记忆 7 年，差别还是相当明显的。难怪孩童总是追着父母，要求听故事，难怪某总裁在培训时要求讲营销故事，难怪在与目标客户洽谈时举例胜于讲道理。

10.3 转变自己的微商角色

朋友圈的“晒东西”，目的是为了让别人购买你的产品。要想在朋友圈里卖货，首先需要一个转变过程，让好友比较自然地接受“我们是微商”这个事实。这个转变过程要分步走。

1. 对行业的专业调查者

利用 3 至 5 天的时间发布一系列真实、有效的文案进行转换，其中应该有自己的观点，同时要结合产品热卖点找准定位。做好文案是提高转化率的核心要素。通过这样的方式来验证自己选择的商品，让好友相信你的商品。

2. 商品的兴趣共鸣者

针对商品，带着好奇的角度去写文案，不要直接介绍商品有多好，而需要转变思路，换个的度介绍商品，把自己当成对这个商品很感兴趣的人。例如，在推广的时候可以采用图文并茂的发布方式传递某个微商品的信息。“今天了解到一个很牛的东西，你们猜是什么？”这是我们最常用的表达方式。如果自己没有真正用过自己的商品，如果自己都不相信、不了解自己的商品，肯定是没有说服力的。我们需要通过这样的方式告诉粉丝和朋友：“我真的体验过了！”这样才能让他们信任和产生兴趣。

3. 商品的印象体验者

将我们的实物产品送给朋友体验试用。例如，我们可以通过文案的方式发布在朋友圈，让朋友圈的朋友来体验商品，想要的都可以在评论里面报名，然后保存发货、客户反馈、评论等内容，将其做成文案发布。通过这种比较的方式来告诉我们的朋友，不仅自己试用了商品，身边的朋友也体验了商品。这样，一个流程下来，我们就可以名正言顺地开始卖我们选定的商品了。

10.4 从量变到质变的微商

她原本是一名国内著名公司的经理，有大好的前程，也有着过万的月收入。但扪心自问，那不是她想要的生活。微商的适时出现，让她毅然放弃原有工作，开始了艰辛却乐在其中的微商创业之路。她是宝妈，也是一个勇于挑战成功转为微商的“85后”童装店老板。

在社交媒体时代，通过转载与分享，信息就在关系链中流动起来，随之而来的就是发现了新的商机，“微营销”已经成为一种不容忽视的新的营销模式。宝妈表示：在互联网时代，网络营销不能单单依靠网络营销，势必要懂得把握时代趋势，将线上线下有机结合，才能共同发展。

1. 线上线下有机融合

目前，实体商家开始“两条腿”走路，走进线上开网店，也有网店从线上走向线下，希望抓住不可替代的体验性。线上营销，线下成交；线下体验，线上消费。线上线下有机融合，发挥出相得益彰的效果。宝妈认为，产品是微商的生命力，没有好的产品，微商注定会失败。找准好的产品品牌，以质量和口碑作为销售的坚实后盾，迅速建立完善的销售渠道，再加上健全、良好的销售终端，将品牌、渠道、终端用心做好并有效结合，定会在微商创业的道路上收获意想不到的成绩。

2. 切记不要急于求成

初入微商，必然会经历一个从量变到质变的过程。时刻告诫自己不要急于求成，无论是增加粉丝量，还是培养诚信度，都需要一个积累的过程。坚持不懈才会让你最终成为赢家。

宝妈刚开始做微商时，朋友圈的大部分人来自亲朋好友，如何说服他们购买或者代理产品，首先要跨越心理上的障碍，打破“越熟悉的人越不愿意赚他的钱”的定向思维。“幸运 + 努力，我的第一个客户，就顺利谈成交易，第一桶金是产品销售量。”虽然过程艰辛，却让她更加坚定继续做微商的信心。渐渐地，朋友圈的粉丝逐渐增加。宝妈有意识地打造自己的微信，让粉丝产生信任度，将微信打造出知名度。宝妈认为，微信粉丝量持续增加，产品成交量会随之不断放大。

本章小结

本章详细介绍了微商赚钱的小窍门。首先对如何构造微商营销模型进行了介绍，其中包括创建流量池和发布商品信息内容，随后用讲故事的方式介绍了如何成功地进行营销传播，最后提到了微店主自己角色的转变，同时也告诫微店主，要保持良好的学习心态，切忌急于求成。

反侵权盗版声明